润泰十年

从默默无闻到隐形冠军
一个小企业的成长轨迹

张世元 编著

企业管理出版社
ENTERPRISE MANAGEMENT PUBLISHING HOUSE

图书在版编目(CIP)数据

润泰十年：从默默无闻到隐形冠军，一个小企业的成长轨迹 / 张世元编著. -- 北京：企业管理出版社，2024.4

ISBN 978-7-5164-3058-3

Ⅰ.①润… Ⅱ.①张… Ⅲ.①民营企业—企业发展—研究—中国 Ⅳ.①F279.245

中国国家版本馆CIP数据核字（2024）第076779号

书　　名：	润泰十年：从默默无闻到隐形冠军，一个小企业的成长轨迹
书　　号：	ISBN 978-7-5164-3058-3
作　　者：	张世元
特约策划：	汤卫国
特约编辑：	崔　茜
策　　划：	张　丽
责任编辑：	耳海燕
出版发行：	企业管理出版社
经　　销：	新华书店
地　　址：	北京市海淀区紫竹院南路17号　　邮　编：100048
网　　址：	http://www.emph.cn　　电子信箱：lilizhj@163.com
电　　话：	编辑部（010）68701408　　发行部（010）68701816
印　　刷：	三河市荣展印务有限公司
版　　次：	2024年6月第1版
印　　次：	2024年6月第1次印刷
开　　本：	710mm×1000mm　　1/16
印　　张：	25
字　　数：	420千字
定　　价：	98.00元

版权所有　翻印必究　·　印装有误　负责调换

荐序

中小企业编写并正式出版关于企业成长的图书，在涂料行业是不多见的，但润泰正在做这样一件事，《润泰十年：从默默无闻到隐形冠军，一个小企业的成长轨迹》就是他们要出的书。这是一本润泰人写自己发展成长的书，从书中我看到了润泰的自信和理想。每一个企业的成功都不是偶然的，成功的背后一定有某种精神力量的支撑。对润泰来说，也许正是这份自信以及追求理想的韧性，让其由默默无闻成长为涂料行业细分领域的领军企业。

当前，我国涂料工业面临着由涂料大国向涂料强国的转变。我们置身于纷繁复杂的国内外大环境下，面对着宏观经济调控力度加大、安全环保监管趋严、中美贸易摩擦频发等诸多压力与不确定性，中国涂料行业依然砥砺奋进，笃定前行，紧扣高质量发展的根本要求，秉持绿色发展共识，取得了来之不易的成绩，呈现整体运营平稳、稳中有进、稳中向好的良好态势。

占比90%以上的中小企业，是涂料行业高质量发展的基础力量。《润泰十年：从默默无闻到隐形冠军，一个小企业的成长轨迹》讲述的是一家企业成长中的苦与乐，是我国中小企业成长普遍面临的问题。一个刚刚诞生的小企业，面临着高达6000万元的巨额质量事故赔偿和连带赔偿，润泰人以胆识和智慧在赔偿中立德、立信、立身，并化危为机。润泰的事业也被媒体誉为"'赔'出来的事业"，成为建立在诚信基础上危机管理的典范。从中我们可以深刻领会到，质量、信用是企业的生命。

《润泰十年：从默默无闻到隐形冠军，一个小企业的成长轨迹》所讲述的故事，深刻揭示了新常态下成长型企业成功的诸

润泰十年
从默默无闻到隐形冠军，一个小企业的成长轨迹

多要素。润泰多年专注涂料成膜助剂，丝毫不动摇；润泰在战"役"中持续培养建设团队，从2013年开始第一笔外单生意迅速发展到产品畅销100多个国家和地区；面对今天的"十倍速"时代，润泰从生物"蜕变"现象悟到企业"应变则生则强，不变则衰则亡"的真谛，十年中不断蜕变，走过四个阶段；润泰既引进世界最先进的管理理念和管理技术，又传承我国国学文化，传承传统企业的红色基因，领会到"战术管一年，战略管十年，文化管百年"的文化理念，形成了独特的文化，使其在企业发展中发挥了不可替代的作用。

更为可贵的是，润泰胸怀大局，以振兴民族品牌为己任，胸中有国家、有行业、有地区、有员工，立志"把小公司做成大公司，把大公司做成大家的公司"，颠覆传统的企业观，立志把企业做成涂料行业的百年老店。

我相信，读一读《润泰十年：从默默无闻到隐形冠军，一个小企业的成长轨迹》，您一定会有所启发，有所收获，有所感悟。

中国涂料工业协会名誉会长　孙莲英

2022年12月于北京

自序

广告大师大卫·奥格威曾说过："讲述你和你的企业的最好方法就是写一本书。"

我们为什么要写这本书？

"赔"出来的润泰，十年销售额从零元到十二亿元，每年以亿元销售在增长，从默默无闻到隐形冠军，十年拼搏可歌可颂。

"赔"出来的润泰，"把小公司做成大公司，把大公司做成大家的公司"，这十年的故事必将载入企业发展史册。

"赔"出来的润泰，笃信"文化兴企"，必然要归纳、总结和提升一路成长的点点滴滴，为成为"百年老店"打下文化基础。

虽然我们失败过，但我们还是要把润泰这个"赔"出来的故事讲述给大家。

这本书不是写出来的，是润泰人"做"出来的，也是润泰的管理者们都参与、写自己成长故事的一本书。

这本书真实讲述了润泰发展初期（2012—2013年）两次智"赔" 6000多万元那段风雨飘摇的岁月和可歌可泣的故事。

这本书真实讲述了润泰十年间聘请个体户和民企、国企、外企的高管们经营管理企业，到集结有非凡能力的才智之士进行"家族化治理"经营管理企业，"应变者生，不变者亡"的故事。

这本书真实讲述了"文化影响百年，战略影响十年，战术影响一年，没有执行全归零""三分战略定天下，七分执行决输赢"，用企业文化引领企业发展的故事。

这本书同时也可以告诉新润泰人，老一辈的润泰人是如何走过那段"屡败屡战"值得铭记一生的日子的，是一本可以长期激励自己斗志的书。

怎样写好这本书？

对此，我们"挣扎"了两年多。我们知道，首先要讲好自己十年成长中感人的故事，但我们又不能仅仅讲这些故事；最后我们认为，发展企业的制胜法宝来自5000多年灿烂的中华文明、博大精深的中华优秀传统文化！于是，我们的思路逐渐明晰起来：我们要打造生态型百年企业，以屹立于"世界企业之林"和取得"世界第一"为目标，以战无不胜的《孙子兵法》来归纳和诠释全书，这不失为一个好选择。因此，我们将十年来的企业发展演绎成独特的企业发展之道——《孙子兵法》中的"道、天、地、将、法"呈现给大家。

道——高瞻远瞩——企业发展的长期规划和战略。

天——居安思危——企业发展的时机和趋势。

地——企业文化——企业文化潜移默化的影响。

将——团队人才——企业团队建设与人才培养。

法——流程制度——企业流程优化与制度执行。

所以，这是一本写创业中的中小企业的书，也是一本适合创业者和中小民营企业家借鉴参考的书。

十年间，润泰人砥砺前行，不断向奋斗目标迈进。2015年9月，我们在北京新三板挂牌；2016年，我们婉拒来自世界500强竞争伙伴的收购；2020—2022年，我们增加了闯关深交所IPO的经历。让"员工成为百万富翁，中层成为千万富翁，高管成为亿万富翁"，这个理想让我们一直奋进在路上。

所以，我们把发展的故事编辑成七个篇章，以"'赔'出来的润泰"为第一篇，这是主流媒体给我们的标签，我们认同并以此自豪。以"润之源"为末篇，这是我们努力奋斗的地域，刻画了"经与营"的家族基因，是我们成长的根基。其余五篇，则以道、天、地、将、法为主题，把润泰高层战略水平、中层战术能力、基层战斗精神及一路成长的酸甜苦辣呈现给大家。

  我们相信，读了此书，您一定能有所收获。我们也期待看到您分享的您或您的企业成长的故事。

  润泰新材料股份有限公司创始人、董事长 张世元
  2023 年中秋国庆"双节"于泰州市姜堰区

目录
CONTENTS

第一篇 "赔"——"赔"出来的润泰

张世元：成功的企业往往用一些标志性事件来做备注。比如说，"砸"出来的海尔、"狠"出来的格力、"赔"出来的润泰。

01 润泰诞生 ··· 3
 世元羽丰 ··· 3
 润泰初创 ··· 6
 曲高和众 ··· 11

02 事故"智"赔 ··· 16
 齐大事件——一个足以使企业倒闭的质量事故 ············· 16
 四面楚歌——一项可载入教科书的"智"赔计划 ············· 19
 合作"智"赔——一个从上门讨债到投资200万元的反转故事 ··· 21

03 联保理赔 ··· 24
 逼上绝路——以信用与口碑让贷款银行增贷解危 ············· 24
 绝处逢生——前瞻思维，看重人格，银行决定增贷 ············· 25
 凤凰涅槃——延续以"赔"立命的传奇 ······················· 26

1

第二篇 "道"——高瞻远瞩

《孙子兵法》认为成功的要素是"道、天、地、将、法"。道，指君民目标相同，有共同的意愿和追求，可以同生死共患难，不畏惧任何危险。企业之"道"泛指长期规划和战略。

01 持续化创新 ··· 31
数字润泰 ································· 31
创新润泰 ································· 37
一体两翼战略 ··························· 50

02 国际化经营 ··· 54
海外淘金 ································· 54
内稳外拓 ································· 58
"一带一路" ····························· 61

03 家族化治理 ··· 66
婉拒——世界500强收购 ··················· 66
收购——跨界合并药企 ····················· 67
闯关——北京新三板挂牌 ··················· 69
布局——进驻专业化园区 ··················· 72
拓深——从"专精特新"到"两化融合" ······ 75
进取——跻身民企100强 ···················· 79
卓越——从环保走向创新 ··················· 80
转变——从标杆迈向生态 ··················· 83

第三篇 "天"——居安思危

《孙子兵法》认为成功的要素是"道、天、地、将、法"。天，指昼夜、阴晴、寒暑、四季更替。企业之"天"泛指企业发展的时机和趋势。

01 **安全是父** ··· 92
  安全无小事 ······································ 92
  培训与执行 ······································ 95
  织牢"保障网" ··································· 100

02 **环保是母** ·· 103
  绿色工厂 ·· 103
  履行责任 ·· 105
  智处"举报" ····································· 106

03 **发展之道** ·· 109
  快人一步 ·· 109
  高人一等 ·· 118
  更胜一筹 ·· 132
  文化引领 ·· 136
  战略布局 ·· 140
  战术执行 ·· 141

第四篇　"地"——润泰文化

《孙子兵法》认为成功的要素是"道、天、地、将、法"。地，指地势的高低、险要、平坦与否，路程的远近，战场的广阔、狭窄等地理条件。企业之"地"泛指企业文化潜移默化的影响。

01　精神文化 ··· 148
　　企业使命 ··· 149
　　企业愿景 ··· 153
　　润泰理念 ··· 156
　　核心价值观 ······································· 157
　　润泰的家文化 ····································· 163

02　物质文化 ··· 174
　　"硬文化" ··· 174
　　"软文化" ··· 179

03　行为文化 ··· 186
　　行为文化 ··· 186
　　制度文化 ··· 193
　　文化软实力 ······································· 194
　　润泰文化作用 ····································· 199
　　润泰文化落地 ····································· 200

第五篇 "将"——团队人才

《孙子兵法》认为成功的要素是"道、天、地、将、法"。将，指将领足智多谋，赏罚有信，对部下真心关爱，勇敢果断，军纪严明。企业之"将"泛指企业团队建设与人才培养。

01 创业元老：润泰最宝贵的财富 ······················ 205
　　崔茜：能文能武的"女汉子" ······················ 206
　　颜应秋：我的会计成长之路（自述） ················ 209
　　张云峰：润泰员工的贴心人（自述） ················ 212
　　侯刚：与润泰共同成长的日子（自述） ·············· 216
　　王永成：十二碳醇酯的开山鼻祖 ···················· 218
　　姜明秋：破解藏在实验室里的"莫尔斯密码" ········ 220

02 中流砥柱 ······································ 225
　　杨华：首任总经理 ································ 225
　　於宁：第二任总经理 ······························ 226
　　薛和太：第三任总经理（自述） ···················· 228
　　王继云：泰兴润泰总经理 ·························· 232
　　张春江：从"刑后人"到副总（自述） ·············· 235
　　宋文国：从电焊工到运营总监 ······················ 240

03 大业根基 ······································ 243
　　刘继中：军人出身的班长 ·························· 243
　　张理文：技术权威第一人 ·························· 245
　　朱雯文：外销团队第一人 ·························· 249

崔海波：倔强老头 ·················· 252

　　五朵金花：绽放在基层 ·············· 254

　　张志斌（已故）：首任办公室主任 ······ 260

　　王长英：润泰采购创新模式的缔造者 ···· 261

第六篇　"法"——流程制度

《孙子兵法》认为成功的要素是"道、天、地、将、法"。法，指组织结构，责权划分，人员编制，管理制度，资源保障，物资调配。企业之"法"泛指企业流程优化与制度执行。

01 温情与枷锁 ·························· 264

　　能者上，促发展 ···················· 264

　　制度管人，铁面无私 ················ 266

　　不拘一格，精简高效 ················ 268

02 润泰工作法 ························ 271

　　推行精益生产管理模式 ·············· 271

　　将文化融入执行之中 ················ 273

　　将战略贯彻行动之中 ················ 274

　　把目标落实管理之中 ················ 279

03 新时代的战斗堡垒 ·················· 281

　　幸福润泰 ·························· 281

　　独一无二的"党员奖" ·············· 285

　　创润泰品牌 ························ 287

第七篇　润之源

张世元：润泰从出生到成长，每一步都是被逼出来的。本事是被"穷"逼出来的，创业是被"野心"逼出来的，跨越是被"债"逼出来的，远征是被"情怀"逼出来的。

01　草根基因 ································· 298
　　古扬州张家大院 ···························· 298
　　爷爷辈的生意经 ···························· 301
　　父辈的生财之道 ···························· 304
　　顽皮的童年 ································ 307
　　幸福的张家人 ······························ 309

02　逐梦商海 ································· 311
　　书本中的"黄金" ·························· 311
　　乐观、练达 ································ 313
　　树野心，立恒心 ···························· 316
　　将学习进行到底 ···························· 320
　　发展都是被逼出来的 ························ 324

03　身后的那一位 ····························· 326
　　城市户口梦破灭 ···························· 327
　　"赔"出来的"艺途" ······················· 328
　　逃离上海成名师 ···························· 328
　　让师傅变成嫂子 ···························· 331
　　是金子总会发光 ···························· 332

润泰十年
从默默无闻到隐形冠军，一个小企业的成长轨迹

附　录

01　合作伙伴寄语（排名不分先后） ·················· 338

02　润泰十年大事记 ································ 344

03　润泰主要荣誉 ·································· 345

04　发明专利 ······································ 352

05　董事长语录 ···································· 361

06　"诗"与润泰 ···································· 363

第一篇

"赔"——"赔"出来的润泰

张世元：成功的企业往往用一些标志性事件来做备注。比如说，"砸"出来的海尔、"狠"出来的格力、"赔"出来的润泰。

润泰十年

从默默无闻到隐形冠军，一个小企业的成长轨迹

润泰新材料股份有限公司（以下简称润泰）创始人张世元——一个普通农家子弟，从学修钟表、无线电到做工厂化验员、采购员、会计、销售员、子公司区域经理……一步一个台阶地书写着成长轨迹，演绎着传奇人生。从2010年起，张世元用三年时间，带领企业闯过了"新生儿"危机；用十年时间，将一个新创办的小企业做到在新三板挂牌，成为国家级专精特新"小巨人"企业。当前，润泰产品畅销全球100多个国家和地区，成为涂料细分行业的隐形冠军……

"这是一个最好的时代，也是一个最坏的时代；这是一个智慧的年代，这是一个愚蠢的年代；这是一个信任的时期，这是一个怀疑的时期。"

"这是一个光明的季节，这是一个黑暗的季节；这是希望之春，这是失望之冬；人们面前应有尽有，人们面前一无所有；人们正踏上天堂之路，人们正走向地狱之门。"

——（英）查尔斯·狄更斯《双城记》

时间、地点、人物、事件，仿佛都经过了岁月的精准演绎。润泰的诞生是注定的，它的种子早已在苏中大地种植，等待一个非常合适的时机生根发芽。它借助三水之畔的灵韵，汲取朝阳的充足养分，让一个有志向的年轻人，在一条民营经济的发展赛道上奋力奔跑，热身、下蹲、蹬地。发令枪响，年轻人飞快地从起跑线上直冲出去，步幅匀称，蹬动有力。

同样的时代，有人看到的是荆棘丛生，有人看到的是鲜花遍地。张世元前期蛰伏的20年中，除了夯实了在涂料行业左右逢源的真功夫外，更重要的是练就了从纷繁复杂的世界中发现机遇的眼光。润泰的诞生是注定的。除了得益于时代，同时也得益于张世元从人们习以为常的生活中发现"创业正逢其时"的能力。

01 润泰诞生

● 世元羽丰

进入21世纪，经过20年涂料行业的历练，张世元羽翼渐丰……

张世元出生在泰州市姜堰区白米镇的一个农民家庭。1991年，21岁的张世元高中毕业后，进入位于白米镇的乡办企业江苏日出化工有限公司（以下简称日出）工作。在日出十多年的时间里，张世元遵从"我是革命一块砖，哪里需要哪里搬"的信条，企业有需要，领导有命令，他都是无条件服从。从南至北，从西到东，张世元一步步丰富着人生，积累着阅历。期间，日出也成长为集团企业。

1992年3月，新婚不久后的张世元被调到日出北京分厂财务科担任会计。他二话没说，服从调配，与妻子宋文娟告别，只身前往北京工作。

张世元心里盘算着一笔账：在厂里每月工资45元，而去北京每月工资100多元，每月另有120元生活补贴，除去基本生活开支，每个月可增加净收入200元。

新婚不久，两地分居，短时间尚可，时间久了思念难熬。思念妻子和家人，张世元鼓起勇气向领导申请了探亲假并获批。假期结束后，张世元带妻子宋文娟来到北京待了十多天。

为了省钱，夫妻二人各自挤在男女宿舍住，吃饭在食堂里应付。繁华的都市、陌生的北京，夫妻二人都懂得挣钱的艰辛与不易。为了节约，张世元一直没能带着宋文娟逛逛北京城。

说起财务工作，当时的张世元一窍不通，连最基本的凭证记账都不会做。提及学做账，张世元直言："简直太可怕了，欲哭无泪。我们现在借助计算器、软件做账，而那时全是手工，做财务工作先要学会打算盘。我用一个月的时间学会了打算盘。账怎么做呢？那时叫'收方、付方'，而我什么都不懂。第一次账是怎么做的呢？我记得是把人家过去做的账拿过来照着套，内容、时间、数字改掉，这样把账套着做出来了。不懂的地方得打长途电话问总部的会计，一次电话说不清楚，打第二次、第三次，就这样，硬是做完了一个月的账。"

渐渐地，张世元熟悉了会计工作，背后是他不断地学习，不甘认输的一股韧劲。

这年年底，张世元带着省吃俭用攒下来的2000元钱回家，宋文娟非常激动，她简直不敢相信自己的眼睛！夫妻俩望着辛苦挣来的钞票，雀跃不已，他们对未来有了美好的憧憬。1994年，白米镇有了第一批商品房。张世元夫妇靠着积蓄和借款，在镇上买了一套80平方米、上下两层的门面房，从而拥有了自己的房子。他们搬进新家那天，忙得热火朝天，摆放家具，整理生活用品。到了晚上，张世元望着温馨的新家，幸福充溢心田，宋文娟更是喜极而泣。

从这一年起，张世元干得更加起劲，他成了日出的"及时雨"，企业哪里有临时应急的事情，都首先想到张世元。按照企业的命令，他先后在日出的总部和北京、上海、武汉、福清、莆田、广州、廊坊等地的分厂工作，不断地在技术、采购、财务、销售、管理等岗位上锻炼成长，逐渐成为企业不可多得的全才。1993年，张世元被调至日出上海分厂，在那里担任总账会计一年。1994年，张世元又被调到日出武汉分厂工作一年。

1995年到1997年，在福建做销售期间，张世元干过福清工厂财务一年和莆田工厂业务两年。其中1996年，张世元创造了公司中销售最佳业绩——2000多万元，摘取了销售冠军的桂冠。1998年，张世元被聘为日出下属公司姜堰市东方特种化工有限公司会计科长一年。1999年到2001年，他又被调到广州去办厂，分管过财务、采购、销售。2002年到2004年，他又到河北廊坊分厂干了三年。从1991年到2005年，张世元在日出一干就是15年。

在日出集团的历练，让张世元"迷"上了涂料这个行业，更是他学习、领悟、提升领导能力的重要过程，教他学会了怎样出产品、怎样把产品卖出去、怎样成为一个企业负责人。

15年，张世元在实践中总结了四个字：勤劳、尚德。

听张世元回忆过往，一些人生节点，可还原他当年的经历、成长和成绩。

1996年，张世元第一次坐飞机，买了人生的第一部手机；1996年，他摘取当年销售冠军的桂冠；1998年，日出在广州番禺区建厂，他带着三个人过去"开天辟地"，后来一举创下了年销售额破亿元的记录；在财务方面，他是当时整个企业集团中唯一用电脑记账的……

都说十年磨一剑。经过多年的历练积累，张世元对涂料行业的上下游非常熟悉，对整个行业的发展也有着自己独到的判断。

千里马不会安于槽枥间的安逸，飞龙不会迷恋小沟小池的舒适。一个勇于成就事业的人，与常人的不同在于他总怀着遨游天际的野心。张世元就是这样一个人。

2002年，张世元被任命到廊坊分厂担任财务负责人。这次到廊坊任职，他有着不一样的感受。面对职场天花板，张世元感觉有些郁闷。

西班牙作家塞万提斯说过："有时候一扇门是关着的，其余的门却是敞着的。"

2005年，36岁的张世元寻思着离职创业。在征求家人意见时，宋文娟第一个反对："你现在的状态挺好，有体面的工作、不错的收入，没必要去冒风险。"

夫妻俩彻夜长谈，说过往，谈未来。

宋文娟："干得好好的，怎么想起要离职？"

张世元："世纪之交，处在重要的战略机遇期，国家逐渐强盛，人民生活改善，涂料行业前途无量，这或许是我人生中的一次重大机遇！"

张世元对数字出奇敏感。他说："从 2000 年到 2005 年，中国人均住房面积由 10.3 平方米增加到 26.11 平方米，今年还将快速增长，涂料行业前途无量。"生在这个年代，张世元觉得很幸福，不有所作为，对不起这个时代！

在日出的 15 年，张世元对涂料行业、对日出有了深入了解。

"涂料助剂在日出的系列产品中有三支依赖进口，我有信心攻克其中一支！"听到这番话，宋文娟感觉到丈夫的创业不是心血来潮，而是胸有成竹。她动心了。最懂一个人，最爱一个人，既怕他失败，又渴望他成功。她终于说道："放手干吧。实在不行，我用小裁缝店来养活你。"就这样，第一个反对张世元离职创业的人，成了第一个支持他的人。

张世元向企业领导递交了辞呈，虽然领导再三挽留，但张世元去意已决。有不少人为此扼腕叹息，认为他太冒险了。万一失败了呢？

褪去了年轻时的锋芒与功利，此时的张世元更加成熟、睿智、果断。他将眼光瞄准在未来的化工涂料行业。

● 润泰初创

企业家天生就是冒险家，骨子里就有不安分的基因。

原齐齐哈尔齐大涂料助剂有限公司（以下简称"齐大"）是齐齐哈尔大学的校办工厂。利用学校的人才优势，"齐大"生产涂料助剂在国内有了一定的市场，它也是日出的合作单位。由于学校实行校企分离，要把"齐大"迁出校园。"齐大"的负责人黄寄良找到了张世元，请他帮忙寻找迁出地，当时正值姜堰市（注：1994 年，设立县级姜堰市。2012 年，撤销县级姜堰市，设立姜堰区）招商引资，张世元提出在姜堰市办厂，而白米镇正好为日出所在地。这样，两人一拍即合。

张世元与黄寄良等人合伙创办了泰州市齐大涂料助剂有限公司（以下简称齐大）。张世元掏出十多年积攒的15万元存款，又向亲朋好友借了85万元，共计100万元，将之作为注册资金，投给了齐大。他成为股东，并负责公司的财务，后来担任总经理，开启了热血沸腾的创业生涯。

"男怕入错行，女怕嫁错郎。"在张世元看来，创业最重要的是找准"赛道"，选对了朝阳行业无异于"嫁对郎"。2005年，张世元就非常有远见地认为，未来的涂料市场一定是环保型助剂的天下！他认为原因有二：一是在国际市场上，环保型的水性乳胶涂料正在被大量运用于家居墙面装修中，这是大势所趋；二是人们的环保意识逐渐增强，对于居家环境的环保要求也更加严苛，健康、环保、绿化的材料是首选。

因此，作为影响环保涂料质量效果的关键原材料——成膜助剂的研制和生产就变得尤为重要，十二碳醇酯（简称C-12）就是一种较好的乳胶漆成膜助剂。在当时，全国生产十二碳醇酯上规模的企业只有三家，齐大就是其中的佼佼者，在长三角地区独占鳌头。

鉴于多年在日出的工作经验，张世元明白，作为一家化工企业，最重要的两大制胜法宝在于技术和人才。依托齐齐哈尔大学的技术优势，齐大在化工领域的高新技术产品开发及产业化方面，已经形成了产、学、研一体化的高科技型发展产业链。在人才培养上，齐大拥有80多位教授、副教授等高级研究人员，他们围绕学科前沿，开展相关领域几十项国家及省级科研课题的研发工作。双管齐下，"左手牵右手"，这是齐大快速站稳市场脚跟的秘方。

俗话说得好，"打江山易，守江山难"。想要在激烈的市场竞争中立于不败之地，考验的是企业家的智慧和谋略。在张世元身上，始终焕发着一种"大格局、大担当、大情怀"的气度。

大格局。张世元对标国内外行业标杆企业，认为首先产量上要争高下。齐大的供应不充足，市场占有率亟须提高。扩大产能、以高品质的产品满足发展中的市场需求成为齐大开疆拓土的第一步。作为南京扬子石化－巴斯夫有限责任公司涂料产品的原材料供应商，齐大建成投产的1万吨／年十二碳醇酯项目，采用新型高效催化剂"多元体系"合成新工艺为公司的专用技术，装置水平先进，产品质量高，被中国建筑装饰装修材料协会推荐为"中国水性（建筑）涂料环境标志产品专用原料"。

大担当。张世元认为，企业要担得起经销商的信任。长期以来，齐大的产品主要通过遍及全国主要省市的经销商来全线打开成膜助剂市场。由于产品品质好，供货稳定，并有完善的销售网络和优质的售后服务，涂料行业用户高度认可。为了更好地为客户提供直销服务，张世元非常有魄力地在上海、广州、北京设有总经销，并采取"保证三天到货"等一系列的市场销售和服务特色，让客户深深体会到齐大的高效与品牌保障。

大情怀。对张世元来说，企业家不能光顾着个人利益，也要考虑到为社会、为人民、为国家谋福。姜堰，是生养他的故乡，在这儿他度过了无忧无虑的孩提时代，也是他走进涂料行业的出发点。没有姜堰，就没有他的今天，更没有后来的一路高歌猛进。张世元总是考虑着能为家乡做点什么。

多年在涂料行业的浸染，年逾不惑的张世元心里一直有个隐痛。成膜助剂被形象地称为涂料工业不可或缺的"味精"，具有改善、改进涂料产品性能，提高涂料施工性能等优点。但受技术设备等因素制约，国内涂料品牌50强的企业大多数都在使用境外产品。另外，虽然齐大越做越强，但合伙人老黄似乎有些心神不宁，一会儿股转，一会儿收股，往复了多次。张世元总觉得在齐大做决策难免有分歧，渴望改变这个局面。

经过与老黄及其他合伙人商议，张世元决定另起炉灶——自创一个公司与齐大差异经营。

起于姜堰，归于姜堰。兜兜转转了近二十载，张世元又回到了梦的起点。

2010年5月的一个上午，正值初夏，张世元握着奠基的铁锹，不觉心潮澎湃。

江苏润泰化学有限公司（以下简称润泰）成功注册，新厂房和办公大

第一篇 "赔"——"赔"出来的润泰

楼破土动工，一个承载着希望和梦想的"婴儿"——润泰呱呱坠地了！

在姜堰经济开发区，润泰只是个不起眼的小企业，新办公大楼、厂房占地不过30亩，员工仅10多人。然而，它有顽强的生命力，焕发着勃勃生机。

谁也没有想到，十年时间发生了天翻地覆的变化！

润泰由一叶扁舟成长为涂料行业的巨型航母！

润泰十年

从默默无闻到隐形冠军，一个小企业的成长轨迹

● 曲高和众

站在前人肩膀上攀登

"现在,许多大学生一毕业就选择创业,要我说,打工才是创业的起点。"张世元说道:"没有前15年学徒经历,在化工行业创业简直是天方夜谭。"正是前15年在日出的学习和积累,才有了今天的润泰,每念及此,他对老东家日出集团总是充满感激。

江苏日出集团成立于1980年,为国内知名的水性乳液制造商,目前在江苏、四川、广东、河北建有分公司。"正是日出领导的惜才并重锤敲打,才使得我学习并熟悉了涂料企业的全程,成就了今天的我。"张世元深情地说。

说到日出两任董事长,张世元说:"第一任董事长李文甲的勤劳、敬业精神,感动了我、影响了我,至今我都自愧不如,他永远是我学习的榜样。第二任董事长周松奎为人厚道、稳重、尚德,也是我学习的榜样。学到两位董事长的做人做事,一定能成大事业!"张世元感慨道。"我们现在就是要继承老东家两任领导的长处,克服短处,吸取日出发展中的精华,克服日出的不足,站在他们的肩膀上攀登前行。""日出重视企业及产品的品牌和形象,也给我深刻的印象,如'多彩生活从日出开始''行业专业化,领域多元化'等,使我们长期受到启发。"2005年至2012年,张世元和齐大老黄合作期间,老黄热爱学习的精神让张世元很钦佩,他成为张世元学习的楷模。张世元从三位同仁身上学到了精髓——李文甲的"勤劳"、周松奎的"尚德"、黄寄良的"学习",从而延伸到后来润泰的核心价值观"勤劳、尚德、学习"。

润泰十年
从默默无闻到隐形冠军，一个小企业的成长轨迹

感恩哺育

　　姜堰经济开发区是润泰成长的摇篮。众所周知，中国中小企业的平均寿命只有2.9年，95%的新公司在出生后三年内死亡。新成立的润泰能不能成活，取决于创业者的基因和外部环境，资金跟不上是主要因素。当时，我国主流金融市场服务于国企和大企业，只有成本很高的民间融资服务于中小企业。在润泰成长的关键时刻，经济开发区、区政府都给予了强有力的资金支持。

　　姜堰经济开发区成立于1992年，建区后，先后有几十个国家和地区的企业落户。在项目用地上，经济开发区对投入规模大、产出效益好、科技含量高、发展前景广的项目，采取"一事一议"的方式，给予特别优惠。

　　当时姜堰区的招商引资工作颇具特色，包括党委在内的每个部门都有招商引资任务，组织部是润泰的联系单位。一家新公司，特别是化工企业，安全、环保、土地是三大难题。在区委组织部的协调下，园区派专人负责，很短时间就帮润泰办好了营业执照等一切手续。

　　最大的困难是资金。32亩土地的价格是320万元，这在当时对于初创期的企业是一个不小的数字。为了让企业尽快开工，开发区的领导关怀哺育润泰的成长，园区借300万元给润泰，利息与销售业绩挂钩：

　　完成一亿元，利息8%～10%；

　　完成两亿元，利息6%～8%；

　　完成三亿元以上，免利息。

　　就这样，润泰几乎以零投入拿到了土地，八个月盖好了办公大楼和厂房，顺利度过了新生儿的危险期。

　　2012年，润泰与齐大合并，2013年和2014年又解决了赔付危机，润泰火力全开，逐步在行业赢得了信誉。看到润泰的成长，开发区新上任的领导对发展中的润泰信心倍增，一如既往地关心哺育润泰的成长。随着市场的进一步打开，流动资金短缺成了润泰的瓶颈。开发区又有了新的解决

方案，即以土地抵押，由润泰向银行贷款 5000 万元，开发区和润泰分别使用 3000 万元和 2000 万元，润泰的流动资金问题得到较好解决。

创业第五年，开发区新任领导到任后，恰逢润泰新三板上市。开发区领导对这件事给予了极大的关注与支持，协调税务、工商、安全、环保、商务、社会保障等相关部门，第一时间提供无违规的证明材料，使得润泰能在短时间内在新三板挂牌。

是啊！润泰出生、起名都充满着情怀——润泽泰州。

是啊！政府给了发展中的"婴儿"以阳光和雨露——三水之滨的官员们施以"泰润"，以良好的政策和优质的服务润泽了润泰，一家家包括润泰在内的小企业在开发区茁壮成长。

是啊！中小企业生存与发展既源自自身素质，又与其所在地区的经济、金融等营商生态息息相关。

聚几位敢拼能打的基础骨干

起初，润泰的班底只有十人。润泰的成长，离不开创业中的一批"铁杆粉丝"，其中包括润泰创办初期的人员以及从齐大合并过来的骨干，他们是润泰最宝贵的财富。

危机考验了张世元这个中年汉子，也充分彰显了他的个人魅力。他的勤奋、好学、专注、能扛，使得身边的人与他的心越贴越紧，使得周围的人逐渐向他靠拢。

长期的私营企业工作，使得张世元逐步养成了"总经理意识"。投资人做什么？总经理做什么？必须有很好的职责区分。

随着企业的不断成长，企业架构也从简单变得复杂。

张世元为润泰物色的第一任总经理是位营销型人才，是业内从事增塑剂生产的个体经营老板。他认同张世元的人品和理念，看好润泰的发展前景，果断放弃自己的生意，应邀来润泰担任总经理，集总经理与销售经理于一身。在他任职的三年中，润泰的销售业绩从 0 元达到 1 亿元，他充分发挥了自己的作用，为润泰早期的发展立下了汗马功劳。他是润泰最成功的总经理之一，这也表明了张世元用人理念的正确。

早期的润泰只有营销、生产和财务三个部门，简单而高效，包括董事长在内的管理层只有四个人，企业得以快速发展。随着企业的进一步发展，销售规模扩大，一些发展中的矛盾逐步显现出来。没有品牌，没有知名度，大公司不愿意与你合作；产品单一，助剂产品多元化，客户选择的空间有限，影响了企业的进一步发展，迫切需要产品研发。市场压力要求企业增加产品研发，所以企业成立了技术部；企业越是发展，资质要求越高，比如，产品是不是知名商标？企业有没有通过国际通行的认证？企业形象如何？能不能在各种营销活动中赢得市场和行业的认同等等。润泰从市场上招聘行政管理人员，成立了行政部，进行了各种企业认证，如 ISO9001、ISO14000、ISO18000 等，后来又开展了 CIS（Corporate Identity System，企业形象识别系统）的相关工作。这些基础工作，对润泰的成长都起到了关键作用。

润泰的销售、技术、运营、行政、财务这五大中心的架构，一直沿袭至今。

选一支中长线产品为突破口

选择一支好产品，是企业生存发展的基础。什么样的产品算得上是好产品？一是长线产品，就是说有比较长的生命周期，能为之奋斗十年二十年；二是大宗产品，市场有比较大的容量，不容易饱和；三要自己有条件去开发。在涂料行业奋斗了 15 年，张世元觉得有三支国内不能生产的产品可以攻关。

涂料生产的主要原料有乳液、粉料和助剂（改善涂料性能的添加剂）。如果生产乳液，投资大，与日出同质竞争，显然不是张世元的选项。如果生产粉料，所在地域不在山区，就不具备原材料的相关条件，因此也不在选项内。涂料助剂中有三支产品依赖进口，它们分别是纤维素、AMP-95 多功能助剂、成膜助剂。纤维素以优质棉花为原料，生产要求高，危险性大，收率低，安全环保要求高；AMP-95 多功能助剂原料来源困难，系列副产品需要产业配套，国内无关联企业；唯有成膜助剂经过努力可以生产，所以润泰选择了十二碳醇酯产品作为主打产品。事实证明张世元的选择是对的。十多年来，润泰把十二碳醇酯的质量做到了不低于国外同行的水平，市场占有率做到了国内第一、世界第二。

定一打既有野心又能实现的目标

公司成立的前两年，与齐大约定，润泰主打生产十二碳醇酯以外的其他涂料助剂产品，主要是增塑剂等。2012年4月份，张世元被卷入危机之中，先是齐大产品质量危机，润泰也不能独善其身，紧接着是连带债务危机。润泰的目标停留在初创期的生存阶段。2013年以后，润泰逐步形成不同阶段的滚动的目标体系，并一步一个脚印地去实现这些目标，不断地提升丰富自己的目标。

润泰逐步形成的目标体系主要有：营销"4个100"计划（国内市场占有率目标—国际市场占有率目标）、发展初期的产销目标—品牌战略目标—企业升级目标（上市）—企业员工成长目标—五年短期目标、十年中期目标—百年企业目标—终极目标（价值目标或称为文化目标）。

目标就是前进的方向，目标就是前行的动力，目标促进了人心的凝聚，目标以其产生的"门槛效应"，引领润泰人不断超越同行、超越自我，向着涂料细分行业的巅峰一路攀登。

02　事故"智"赔

● 齐大事件 —— 一个足以使企业倒闭的质量事故

"齐大出大事了！"

2012年初春的一天，在润泰董事长办公室里，刚刚出差归来的张世元远眺着窗外井然有序的工厂。原本空荡荡的橱柜里，如今已经摆满了各种荣誉证书。此刻的张世元像是运筹帷幄的大帅，在风云变幻的市场中每一步都走得很准、踏得很实。

窗外鸟雀啁啾，洋溢着欢快的气氛。张世元的脑海中回想起2011年涂料展的参展情况。他率领10余人的团队亮相，润泰惊艳四座，一炮打响！不少供应商当场便签下合作协议，立邦、PPG、扬子石化－巴斯夫、巴德富、保立佳、嘉宝莉、三棵树等国内外知名公司也有意交流互访。是啊，润泰，润泽万物，否极泰来，具有美好的寓意。想到这里，张世元甚至感到有点得意，心中不竭的动力与激情在升腾，未来的润泰会更好。

就在这时，一阵急促的电话铃声打断了张世元的思绪。电话是齐大合作人老黄打来的，话筒里传来带着哭腔的声音："齐大出大事了！"

张世元眉头紧蹙，一种不祥的预感袭上心头。

"到底是怎么回事？"张世元问道。

原来，在成膜助剂的发展初期，大量复配成膜助剂在行业中盛行。为追求利润，老黄让工作人员将复配配方一改再改，初期十二碳醇酯和醋酸甘油酯比例为9∶1，成膜效果好，水解不严重。后来老黄私下将配方调整为2:8，即醋酸甘油酯占80%，由于醋酸甘油酯水解后分成醋酸和甘油，醋酸是酸性原料，水性涂料是中性，pH值为7左右，因大量酸性物质加入，导致涂料像放了酵母一样严重发胀。更糟糕的是，产品已经全部流入了下游，经销商未经检测直接售卖给用户，用户做成的涂料全部凝固结块，酿成了产品质量事故大祸！

质量就是企业的生命，这不就等于要了齐大的命！

张世元感到事态的严重，难道真是乐极生悲？一盆冷水，从头浇到脚后跟。

追根溯源，用户找经销商索赔，经销商找齐大追偿。劣质产品造成的巨额赔偿全都追到了齐大的头上。

"算算看，要赔多少？"张世元打断了老黄的哭声，冷静地问。

老黄止住了哭声，声音喑哑地说："3000万元。"

3000万元！对于一家刚刚起步的草创企业来说，那是一个天文数字，更何况需要现金赔出。

怎么办？难道妻子的担心成为现实？难道20年的心血要付诸东流？难道跟随多年的弟兄们要跟着遭殃？

张世元沉默了。经过几天思想斗争，他做出了决定：赔！

有了张世元的话，老黄吃了颗定心丸。

但是在困难面前，老黄却选择了逃！他将股权全部转给宋文娟，不参与也不负责赔偿方案。

面对每天全国各地客户上百个电话索赔，宋文娟有些支撑不住了。她回忆说，脾气好的客户仅是指责和要求索赔，脾气差的客户一上来就是破口大骂。

"那时，我听到电话声，就神经紧张，不时以泪洗面。"宋文娟回忆道。

后来，要债电话全都打到张世元这里，像是洪水猛兽般扑来，日日夜夜轮番轰炸，让张世元急白了头。宋文娟也像热锅上的蚂蚁般焦急，她担心牢狱之灾的降临。

晚上，宋文娟故意聊些孩子、老人的事，缓解紧张的气氛，张世元紧绷的神经得到片刻放松，他露出了久违的笑容。夫妻俩躺在床上休息，

润泰十年

从默默无闻到隐形冠军，一个小企业的成长轨迹

3000万元的天文数字压得张世元夜不能寐，整晚睁着眼望着天花板，疲惫而迷茫，思绪纷飞。宋文娟背对着他，咬紧牙关，默默地哭，哭累了也就睡着了。

然而，航行中的润泰还要张世元去掌舵。业务要开拓、产品要研发、销售要推进……人们都眼巴巴地看着他呢！张世元咬紧牙关，默默地告诫自己：不能倒下，绝不能倒下！

冷静下来的张世元理了一下思路。此时，润泰已经有了一定的实力。在两年内突出重围，从摇篮里的幼婴成长为颇具影响力的化工企业；由一开始的1188万元增资为3000万元，制备丁二酸二甲酯的方法获得国家发明专利授权；与此同时，占地面积5000多平方米、办公设施一流的行政大楼落成使用，润泰以崭新的风貌面向市场。

但是，齐大的问题没有解决，始终是根刺，深深地扎在张世元心里，让他不得不一次次感到溃烂伤口的刺痛。有好几次，接到催债电话的宋文娟气得浑身哆嗦，想把多日来积压在心底的怒火发泄出来。但一看到张世元一脸倦容，不堪重负，她心如刀割，嘴唇颤抖，再也不忍心埋怨了。

润泰的员工听到这事，不由得倒抽了一口冷气，暗中为他捏了把汗。

与其被人电话打上门，不如主动登门拜访，解决问题。张世元在深夜思索着如何解决对客户的索赔。慢慢地，一个积极赔偿的计划产生了。

张世元带领团队认真分析事故的根源。这次质量事故完全是人为造成的，今后是完全可以避免的。他带着大家生产出完全符合标准的十二碳醇酯产品，并且制定了一整套防止事故再次可能发生的工艺流程和质量规范及制度，真诚地向客户承诺，确保事故不可能再发生。

紧接着，张世元亲自出马，带领团队向全国各地的客户负荆请罪。"只要凭着一颗诚心、一颗责任之心，登门拜访，向客户说明情况，以心换心，相信一定能得到客户的理解和认可。"说干就干，张世元用了两个月的时间拜访主要客户，并拿出了令人信服的赔偿方案。

● 四面楚歌 —— 一项可载入教科书的"智"赔计划

齐大的员工得知公司的重创后，顿时军心大乱，上下人心涣散，士气低迷，跳槽的跳槽，留下的消极怠工，没有丝毫工作激情。

内忧外患，四面楚歌，唱衰的声音不绝于耳。

好在有一批管理层干部选择坚守岗位，与齐大共进退，这无疑给了张世元信心！

少时，张世元喜欢读《史记·列传》，《史记·项羽本纪》中有一段给他印象很深："项王军壁垓下，兵少食尽，汉军及诸侯兵围之数重。夜闻汉军四面皆楚歌，项王乃大惊曰：'汉皆已得楚乎？是何楚人之多也！'项王则夜起，饮帐中。有美人名虞，常幸从；骏马名骓，常骑之。于是项王乃悲歌慷慨，自为诗曰：'力拔山兮气盖世，时不利兮骓不逝。骓不逝兮可奈何，虞兮虞兮奈若何！'"读到此处，便怆然泪下，不能自已。

张世元喜欢项羽，但是汉朝的历史是由刘邦撰写的。他多么希望项羽能从失败中振作起来，大败楚军，驰骋天下。此时，张世元感觉自己仿佛就是楚王项羽。

从哪里跌倒，就从哪里爬起来，这是张世元从历史中汲取的精粹，也贯穿了他为人处世、经商之道的始终。张世元全面接管了齐大。最初，宋文娟十分费解，别人都在"躲"，张世元却选择了"接"，不仅全额收购了齐大的股份，接下了这个烫手山芋，还放话出来，所有的责任要自己扛！

张世元不打无准备的仗！多年财务知识的积淀，使张世元在绝望中心生一计，一下子豁然开朗了。事实证明，正是靠着他化解问题的大智慧，齐大才能绝处逢生，否极泰来。

首先，张世元逐一与相关客户见面沟通，把问题摊在桌面上讲。躲避绝不是张世元的风格。鲁迅先生说过，真正的勇士敢于直面惨淡的人生，敢于正视淋漓的鲜血。张世元选择孤勇挺身，主动找到客户负荆请罪。正是有了这份诚意，经销商的怒火也被打消了一半。

其次，张世元开始智慧而巧妙地"赔"。张世元设计了一套眼下最可行的赔偿方案。他坦诚地告诉客户："3000万元现金，逼死我，我也拿不出来。但是我有切实可行的解决方案，我们已经找到发生质量问题的原因，确保以后不会发生质量问题，你可以放心继续从这里拿货。你们自报损失额度，我们认可，不讨价还价。为了兑现赔偿，你们选择继续从我这里进货，价格会比市场价略低。然后，再按照年销售量制定分期赔偿额度和赔偿时间。"比如，某经销商（厂家）的赔偿款为30万元，每年需要120吨产品，平均每吨赔款为2500元，每次进货价扣减每吨2500元的赔款，经销商可通过增加销售尽快收回赔款，而齐大也可通过诚信认赔来延续生存、求得机会，客户通过接受赔偿方案来兑现赔款。

有一个"折价赔款"典型案例是湖北某经销商，经电话沟通同意润泰提出的方案"差价弥补"。当经销商过来面谈签约时，一开口就说："今天是来下单的，不是来索赔签约的。润泰补偿得真高明，明明是赔偿事件，变成我们必须拿润泰成膜助剂锁定的合作。真是高明，高明……有这样高情商、高智商的润泰掌舵人，润泰一定能做大、做强！"

多数经销商（厂商）被张世元的诚意打动，终于松口，同意了这个方案；有些是出于供应链的考虑，涂料必须添加成膜助剂，供货紧张，不妨各退一步，实属无奈；也有经销商盛怒之下将齐大送上了被告席。张世元和对方协商："你的损失不超过10万元，我愿意用10吨产品赔偿给你。"但对方说工程出了问题，货款有近500万元收不回来，要求赔偿500万元。张世元说："责任不完全在我方，你方也有责任。为什么不检测产品就生产？生产不合格为什么要施工？"对方不同意，仍然起诉了润泰，一审姜堰法院判决对方败诉，二审泰州法院仍然判决对方败诉。因为润泰也有一定责任，张世元表示继续履行自身的责任，同意并主动要求和解，给对方10万吨产品做补偿或赔偿。

一次足以使企业倒闭的危机，张世元以勇气和智慧化解了！失去的是暂时的颜面，得到的是信誉和信任。润泰的市场非但没有缩小，反而扩大了！

张世元化解了危机，整合了资源，火力全开，抓住涂料行业发展的契机，迎难而上。他敏锐地洞察到，目前中国涂料行业的发展仍然处于重要的战略机遇期，产业结构正处于转型升级的关键时期，再加上国家对绿色建筑的重视以及新型城镇建设的推广，涂料的需求量也与日俱增。只要挺过这一关，抓住历史契机，技术不断创新，产值不断提高，终有一天，会成为涂料战线上的龙头老大！

不少同行感慨道：张世元赔了那么大一笔钱，真是倒霉透顶了！

张世元不以为然地说："那段时间很多人笑话我，认为我很傻，接下了这么大的烂摊子。其实，在我最难熬的那一年，也是中国涂料行业发展的关键年。"据统计，2012年，中国涂料行业总产量达到1271.875万吨，同比增长11.79%，再创历史新高，并继续保持了全球涂料最大生产国的地位。风波平息，润泰因自己的良好信誉和口碑收获了社会和客户的信任，经销商队伍更加稳定忠诚，员工凝聚力更加强大有力。

● 合作"智"赔——一个从上门讨债到投资200万元的反转故事

将一个小公司缔造成大帝国，将濒危的齐大从死神身边抢救出来，张世元似乎与生俱来就有创造"天方夜谭"的魔力。

在宋文娟眼里，丈夫凭一己之力力挽狂澜，他是拯救齐大的英雄。

在润泰员工眼里，张世元有超出常人的胆识与担当，临危不惧，处变不惊，遇到难题总有四两拨千斤的智慧。

在经销商眼里，张世元这个人讲义气，重情分。凡事有商有量，从未为难过谁，也没见过他气急脸红的样子，久了都是朋友。

张世元笑道："俗话说得好，'出门靠朋友嘛'。"真诚待人，将心比心，这是他做生意、交朋友的准则。说起来，张世元的第一个合作伙伴，是逼债"逼"来的。

2012年，当张世元被齐大的债务危机搞得焦头烂额时，他们忽然得到了消息：江西南昌的一位经销商要来堵门了！

润泰十年
从默默无闻到隐形冠军，一个小企业的成长轨迹

闻风赶来的宋文娟心急如焚，又急又悔。当时要是不让他接这个烂摊子，不就什么事都没有了吗？一向要强的她情急之下冲进了办公室，却愣在那里。

只见张世元气定神闲地说："让他们来吧，我请他们喝茶。"说着，他取出上好的绿茶，自顾自地冲洗茶具。

"都什么时候了，你还想着喝茶！"宋文娟气得白了脸说道。

兵来将挡，水来土掩。张世元冲她笑笑，豁达地说："什么样的大风大浪我没见过，你怕什么！"

宋文娟怔住了。是啊，他是谁啊？他是张世元啊。

进门的是三个人，南昌的一对夫妻，还有一位看上去资深老练的律师。他们三人风尘仆仆，一路上还不曾喝水休息，一心想讨要说法。还不等张世元开口，男人怒气冲冲地质问："你们卖的是什么伪劣产品！害得我们损失了那么多钱。现在客户都找我们算账，你说该怎么办吧！"

"是是是，都是我们的错，先喝杯茶，请坐，慢慢说。"张世元起身倒茶，态度恭谦，来索赔的夫妻二人对视了一眼，叹了口气，语气也缓和了不少。来人把齐大发来的成膜助剂的客户反馈、追偿的情况，原原本本讲了一遍，将目光投向张世元。张世元不打马虎眼，开诚布公地把自己目前的负债情况、偿还情况一一道明。他十分诚恳地说："现在我确实无力偿还，债务压身，润泰的资金又一时周转不开，但我不会逃避，更不会消失。我一定会补偿你们二位！"

来索赔的妻子眼神犹豫，对着男人小声嘀咕了几句。两个人面有难色，正在这时，张世元断然地说："欠债不还，那不是我张世元干出来的事！要是我不能扛下这个担子，我还有什么脸面在涂料这个行业混！我干脆乌江自刎算了！"

来索赔的夫妻二人面面相觑，一时间不知说什么是好。往日里，齐大的成膜助剂确实质优价廉，是市场认可的产品，他们也信赖齐大。更何况，眼前这个勇于承担责任的张世元能够对他们开诚布公，将心比心，这让他们心里一暖，为之动容。

这么多年来，商场上唯利是图，你死我活，尔虞我诈，已司空见惯，

他们对人与人之间最基本的信任也产生了怀疑。但在张世元身上，他们重新找回了生意人诚信为本、为人厚道的那份信任。

英雄惜英雄，男人果断地说："好！我今天就当认你这个朋友了！"

随着谈得越来越投机，戏剧化的一幕出现了。他们不仅和张世元冰释前嫌，将自己的债务放到一边，还把索赔改成了雪中送炭，决定借200万元给张世元，帮助他渡过难关。宋文娟立下了借据，白纸黑字，加盖公章。

谁知道，南昌这对夫妻做了一个惊人的举动，竟然把借据撕了！

男人拍了拍张世元的肩膀，惺惺相惜道："做生意亏钱是常事，谁还没有个难熬的时候？"

宋文娟被眼前的场景震撼了，感动得一塌糊涂，鼻子一酸，泪水决堤而出。

张世元也万万没有想到。过了许久，他神情庄重地说："二位放心，我张世元一言既出，驷马难追，必将对得住你们的信任！"

送走夫妻二人，宋文娟看到张世元眼眶也红了……

直到现在，南昌这对夫妻还和张世元保持着密切的合作关系。十年过去了，他们依旧是患难与共的真朋友。

03　联保理赔

● 逼上绝路——以信用与口碑让贷款银行增贷解危

时间追溯到 2012 年。这一年，对于润泰来说，既是"风雨如磐蛰蛟龙"的一年，也是"祥龙出水惊天地"的一年。虽然面临巨额赔款，张世元用"赔"出来的品质和担当力挽狂澜，将濒危的润泰救活了。

不仅如此，张世元高瞻远瞩，率先摸透了未来成膜助剂的发展趋势。正如他在《中国涂料工业年鉴 2012》上发表的一篇名为《聚合物乳液涂料用成膜助剂的发展现状和趋势》的论文中指出，成膜助剂是有机溶剂，对环境是有影响的，所以发展的方向是环境友好型的有效成膜助剂。这种助剂应该具有三个特点：一是降低气味，二是降低挥发性有机物（VOC），三是低毒、安全、可接受的生物降解性。有了理论的指导和高效的行动力，润泰的形势云开雾散，步入良性轨道，并取得可喜的经营业绩。同年，公司投入了巨额资金，扩建了环保型涂料助剂十二碳醇酯、环保型增塑剂生产线，年生产能力达到 10 万吨。

进入 2013 年上半年，润泰打了个漂亮的翻身仗。5 月，润泰的涂料助剂产品在中国涂料高峰论坛上被评为"十佳助剂民族品牌"。同时，科技实力较以往有了新的提升。四个发明专利获得受理，其中两个已经进入实审阶段。

刚刚化险为夷走上正轨的润泰，二次危机卷土重来了！润泰为一家企业担保贷款，但该企业因资金链断裂而倒闭了！

经过一段艰难的思考，张世元做出了一个惊人的决定：3000万元，照赔不误！

说出去的话就像离弦之箭，直中要害。宋文娟惊呼道："哪来那么多钱赔！"

张世元自有主张，于绝望中迸发灵感，于危墙下运筹帷幄，他悄悄透露心里的"三步走"计划。

为什么是三步而不是四步、五步？张世元解释，老子的《道德经》里有一句话非常深刻：一生二，二生三，三生万物。他相信，企业有时候需要一点运气。

于是，张世元主动找到追债的银行。

对方如临大敌，工作人员严阵以待，气氛紧张得令人不敢喘息。

张世元淡定地说："你现在就让我还贷，我拿不出。你能不能再支持我一下，贷给我5000万元，含代偿3000万元，增贷2000万元，十年还清，每年减贷500万元，直到还清，利息按基准利率上浮5%。"

"你说什么？"银行方面有些始料不及。"你欠我们钱，还要我们给你做贷款，天下还有这样的事情？"

● 绝处逢生——前瞻思维，看重人格，银行决定增贷

银行的工作人员转念一想，润泰在泰州当地颇有名望，张世元是个讲信誉的人，更是个有家国情怀、乡土情结的企业家，在2012年巨额赔款面前表现出来的魄力和担当让人钦佩。这个法子行得通！几番考虑之后，双方同意签订还款协议。

经过多日的提心吊胆和忐忑不安，情况终于有了转机。在一个阳光灿烂的日子，张世元拭去满脸的疲惫，抖擞着消瘦的身躯，以欣慰的笑脸迎来公司发展的新篇章。

宋文娟如释重负，心中终于松了一口气。

此后，君子协定，实践一切如约。吴江银行姜堰支行这次和润泰的银企合作成为一个典范，在社会各界广为流传。

正所谓："故天将降大任于是人也，必先苦其心志，劳其筋骨，饿其体肤，空乏其身，行拂乱其所为，所以动心忍性，曾益其所不能。"经过人生的谷底，张世元绝望过，徘徊过，彷徨过，但他也磨炼出了身上不服输的狠劲儿。

张世元赔出了胆子，赔出了信誉，也赔出了"铁血"的气魄。

● 凤凰涅槃——延续以"赔"立命的传奇

凤凰涅槃，是一个古老的神话传说，也是中国古代传统文化中的一个重要元素。它象征着死亡、重生和永生，常常被用来比喻人在面临困境时，经过艰苦努力，最终获得新生。传说中，凤凰是一种神兽，它的寿命很长，但当它的生命即将结束时，会投身于火焰中，经历生死轮回，最终在火焰中重生，变得更加美丽、强大。这个过程被称为"凤凰涅槃"。

凤凰涅槃的传说，体现了人们对于生命、死亡、重生和永生的思考和探索。它告诉我们，生命是不断循环、不断前进的，只有经历挫折和困境，才能真正成长和超越自己。

浴火历练后的润泰，就可称为"涅槃重生"。雨过天晴，凤凰展翅向前飞，如释重负，轻装上阵。短短十年，润泰创造了一个又一个奇迹，收获了一个又一个硕果，创造了一个又一个辉煌。攻城略地，润泰的产品在中国占有率达到30%，成为涂料细分市场龙头老大；走向世界，产品外销从0到100多个国家和地区，与世界500强的同行比肩；扩大产能，收购格兰特医药科技（南通）有限公司（简称格兰特科技），在泰兴精细化工园区及阿联酋筹建工厂；在"新三板"挂牌，不仅获得了发展资金，还在经营理念、企业管理、企业声誉等方面得到极大提升；产品品质方面，产品纯度达到 99.5%，可与世界霸主一比高下。更为重要的是，润泰颠覆传统企业"营利性经济组织"的普适属性，逐步形成了"把小公司做成大公司，把大公司做成大家的公司"的润泰梦想。

第二篇

"道"——高瞻远瞩

　　《孙子兵法》认为成功的要素是"道、天、地、将、法"。道，指君民目标相同，有共同的意愿和追求，可以同生死共患难，不畏惧任何危险。企业之"道"泛指长期规划和战略。

> 兵者，国之大事，死生之地，存亡之道，不可不察也。
>
> ——孙武

> 企者，企之大事，死生之地，存亡之道，不可不察也。
>
> ——张世元

奋斗了十年，润泰已经成为当之无愧的"隐形冠军"。

德国作家赫尔曼·西蒙被称为"隐形冠军"之父，著有《隐形冠军——未来全球化的先锋》一书。根据他的定义，隐形冠军需具备三个标准：一是在某个领域处于世界前三强的公司或者某一大陆上名列第一的公司；二是营业额低于50亿欧元；三是并不众所周知。尽管营业额是一个动态标准，不为大众知晓也是一个不太精细化的指标，但这个定义还是大致为我们描绘了当前隐形冠军的形象。

我国学界的研究认为，隐形冠军具有三大特征和三大核心战略。

特征一：营收规模。我国对隐形冠军销售额的界定小于10亿元（人民币）。

特征二：市场份额。隐形冠军往往在各自细分行业中占据领导地位，市场份额要么是世界前三，要么是某一大陆第一。

特征三：不为大众所知。很多隐形冠军处于产业链中间环节，生产产品配件或为大企业做配套服务，所以他们的产出不能被消费者看到。另外，还有很多隐形冠军深谙"闷声发大财"的道理，出于对潜在竞争对手的戒备，刻意"隐姓埋名"，减少曝光度。

我国隐形冠军隐藏着三大核心战略：第一是聚焦持续化；第二是国际化经营；第三是家族化。

数字表明，润泰正走在隐形冠军的跑道上。

01　持续化创新

● 数字润泰

4—0—0营销计划

4—0—0营销计划即"4个100"计划，张世元一直在弘扬中国元素，将润泰打造成民族品牌。在营销"4个100"计划中就可以看出他的雄心：

实现全球有100个国家使用润泰产品；

实现在全球建立100个优质的代理商；

实现全球涂料100强企业中有80%以上使用润泰产品；

实现国内涂料100强企业中有80%以上使用润泰产品。

润泰要走出去，要走得更远，让更多人能够注意到"中国制造"！

"可以说，'4个100'不仅仅是一个计划，更是一个工程，是一种责任和担当。"张世元这样看待这个长期战略目标，"实现这个战略，不仅润泰会实现突破，中国涂料企业也会向前迈出一步！"

第一，实现全球有100个国家使用润泰产品的目标，并不是很难。在全球有200多个国家和地区，目前有100多个国家和地区与润泰有合作，这一目标已达成。第二，在全球建立100个优质代理商。目前有100多个优质代理商在与润泰合作。第三，全球涂料100强企业中有80%以上在用润泰的产品，目前尚未达到，经统计大约为40%～60%。第四，国内涂料

100强企业中有80%以上在使用润泰的产品，这一目标也已完成。

"我可以很骄傲地说，国内涂料100强企业中有超过80%的在用润泰的产品！"张世元向媒体宣布这一计划的时候，是十分有底气的。

4—5—6工作法

4—5—6工作法即4个人做6个人的工作，拿5个人的工资。对于企业管理者，如何调动员工的积极性是一项长期课题。企业要提升员工的工作效率，首先要打破定编定岗定薪酬的传统思维，这是张世元赴日本考察名企归来后获得的结论。

如何把"活"做好！这才是关键！所谓的"活"就是企业的工作量，根据工作量来定价，而不是根据现有的工资来分配。提倡一专多能，一人多岗，让每一个员工的工作量饱和起来。员工的工作量增加了，他们的收入就提高，实现多劳多得。在此背景下，"4—5—6工作法"应运而生。

"公司在发展中不断朝着管理现代化方向演变，已经不再是之前几个人一边吃着饭一边就可以决策的阶段了。"张世元在经管会上说。润泰组织架构建设齐全，相应的岗位也不断拓展。员工数量增加后，难免会产生懈怠的思想，开展工作时，往往那些不会去抓工作重点的人，在工作当中是没有思路或者主见的，做事情的时候也不会考虑到关键的问题上。即便是他们每天非常辛苦，做得也挺努力，但是仍然没有很大的突破。这也会对员工的成长造成阻碍，所以提高效率才是做好工作的关键。

经过经管会讨论，"4—5—6工作法"迅速落地并沿用至今。张世元不断培养团队充分利用一切资源的观念，并且要求各部门的管理者要学会调动很多资源去完成任务。

起初，个别员工不适应，有的甚至不能胜任分配下来的工作。张世元以交流会和谈心的形式对接各部门的主管，了解部门情况，倾听基层心声，充分凝聚公司核心的中坚力量，将"4—5—6工作法"持续推进。员工很快适应了新的管理模式，工作节奏有条不紊，个人的收入水平和福利也相应增加了不少，员工的工作热情度也有所提升。

传达室的退休员工老沈是个话不多的人，虽然老实本分地做着收发室的工作，但是工作缺少主观能动性，"4—5—6 工作法"在部门中推广，部门主管考虑到他家庭的经济状况与他交流，他主动请缨承担了厂区道路清扫、车辆停放管理等工作，收发文件也由原来的"坐等签收"改成了"送件上门"，人际关系也改善很多。他的月工资也因此增加了 1000 多元。在一次年会上，不善表达的他由衷地发表了感慨："'4—5—6 工作法'真不丑，锻炼了身体还鼓了钱包。"

各部门之间相互协调，能做的事共同做，一团和气，上下联动，有效沟通，工作分工不分家。在"4—5—6 工作法"面前，员工们习惯了敬业、习惯了互通、习惯了紧张有序的工作节奏，更适应了团队共同提升的理念。

"4—5—6 工作法"从传统式管理向现代化管理转变，由粗放型管理向精细化管理转变，为激活员工能动性注入了新动力。

11180 计划

润泰第三个五年计划中制订了一个 11180 计划，第一个 1 表示产销量达到 10 万吨和销售额达到 10 亿元，第二个 1 表示净利润达到 1 亿元，180 表示员工人数不超过 180 人。

这些财务指标，是根据公司近三年的经营状况和宏观环境，进行 PEST（Political, Economic, Social, and Technological，政治、经济、社会和技术）、SWOT（Strengths, Weaknesses, Opportunities, and Threats，优势、劣势、机会和威胁）分析而形成的相对科学的指标体系，作为公司全年大的财务指标。各中心部门根据这一大指标，进行细分，比如销售，需根据销售淡旺季、客户往年落单情况，进行分解，然后在海外和国内市场分区来规划。每个区域明确完成任务的奖励政策，并每年制订营销考核细则，确保销售指标任务的完成。

管理大师彼得·德鲁克纵观管理实践中的各项要件，得出了这样的结论——把规划和计划放在了首要位置。通过规划和计划，把企业的战略转化为年度的任务，也称战略任务或战略任务分解。俗话说："凡事预则立，不预则废。"想要做好事情必须有明确的目标、周密的计划、精准的落实。润泰对战略总体规划进行了年度目标分解，并通过年度工作计划目标进行部署与考核。根据八大职能战略下达年度任务，制订年度经营计划，并从层级和时间两个维度，把年度经营计划的目标、资源和举措分解至各部门，形成相应的年度、月度计划，以保证战略的落地。

润泰股份2022年目标计划——11180计划

扣非后净利润1亿元、各类产品产量10万吨或12亿元销售额、全公司180人。

1、3、5目标

未来十年营收目标力争从10亿元到30亿元到50亿元。

1、3、5目标，背后是张世元的"135理论"。润泰创业初期模式也顺应并验证了这一理论，开始销售从1000万元到3000万元，再到5000万元这一发展规律。润泰第一个十年也经历了从1亿元到3亿元再到5亿元的过程。未来10年发展，继续将沿着这一定律来制订公司的营收目标，就是从10亿元到30亿元到50亿元。10亿元是一个门槛，10亿元之内，需要累积更长的时间，像蜗牛爬行一样，越过10亿元这个门槛，再向上冲击30亿元就会相对轻松，这一阶段就像爬山到了山腰一样，已经经过了充分的累积，欲穷千里目，更上一层楼，再向上爬已经积累了能量，公司实力雄厚了，也将吸引更大的外来资本来发展壮大经济体能。过了30

亿元向 50 亿元迈进，可以通过资本运作，收购或参股同行业，来使公司的产值达到 50 亿元，将会顺理成章。诗人王国维的《人间词话》中提出的人生三境界：第一境界是立志，定目标，"昨夜西风凋碧树。独上高楼，望尽天涯路"；第二境界是求索，探索，"衣带渐宽终不悔，为伊消得人憔悴"；第三境界是收获，达到了 50 亿元的高度，"众里寻他千百度。蓦然回首，那人却在灯火阑珊处"。对润泰来说，三境界就是"1、3、5目标"，50 亿目标就是那"千百度"后的"蓦然回首"。到那时，润泰事业的轻舟会冲出千回百转的峡谷，驶入"潮平两岸阔"的新天地。

十年"百、千、亿"的润泰梦

未来十年持股员工成为百万富翁、千万富翁、亿万富翁。

实现"百、千、亿"目标，这是新时代的润泰梦。润泰董事长正带领大家努力去圆润泰梦。如何将美梦成真，需要大家的共同努力奋斗，为润泰的美好蓝图共同发力。"百、千、亿"目标并不难理解。润泰主板上市以后，如果股票市值每股 20 元，员工每人持 5 万股，就成为百万富翁；员工持 50 万股，就成为千万富翁；持 500 万股的员工，就将成为亿万富翁。"梦想还是要有的，万一实现了呢？"张世元总是用这句话来激励润泰人。

润泰十年

从默默无闻到隐形冠军，一个小企业的成长轨迹

润泰十年战略靠的是什么？靠的是智慧，靠的是深谋远虑，靠的是集体力量的凝聚。

一首《我的未来不是梦》，正在激励着每一个奋斗的润泰人，润泰人在追梦的路上从未放弃。润泰人正在步步为营，从生产到经营都在不断超越，脚踏实地，而且梦已越来越近。希望能在十年规划中实现大家的润泰梦想。

"百年百强"计划

润泰的百年目标为：百年百强，做"双百"企业。

做人要有远大的梦想，做企业亦如此；企业都希望基业长青，发展成为百年品牌，润泰亦如此。

企业对未来的憧憬和展望是战略目标的基本依据，终极目标的实现需要让员工在精神上有所崇拜、有所依托。百年百强，做"双百"企业是驱动润泰越做越强的指南针，同时这也是张世元的座右铭。

所谓百年，百年即是对品牌的传承，品牌是给拥有者带来溢价、产生增值的一种无形的资产，承载更多的是消费者对产品的认可，是公司核心竞争力的必然要素。润泰打造的品牌不仅仅是润泰产品的商标，更要打造的是润泰的核心文化、润泰的精神、润泰产品的品质，更多的是塑造润泰

人朝着既定目标努力奋斗的理想。

所谓百强，即成为全球化工百强企业。经过长期努力，依照国际权威机构的评价标准，润泰成为全球化工百强企业。润泰将以创新驱动发展，持续增加研发投入，关注政策动向、加强信息研究，借鉴百强企业的成功经验，增强自身可持续发展的能力，推动企业向更高的台阶迈进。

当前社会，人们越来越急功近利，人心越来越浮躁。在这样的背景下，"老字号"经营的就是一种文化、一种品牌文化，如果不重视文化，只追求经济效益，便会渐渐远离或失去它原有的价值观。润泰的百年百强计划，是对当下时弊的否定，对民族崛起的策应，对润泰价值观的弘扬。

● 创新润泰

技术创新

润泰在产品研发方面，坚持"生产一代，研制一代，设计一代，构想一代"的思路，使企业在成膜助剂等新材料领域的科研技术水平居于行业前沿，取得了多项具有国际先进水平的科研成果和国家发明专利。

润泰十年
从默默无闻到隐形冠军，一个小企业的成长轨迹

  2022年，润泰化学（泰兴）有限公司（简称泰兴润泰）再次被认定为"国家级高新技术企业"；2018年，润泰"江苏省涂料助剂工程技术研究中心"获批建设；2021年，泰兴润泰技术中心被江苏省工业和信息化厅认定为"省级企业技术中心"；2020年，润泰承担了江苏省科技厅政策引导类计划（国际科技合作）—重点国别产业技术研发合作项目"零VOC可再生水性涂料成膜助剂"的联合研发。公司以"第一完成人"身份，荣获江苏省科学技术三等奖、中国石油和化工联合会科技进步二等奖以及泰州市科技创新二等奖。研发课题"万吨级醇酯类水性涂料环保成膜助剂的绿色高效制备技术"，经中国石油和化工联合会科技成果鉴定，由谢克昌、胡永康、陈勇和陈芬儿四位院士等专家组成的鉴定委员会认为，本项目成果达到国际领先水平。

  润泰技术中心拥有国内先进的实验室，拥有安捷伦气相色谱仪、液相色谱仪、最低成膜温度仪、恒温恒湿箱等先进的检测和应用技术设备20余台（套），具备产品全方位的检测和应用测试的能力。公司长年与常州大学分析中心、南京大学分析中心、SGS（通标标准技术服务有限公司）等保持合作，依托高校更为先进的分析设备，推动研发工作不断进步。公司10万吨成膜助剂新装置全部采用在线检测，生产全流程一键开启，以"灯塔"工厂标准打造和建设。目前研发中心拥有20余位专业研发人员，其中教授级高级工程师1名、高级工程师3名、博士1名、硕士多名，公

司长期与美国佐治亚南方大学、南京大学、华东理工大学、常州大学、青岛大学、盐城工学院、泰州学院等保持产、学、研合作，推动技术不断进步。

研发推动着知识产权的进步。全新的设计理念，经过复杂的原料配置工艺，不仅创造出一个个专利产品，更是在一次次的精益求精中，使得公司多个产品获得广大客户的认可。公司高度重视专利对公司产品以及研发成果的保护，秉持"提前布局，全面布局"的专利布局理念，将专利申请及保护融入创新发展基因，加强高价值专利培育和布局。鼓励科研人员对研发成果进行专利保护，并制定奖励政策。近年来，公司在成膜助剂、环保溶剂、环保增塑剂的研究开发上取得了阶段性的成功，获取了一批知识产权成果，目前公司拥有发明专利61件、实用新型专利85件和国外发明专利2件。同时公司也大力激励和鼓励科技人员撰写专利，经公司授权后，发明专利奖励5万元／件，实用新型专利奖励1万元／件。

技术创新推动着产品应用的创新。在这里，科研人员和客户密切合作，根据产品自身的应用科学寻找出更合理的配套配方，给客户在使用上、科研上提供解决方案；把润泰的研发及应用技术与客户的需求和见解相结合，坚持实践"共享实验资源，携手共促发展"的理念。公司近年来在《涂料工业》《中国涂料》等国内外知名专业期刊上发表文章十余篇，并在国内各大专业论坛上发表演讲，有力地促进了成膜助剂产业研究与发展。

管理创新

润泰积极学习、借鉴国内外先进的管理模式，公司管理模式经历过传统的个体化经营模式、民营企业经营模式、国有企业经营模式、外企经营模式四阶段，最后在取其精华后，形成了适合润泰的特色民营企业家族化经营模式。公司持续改进创新管理模式，不断表彰先进。从质量、环境、职业健康安全为主的一体化管理体系到卓越绩效管理模式，从传统管理到信息化管理等。润泰成立了卓越绩效管理领导小组和工作小组，召开卓越绩效管理项目启动会，正式导入卓越绩效管理模式。润泰邀请专家到场开展了卓越绩效管理模式的基本知识培训，在咨询师的指导下进行了卓越绩效自评，申报了2022年度泰兴市市长质量奖，并获得了提名奖。2023年，润泰以第一名的成绩获得了泰兴市市长质量奖。公司再接再厉，寻找资深的咨询团队，进行了诊断式评审，分析现状，查找企业管理存在的差距和不足，形成"企业导入卓越绩效管理模式"诊断报告，并将改善提升计划落实到工作中推进实施。在咨询师的指导下，公司进行了卓越绩效自评梳理和报告编写。在实施过程中，公司不断深化"方法—展开—学习—整合"思路，通过历史回顾、数据挖掘、会议交流等方式做好总结工作，提炼出具有公司特色的工作方法，进行最佳实践案例分享。

当今世界最杰出的管理思想家之一亨利·明茨伯格教授说："找到战略创新的唯一方法就是离开办公室，在实地与客户见面，非常投入地观察一些细节并且思考。另一方面，还要让整个公司形成一种文化氛围，让每个人发挥自己的洞察力，鼓励员工不断涌现出好点子，并且把这些好点子分享并传达到管理层。"润泰在管理创新方面的工作主要体现在以下方面。

（1）质量管理创新。

为提升卓越绩效管理主体凝聚力，公司不断提炼质量管理模式，形成了现有的"四化三全两驱动"质量管理模式。

四化指以下方面：

①流程化：将所有的业务、管理活动都视为一个流程，流程的源头是顾客需求，因此以业务流程为主线，以客户需求为导向，以公司目标为出发点，注重连续性和整体性，从企业战略和顾客需求的角度出发，来设计组织框架和业务流程，同时对业务流程进行不断再造和创新，以保持企业的活力和运营效率。

②标准化：对各个产品的工艺制定了工艺标准，对各项设备操作、设备保养、检验操作建立了作业标准，实现了从班组到公司的标准化管理，规范了各项操作，保障作业的一致性。

③自动化：通过DCS（Distributed Control System，分布式控制系统）对生产设备进行自动化管控，应用SIS（Safety Instrumented System，安全仪表系统）实现异常时自动切断、报警和应急处置。同时利用APC（Advanced Process Control，先进过程控制）系统对生产过程进行实时监测和信息处理，提升了DCS自动化控制能力。

④数字化：针对运营流程开发运用了SAP ERP（Enterprise Resource Planning，企业资源计划）系统、SAP条码管理系统、MDM（Master Data Management，主数据管理）系统、WCS（Warehouse Control System，仓库控制系统）、安全生产信息化管理系统等，实现业务流、信息流、资金流的融合，建立了一个基于流程的、不依赖于人的、高效的数字化管理体系。

三全指以下方面：

①全程：从产品研发过程、原材料采购、产品生产过程、包装储运到客户服务等的全过程实行质量管控。

②全员：把质量控制工作落实到每一名员工，通过培训、操作演练、案例分析、质量看板、班前会、质量会议等方式，来提升全员的质量意识。

③全力：尽全公司力量，统筹全公司资源，去做好质量管理。

两驱动指以下方面：

①客户需求驱动：秉承"客户的满意是我们不懈的追求"的服务理念，以客户需求为导向，及时根据客户需求和反馈信息改进产品和服务。

②企业文化驱动：通过使命、愿景、核心价值观和产品理念的文化引领，夯实质量基础，持续为客户创造价值，获得市场与客户的认可，树立行业典范。

此模式是以客户需求和企业文化双驱动，运用流程化、标准化、自动化、数字化管理手段，通过全程、全员、全力，将所有的过程、活动、流程有机地组织起来，严格质量管控，满足客户／相关方的需求，最终实现客户／相关方的满意和市场与企业竞争力的提升。

推行卓越绩效管理是一个永无终止的过程，以推行卓越绩效管理为抓手，开展管理对标活动，引导全体职工以对标促管理，筑牢"挖潜降耗无止境"理念，在提升经济技术指标、降低能源消耗等方面持续发力，努力将公司发展潜力挖到极致，同时以管理提升活动为载体，着力解决生产经营中的"盲点"，寻找管理对标升级，精准识别管理短板，持续推动卓越改进。

泰兴润泰工厂的智能化包装车间

（2）精益管理创新。

2017年4月，润泰率经销商去日本学习企业管理和工匠精神。润泰尊享定制世界500强企业考察活动——日本行，考察世界500强企业：大金工业株式会社、大福物流、麒麟啤酒、丰田汽车、明治食品。

"记住该记住的，放下该放下的，学习该学习的"，张世元给日本之行定下了基调。

在大金工业株式会社，大金展览馆给人留下了深刻的印象。走进展览馆，映入眼帘的是一幅立体"壁画"，禾源先生介绍，这是一台空调所有零部件的展示，通过侧面灯光的照射，俨然是一幅人奋力奔跑的影像。参观的每个人都被眼前的场景震撼了。是啊，人生就是一个不断奔跑的过程，你不跑就得掉队，对于公司的经营和管理也是同样的道理。

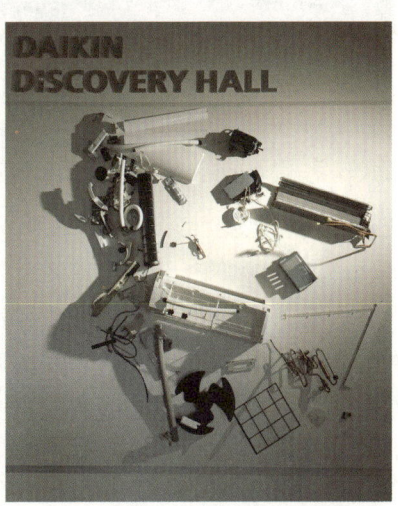

润泰十年
从默默无闻到隐形冠军，一个小企业的成长轨迹

在丰田汽车公司，大家看到了"世界三流生产线，然而却产出了世界一流的汽车"。这给丰田汽车增加了一层神秘的面纱，熟悉而又陌生的丰田汽车就在眼前。进入工厂，丰田汽车公司内部并不是想象中的高大上，也并没有太多豪华的感觉，朴素、紧张、忙碌却又井井有条。工作人员带着日本人特有的微笑开始了介绍。这里通过丰田汽车的TPS生产系统在高效运转，TPS全称为Toyota Production System，强调8个"零"管理：零缺陷、零库存、零交货期、零故障、零（无）纸文件、零事故、零废料、零人力资源浪费。这里充分展示了日本企业的工匠之道。丰田汽车的精益生产管理让张世元印象颇深，能把精益生产做到极致，实属不易。丰田汽车管理的精髓就是"精益"二字。这么简单的两个字，丰田汽车苦苦钻研了30年。精益管理源于精益生产。丰田汽车在精益生产实践的巨大成功，使得精益的理念逐步延伸到企业的各项管理活动。

在麒麟啤酒公司，大家看见非常醒目的三个字"一番榨"，从字面理解应该是"头道工序"的意思。接待小姐保持着职业性的微笑，露出两个小酒窝，显得非常可爱，她不失时机地介绍道：所谓"一番榨"就是只萃取第一道麦汁，为了保留啤酒的"原汁原味"，不惜提高成本，绝不掺第二道麦汁，由于第一道麦汁中从麦芽壳渗出的涩味成分较少，所以只提取第一道麦汁酿造的一番榨啤酒没有一般啤酒的涩味，口感更纯更顺，让人喝了还想喝，其选用的啤酒花均为世界优质原产国引入。很难想象，日本的啤酒厂能够做到世界500强，背后靠的也许就是匠心和不断精益求精。

正是这次参观学习，让张世元对于企业管理有了更新的认知，也更坚定了他要在润泰推行精益生产管理模式的想法。回国后，张世元便着手在公司推行精细化管理，通过质量提升、效率提升、降低成本、安全管理、体系维护等方面推进精细化管理，从而提高产品竞争力和市场竞争力。2022年，润泰正式启动精益管理项目，安排辅导老师进驻公司。通过访谈、方案讨论、培训、汇报等方式对企业实地调研，根据调研情况开展内部讨论、制定方案和计划，撰写实施报告和效果评价，并对开展的工作进行推动和落地，包括组织架构优化、岗位职能提炼、生产现场管理、TPM设备管理、员工技能矩阵、精益管理检讨、标准作业流程、品质关键控制等。通过一系列措施，润泰切实提升了管理者的经营管理能力和驾驭市场能力，对公司落实精益生产数字化转型提供了切实有效的帮助。

产品创新

研发推动着产品不断创新，经过近二十年的快速发展，润泰引领着成膜助剂一系列改变——从最初国内第一家成功研制出十二碳醇酯起，进行技术系统重组、生产设备重建，到现在拥有先进的设备和多项新技术，再到现在全球首条5万吨／年十二碳醇酯连续化生产线的建立以及在建全球最大的10万吨／年十二碳醇酯连续化生产线和4万吨／年的十六碳双酯（也称为十六碳醇酯）连续化生产线。在此过程中，研发推动着工艺技术的不断创新，产品的不断创新推动了工艺的优化和产品的系列化、不断升级迭代。润泰将成膜助剂发展分为五个阶段。第一阶段是早期，主要是200#汽油和溶剂油；第二阶段为过渡期，主要是苯甲醇和乙二醇单丁醚；

润泰十年
从默默无闻到隐形冠军，一个小企业的成长轨迹

第三阶段是发展期，张世元认为是现在的十二碳醇酯和十六碳醇酯等；第四阶段是成熟期，以 RTC®-295 净味成膜助剂为代表；第五阶段则是以生物基成膜助剂和反应型成膜助剂为主。其中第三代成膜助剂，张世元认为又分为四个阶段。归纳如下：成膜助剂 1.0 是以氢氧化钡为催化剂的工艺，目前国内某企业还处于这个阶段。成膜助剂 2.0 是以钙和钠为催化剂的工艺，目前国内比较早的某企业属于这个范畴，是二次反应釜反应、非连续反应装置。成膜助剂 3.0 是某外资品牌工艺。对于成膜助剂 4.0，张世元认为是目前润泰所处的阶段，工艺先进、收率高，自动化程度高，适合大装置生产。目前国内还有一家成膜助剂工厂，参照润泰的同一工艺包，应该处于工业 3.5 阶段，经过一段时间的优化和提高自动化程度后，可以达到工业 4.0。

设立张世元劳模创新工作室。由泰州市劳模张世元带团队 18 人，负责编制岗位练兵卡，实施技术传帮带，包括人员培训、师带徒、技术比武，针对技改、技术攻关分析讨论确定方案，组织解决了很多生产中亟待解决的课题。

在"专业成就未来"的启发下，不断改进推动成膜助剂、溶剂、增塑

剂三大产品系列的优化与引领。润泰正利用化学的力量，使未来涂料更安全、更环保、更健康。润泰重点发展有利于可持续发展的产品和解决方案，不断推陈出新。2010年，第三代成膜助剂十二碳醇酯以及增塑剂邻苯二甲酸二甲酯正式投产；2015年，第三代成膜助剂十六碳醇酯正式投产；2018年，第三代成膜助剂RTC®-290A净味成膜助剂正式投产；2020年，正丁酸、异丁酸正式投产；2021年，第四代成膜助剂RTC®-295净味成膜助剂正式投产，RTC®-295是润泰自主研发产品，具有完全的自主知识产权，是一种更具创新性的产品。其性能能超越十二碳醇酯，气味更低，成膜效率更高，在同样的配方中，可以少添加5%~10%，符合TVOC（挥发性有机化合物的统称）的环保要求。其具有沸点高、低毒性、低气味和生物降解性的特点，主要用于高档内墙涂料的成膜助剂。未来，第五代成膜助剂生物基成膜助剂也将投放市场。

产品创新、产品落地必须具备两个条件：一是产品市场研究，二是研发规划。产品市场研究就好比是"爸爸"，研发规划就好比是"妈妈"，二者相得益彰。"爸爸"需要了解市场需求、了解客户需求、了解竞争格局，"妈妈"需要做好产品定位，然后"夫唱妇随"，共同实施"如何做出畅销好产品"，规划好时间、成本、技术、工艺方面的内容，尽快开发出来这款"爆品"。润泰RTC®-295净味成膜助剂就是这样诞生的。

产品推动标准的建立，润泰作为国内领先的新材料的研发和生产企业，充分发挥标准化在企业技术创新和产品质量中的支撑和引领作用，重视各类产品标准的制定、修订工作，参与起草、修订了多项国家标准和行业标准，引领行业发展。在完善公司产品企业标准的同时，作为第一起草人，先后制定了行业标准HG/T5801-2021《工业用十二碳醇酯》、团体标准T/CNCIA 01007-2018《建筑涂料用成膜助剂 十二碳醇酯》、T/CNCIA 01015-2021《十六碳双酯》以及参与制定团体标准T/CIESC 0010-2020《工业用邻苯二甲酸二甲酯》，有力地推动了行业的进步和产品的良性发展。

颠覆性创新

润泰高度重视智能化建设，正逐步从传统制造型企业向智能制造型企业转变。近年来，公司先后荣获江苏省工业互联网发展示范企业标杆工厂、两化融合管理体系评定证书（AA级）以及泰州市示范智能车间等称号。

公司在智能化方面，实现了以下方面的提升。

（1）审批流集成：OA（Office Automation，办公自动化）与ERP集成，共享数据资源，打破运营过程中的信息孤岛，提高工作效率。

（2）业务集成：ERP与立库、地磅、智慧海关、银行等系统集成，提高业务处理的及时性、准确性，降低工作量。

（3）厂内物流可视化：ERP与一卡通系统集成，实现厂内物流信息实时可视化，降低沟通成本。

（4）实现全连续生产工艺：从投料到出料，全部实行无人化生产，

DCS控制，生产工艺达到世界先进水平。

公司正逐步引进MES（Manufacturing Execution System，制造企业生产过程执行系统），进行生产数据收集和展示，减少数据烟囱，进入智能化工厂的第一阶段。同时，需要通过APC来优化工艺，达到生产的稳定性；通过能源管理来达到政府"碳中和、碳达峰"的要求；建立智能工业互联网平台、CRM（Customer Relationship Management，客户关系管理）系统、SRM（Supplier Relationship Management，供应商管理）系统、数据驾驶舱、WMS（Warehouse Management System，仓储管理系统）等；通过集成监控系统收集现场的安全、环保数据，实现对现场异常及时监管和处置。后期还需通过AI智能、数字孪生来优化MES的数据，从而达到智能工厂的目标。

润泰拥有追求卓越的文化和机制，通过持续的创新、改进和优化，不断提升自身的产品或服务的质量和水平，将每个产品或服务的环节做到极致，从而获得更大的竞争优势。对于成膜助剂几十年如一日的坚持与韧性，身边人总说张世元几乎到了"偏执"的地步。润泰自研的生产工艺在国际上处于领先水平，在产品关键指标、产品有效含量上，润泰的十二碳醇酯已经达到≥99.0%，而国外某品牌目前的产品含量≥98.5%。虽然含量已经达到99.0%，张世元还是觉得不够，即使是0.001的差距，也要不停地和这0.001较真。通过与高校科研教授联合研发，将间歇釜式反应改成塔式连续化反应装置，实现了将产品含量提高到99.5%左右。润泰专注做好一个品牌，心无旁骛，在一个领域上不断积累，不断打磨改进，在环保型成膜助剂领域发挥"智"造优势，打造基于动态业务驱动的"智慧"工厂，成为"助剂专家"和行业"隐形冠军"。

智能包装车间方面。2017年参观日本大福公司时，张世元就设想："小件物品能自动仓储、自动分类，我们产品批量大，也应该自动分类、自动仓储。"2018年，公司颠覆性地上新了国内化工企业中第一套WMS。

● 一体两翼战略

一体两翼战略即稳中央，突两翼。一体指以成膜助剂为主体的中央核心产品，两翼指环保溶剂和环保增塑剂。

一方面，从产品系列化来看，泰兴润泰现有四个车间，将沿着异丁醛这根链条向下延伸发展，产品由原来相对单一的局面，形成了现在十多支产品系列。减少了轻组分的库存，变废为宝，将所有的中间产品进行充分的循环再利用，减少了企业的原料成本浪费，完全做到了产品的精细化生产，并结合未来市场的需求，做好做足了前期的新品储备。

另一方面，在润泰产品发展版图上，始终按照"稳中央，突两翼"的方针来组织经营活动。

这里所指的中央，是指水性涂料行业。润泰主打产品以十二碳醇酯为主体，十六碳醇酯、十二碳酸酯、RTC®-295、RTC®-290A等为主要产品。这些产品属于水性成膜助剂，归属于水性涂料行业。

润泰成膜助剂的生产，十年中一直坚守这样的一条主线生产，而且在此领域持续保持改善和专注。现在无论从产能上，还是从产品品质上都进入了市场第一梯队。十年间在此产品上做了两大提升。一个是将产品的品质做了大幅度提升,纯度从最初的80+%,提升到现在的99.0%以上,比同行高出0.5个百分点,从而更加减轻了此产品的气味。另一个是将此产品的产量做了大幅度提升,即从原有设计产能的1万吨,提升到3万吨,到后来的5万吨,再到现在的20万吨,成为目前国内此产品生产能力最大的工厂。同时为了满足海内外市场的需求,能够按照大客户的要求,进行定制化的生产,以此来加强产品的市场竞争性。

在做好十二碳醇酯的同时,将轻组分充分利用,在十六碳双酯上进行再度探索,经过生产技术人员的不断努力和实践,终于将轻组分变废为宝,向十六碳双酯方面做生产安排。此产品经过市场的应用,现已较为成熟,目前市场的潜力仍然很大。

如果只靠两款成膜助剂产品,虽然在一定程度上能够满足市场的需求,但产品的单一性必将增加企业发展的风险。因此,张世元一直反复思考着这样的问题:如何增加产品系列,来抵抗市场的风险。为此,润泰仍然在熟悉的领域内寻求解决方案,认真研究,充分论证;仍然利用现有资源向外拓展,也就是充分利用现有的原料资源和现有设备资源,在熟悉的领域内不断向纵深发展,沿着异丁醛原料路线继续往下做;仍然是隶属于成膜助剂领域,将产品延伸到十多个产品类别,丰富了市场的品种。对不同客户的不同层次的需求提供了便利,从低沸点向高沸点方向做,从"低VOC"向"零VOC"方向发展,符合国家对环保的要求,产品向绿色方向慢慢转型过渡。

同样如此,如果仅在成膜助剂领域内做大做强,也是在累积风险,在竞争对手如林的恶性竞争环境中,会让产品提前进入衰退期,对企业的发展将极为不利。鉴于此,在稳中央的基础上,向两翼方向求发展。这里所指的两翼,一翼是指医药中间体。润泰在2015年收购了南通格兰特科技,此公司的产品主要为三氟化硼系列,隶属于医药中间体产品。溶剂及该产品在市场上也很紧俏,一直供不应求。几年来,由于产能和环保因素的双重制约,三氟化硼产品生产一直不是很稳定。另一翼是指增塑剂系列。增塑剂系列主要是围绕苯酐做的两款产品,一款是邻苯二甲酸二甲酯,另一款是邻苯二甲酸二乙酯。

润泰十年
从默默无闻到隐形冠军，一个小企业的成长轨迹

建成后的高度自动化的泰兴润泰工厂

　　2020年，公司对两翼产品做了调整方案。其中将溶剂系列替代了原有的医药中间体系列。因为前面所说的，医药中间体产品不断受环保因素的困扰，使得生产不能保持正常进行。现在将更多的精力放在溶剂方面求突破，也是一个不错的选择。围绕异丁醛这条主线，将产品往下做，目前公司已研发了12种产品，有的可以直接投入量产，有的暂时可以作为产品储备。比起医药中间体产品来说，溶剂方面的产品更加稳定可靠，后期公司会对市场进行充分调研，决定哪些产品可以进行量产并投放市场。

　　为了抢抓市场机遇，公司决定继续扩大产能。在泰兴工厂原有地块的基础上，将北面另外的100亩征用，用于增加成膜助剂产能，新增10万吨十二碳醇酯、1万吨十六碳醇酯和2万吨净味成膜助剂RTC®-295，以及生物基成膜助剂的生产。同时为了应对国内日益趋紧的化工行业形势，公司已做长久考虑，为了分散生产和经营风险，决定到海外建立生产基地，一是能将市场很好地分类，二是规避国内市场内卷的风险。十几年前的润泰还局限在齐大和老润泰那种粗放型的生产装备上，十几年后润泰已急剧向外扩张，将触角延伸到南通沿海化工园区、泰兴沿江化工园区，以及走出国门、跨出国界的大思路、大思维。根据润泰战略部署的推动实施，未来，润泰将致力于打造30万吨级产品生态树，为"百亿润泰、千亿市值"目标实现积蓄新势能。这些举措使得润泰的产业基地更加丰富多彩，国内海外齐发展，相得益彰。

02　国际化经营

● 海外淘金

张世元之所以野心勃勃，并非空穴来风，而是时机铸成。

一是赶上了国内涂料行业大发展的好时机；二是迎来了国际贸易合作的新局面。

根据世界贸易组织秘书处统计，2013年，中国已经成为世界第一货物贸易大国；中国货物进出口总额为4.16万亿美元，其中出口2.21万亿美元，进口1.95万亿美元。

可以说，像张世元这样的民营企业家，是被时代"推"上了风口，是站在中国改革开放、与世界接轨的大好环境下，依靠着国家对于民营企业的政策扶持，一路成长，高歌猛进，最终实现腾飞。

2012年，一个偶然的机会，张世元与过去的老朋友杨向宏一起去西安出差。在途中，张世元向杨总咨询："怎样才能打开国际市场？如何才能把产品卖到国外去？"杨总微微一笑，只是简单说了一句："先招两名有化工背景且专业英语八级的毕业生来你们润泰，然后我再告诉你怎么打开市场。"张世元恍然大悟，普通人之间的沟通是一步一步按部就班，而聪明人之间的沟通总是一言中的，就像下棋的时候，有的人只能考虑下一步该怎么走，而有的人从第一次落子开始，便想好了接下来的几步该怎么走，对手又会怎么应对，一个人思维越快，与他沟通的路径也就越短。于是杨总的一句话便成就了润泰成为全球第二大涂料供应商之梦！

国际业务开展后，润泰在和国内各大知名涂料和黏合剂制造商建立稳固的合作关系基础上，进一步与国际知名的代理商DKSH（大昌洋行）、BRENNTAG（布伦泰格）建立了全球合作关系。每逢国际代理商来公司考察参观，张世元都会亲自接待。

转眼到了2013年秋季，金秋时节，润泰也迎来了硕果累累的收获。这年9月，APCS亚太涂料展于2013年9月12日至9月13日在泰国曼谷举行，润泰参加了这个展会。

他们意气风发地抵达展会，环顾会场，原以为会很"高大上"的展位，竟然又小又挤。展会规模不大，覆盖面不是很广，参展企业也不多。润泰的展位C10a，位于入口处第四排的背面，展位只有九平方米，三把座椅，一张小圆桌，一次只能容纳一到两个客户洽谈，显得毫不起眼。

但是，谁也难说，会不会有潜在的客户。国际贸易部门全体成员积极布置起来。

9月12日上午，开馆20分钟后，有客户陆续光顾展位。醒目的产品说明排列一下子就抓住了客户的眼球，他们纷纷驻足细看。从事涂料助剂销售的客户，他们不放过这个机会，主动交谈，了解产品的性质、与同类产品的差异、市场的份额及覆盖率等。从客户反映情况来看，东南亚大多数客户对产品的品质给予了高度认可。

张世元因为有要事在身，实在走不开，没有来展会，但他心系展会的情况，焦急地打来电话问："怎么样？有没有成交？"

销售人员如实回答道："有意向合作的企业倒是有一家，只是情况有点特殊。"

原来，在参展前润泰的销售人员已经预约和几家泰国公司面谈，到达泰国的当天下午，他们就拜访了一家。客户表现出合作的兴趣，但是似乎有些犹豫不决。

此前，客户曾与中国的几家贸易商打过交道，但曾有两家公司带他们到同一家工厂参观，因此他们无法认定是不是真正的生产制造商，合作也因此却步了。

张世元听到这个消息，立刻做出了指示："客户心有疑虑，必须打消疑虑，取得对方信任！"

带队的国际贸易部门负责人薛和太将公司的情况、资质、经营情况等详细地与客户进行沟通。在沟通中，客户无意中打听到了关于张世元"赔钱"的事，了解了事情的来龙去脉后，客户震惊地说不出话来，未等薛和太说话，便迫切地希望与润泰合作。

不光如此，第二天，他还带菲律宾的朋友来到展台，向朋友介绍润泰的产品十二碳醇酯，菲律宾客商也表示出很强烈的合作意向。

张世元尝到了走出国门带来的甜头，他不甘于小富即安，认真地思考国际贸易该怎么做。

一番衡量后，张世元适时地对润泰产品宣传策略做了调整。每个客户在一个国家只能选一个销售代理，而不希望同一产品销售给同一国家的几个客户，以免造成恶意竞争而使市场混乱。

截至2013年年底，从新加坡到马来西亚、印度尼西亚、越南、泰国、印度、菲律宾、德国、孟加拉国等国家均有潜力客户对产品感兴趣，并均有合作意向。

张世元就像个画家，以十二碳醇酯为墨画出了成膜助剂的版图，而且这个版图越摊越大，越描越远。

新年的钟声敲响了，欢笑喧嚷声中，烟火绽放，夜空燃起绚烂的光彩。张世元望着转瞬即逝的烟花，心中默念：再见了，2013！

有一次，在土耳其涂料展销会上，一位土耳其客商从手机里找出张世元的手机号，并且当场拨通了。张世元感到纳闷。仔细一问，里面还有另一番玄机。原来，这个客商一直坚信，美国有的产品，中国一定会有，当时他就通过互联网搜索，找到了润泰，最后找到了张世元的手机号。客商当时就拨通了张世元的电话。

那时，张世元一看是外国号码，接通后，由于润泰没有出口先例，也没有英语对接人员，他以为是个诈骗电话，所以直接回绝对方说我们不出口。后来那个电话就没有再打来，本可以促成的合作就失之交臂了。直到三年后，两个人因为机缘巧合碰面了，客商看到润泰和张世元的名字很熟悉，这才想起来，一来二去，两人才继续了迟到三年的合作。

"所有的营销人员，一定要在跟客户接触的每一个机会中，抓住客户的需求点，一定会有成效！"张世元总结道。

在张世元的办公室里，可以见到一个巨大的地球仪。它表面浅蓝，可以前后转动，十分便于寻找地球上的位置坐标。

张世元翻动着地球仪，说道："薛总，你看，这儿，这儿，还有这儿，现在都有我们的客户。"

顺着张世元手指的地方，薛和太十分自豪地说："马上西班牙和土耳其市场也有我们的一份了！刚才朱雯文告诉我，目前已初步与土耳其的一家客户达成采购协议，准备进行商品的海运出口及报关等工作。与西班牙一家化妆品生产商的合作也正在进行洽谈。"

望着地球仪，张世元说："我的目标是世界上涂料企业前百强中的 80% 都使用上我们润泰的产品！"

到了 2015 年，润泰在海外市场上崭露头角，润泰的成膜助剂辐射到了全球，遍布海外，包括澳大利亚、印尼、印度、土耳其、孟加拉国、墨西哥、巴基斯坦、韩国、巴西等国家。

"今后，不管南方城市还是北方城市，南半球国家还是北半球国家，我们润泰都要去征服它！"张世元豪气冲天地说。

● 内稳外拓

围绕"4 个 100"这样的经营战略，公司每年不断出台新的营销方案和销售策略。

润泰销售三原则：三不原则（不诋毁对手，不贬低同行，不辜负客户）；三让原则（让对手敬佩，让同行认可，让客户满意）；三营原则（经营良心，经营人品，经营自己）。

润泰的产品最初主要在国内销售，当时基于产能受限，润泰对市场缺乏统一的管理，造成一些省份出现两个或以上的经销商，这给市场带来一些不利的内部竞争，其实最终受损的仍然是润泰自己。自此，润泰开始从国内外市场角度调整销售策略。

规范国内市场，理清销售思路。启动新的销售模式，也就是在全国各省设立相对稳定的经销商，对这些经销商提供支持，相互促进，相互发展，合作共赢。对于国内知名涂料公司，他们往往只愿意与工厂直做，而不希望通过经销商来做。所以公司就采取了经销商加直销客户模式。最近几年通过市场推广，加之润泰的品牌知名度越来越高，越来越多的经销商愿意经销润泰的产品。近一两年来，经销商越来越成熟，直销大客户也越来越稳定，润泰国内市场份额已开始在大客户中占有更大的比例，造成了国内经销商货源紧缺的局面。所以国内市场的经营原则是抓大放小，稳住诚信客户，舍弃失信客户。据不完全统计，润泰国内市场的份额应差不多占有 40% 以上，也稳定了公司在国内的市场地位。国内市场销售占据整个公司销售的 60% 左右。国内优质经销商数量近 40 个，国内涂料 100 强企业中差不多有 60% 的企业使用润泰产品。

大力拓展海外市场。润泰海外市场起步于 2012 年，当时还没有组建团队，只是两个人在摸索。但有个不可忽视的问题就是海关处罚案件尚未结案，如果不结案的话，会影响润泰日后正常做外贸的门路。因此必须首先解决这一问题，为正常做外贸扫除障碍。由于尼龙酸二甲酯的海外编码报错，产生了多退税的现象，当然这不是主观造成，而是由于业务员刚走上工作岗位，未对编码有足够的认识和重视，轻信听取其他外人的推荐编码而酿成了大祸，受到海关的严厉处罚。当时刚加盟润泰的薛和太意识到这一问题如不妥善解决，润泰未来的外贸将无法正常开展。所以他来的第一件事就是如何处理这一处罚事件。他首先对事件的来龙去脉进行了了解，然后进行梳理。向海关咨询和调查，由于业务牵涉两地海关——泰州海关和上海海关，两边海关的问题都要解决好。经过近两个月的努力和往返奔跑，写说明写汇报，该退的退，该补缴的缴，最终顺利结案：将润泰从黑名单中剔除出来。

接下来，需要做的就是外贸如何开展。虽然董事长并没有给薛和太更大的压力，但信任往往就是无形的压力。他对跨行业跨领域确实心里没有底，但不管怎么说，坐在办公室想是没有答案的，必须先走出去。

2013 年 9 月，薛和太与团队第一次走出国门参加在曼谷举办的亚太涂料展。经过参展人员的认真接待和务实努力，在此展会上他们团队找到了几家客户，承接了一些订单，当年就取得了 2000 多吨的销售业绩，薛和太也得到了张世元的赞许和认可。

通过参加展会，进行海外市场拓展，公司尝到了甜头，认为海外市场的空间还是很大的，与国内市场相比是互为补充的。所以公司决定组建国际贸易团队，开始招兵买马，壮大外销队伍，做好外销市场规划，同时将市场的触角遍布全球，站在全球制高点上进行全球市场调研，并实行划洲划片销售。在随后的几年中，外贸体量每年都以 30% 以上的速度在递增。并且在海外客户中产生了良好的反应，润泰的海外品牌影响力在很多国家都广泛传播开来，所以有许多客户都是慕名而来，自动找上门来的。

当然润泰的外贸发展之路也不是一帆风顺的，也有过阵痛和瓶颈。在全球布局的过程中，润泰认为各大洲都有很大的市场空间，乐观地估计了市场。在做外贸最初的两年内，由于几乎是对空白市场的开展，所以显得很轻松，也做得很顺，没有走什么弯路，容易争取到客户和订单。润泰在五大洲分别采取了以下不同的市场开拓策略。

稳定亚洲市场。润泰的外销业务仍集中在亚洲区域。因为此区域人口众多，有中国和印度这样的大国存在，而且大多为发展中国家，基础设施建设规模大，对成膜助剂产品需求量大。所以近年来，润泰集中了更多的精力放在亚洲地区，并在此地区进行深耕细挖，保持亚洲地区全覆盖。

突破非洲市场。非洲市场是从 2016 年起实施的战略规划，而且现在取得了很大的成效。在东非、南非、北非都有了很大的突破，现在每年销往非洲市场的成膜助剂超过 1800 吨。非洲市场潜力仍很巨大，有待进一步深挖。

细分拓展欧洲市场。欧洲一直被视为全球较为成熟和要求、门槛最高的市场区域。从 2014 年起，润泰只有零星产品销往欧洲地区。随着业务量的上升，欧洲实施了产品限制和准入门槛条件，也就是说每年超过 100 吨，必须有 REACH 认证，否则将不能出口到欧洲市场，现在出口不论是多少都必须有 REACH 认证。所以公司经过市场调研，决定做欧洲市场的 REACH 认证，目前国内只有润泰一家有此产品的欧洲认证，这是通往欧洲市场的通行证。润泰也对欧洲市场做了细分，在东欧市场做得相对较好，西欧对中国的产品还是不断提高要求，给出口企业形成了不小阻力。欧洲市场在润泰的海外销售份额中与非洲差不多齐平。未来的发展空间还是巨大的，随着润泰实力的强大、品牌力的渗透和具有竞争力的价格优势，加上润泰人的勤劳，一定会打开欧洲之门。

大洋洲市场由于国家相对较少，以澳大利亚、新西兰为主体，其他都是小国。所以公司的精力都要放在澳大利亚，一旦澳大利亚总部确认，设在新西兰的工厂或分工厂也将同步确认。对于大洋洲市场来说，润泰应该做到了该享有的正常份额。

谨慎开发南美洲市场。一次远行使得润泰感受到了南美洲市场的冷淡和残酷。南美洲是距中国很远的洲，去一次南美洲，没有直航，需要从美国或欧洲转机，单程一次都要超过30多个小时的飞行。市场并不像想象中遍地是黄金。在南美大地，人们的生活水平和消费水平也很一般。由于南美洲整体经济发展缓慢，市场并未打开，消费能力也没有跟上，特别是货币和政局的不稳定，使得整体上与这些国家做生意存在不确定性，难做，风险也大，涂料展效果也非常不被看好。另外，据说南美一些国家海关不遵守国际贸易惯例，不按游戏规则出牌，往往在没有取得任何正本提单的情况下将货物提走。对于出口企业来说，这是很大的风险，所以与南美这些国家做生意时，首先通过中信保来投保险，如果中信保认为风险等级高不承保的话，只有通过预收货款来操作。所以南美的市场至今仍是润泰市场的相对缺口。

经过润泰外贸精英团队的努力开拓，目前润泰产品已渗透到100多个国家和地区。外销市场体量正在不断加大，销量比例每年都以超过30%的销量递增。到了2020年，润泰因产能受到制约，而且在保国内大客户的情况下，使得部分外销订单无法执行，销量停留在20000吨左右，占有整个销售的35%左右。润泰的外销团队已趋于成熟，队伍相对稳定，分工比较合理，业务员向心力和凝聚力较强，是一支拉得出、打得响的团队。团队整体素质较高，英语水平和业务水平非常有特色，并已成为公司良好的对外窗口和一面镜子。

● "一带一路"

顺应陆海之道，跨行丝绸之路。近年来，润泰响应国家政策，沿共建"一带一路"国家拓展市场，并已立足中东，深入"中阿产能示范园区"投资建厂。

润泰十年
从默默无闻到隐形冠军，一个小企业的成长轨迹

东方之"珠"——引领发展之路

时间是忠实的记录者。2018年12月18日，在泰兴润泰，对双方来说都是最重要时刻。润泰董事长张世元与时任江苏省海外合作投资有限公司（简称江苏海投）总经理的罗华签署了入园框架协议，标志着润泰海外投资项目跨入全新阶段。

润泰是第一家与中阿产能示范合作园洽谈的公司。张世元高瞻远瞩，力排众议，敢于开创发展新机遇，谋求发展新动力，拓展发展新空间，决定沿着"一带一路"走出去，做尝试中东探索的开拓者。

中国和阿联酋分处远东和中东，处于丝绸之路带上。润泰能抓住这一时代机遇，坚信这将有助于润泰未来的长远规划和发展。

智者思远，能者任钜。张世元倡议、推动润泰参与"一带一路"建设，不断走深走实，展示了他的独特智慧和责任担当。

2020年，江苏海投在泰兴经济开发区做项目宣传时，张世元现身说法，积极宣讲"一带一路"的优惠政策和未来的发展机遇，推动优质化工企业借船出海，抱团取暖。

中阿产能合作示范园区已稳步推进各项工作，园区办公大楼已投入使

用，园区道路及基础设施项目也陆续开工。

2019年，润泰已获取由江苏省发展和改革委员会主任见证、由KAZAD园区领导颁发的入园许可证。这标志着润泰入园进入了崭新阶段。

随着润泰和其他企业的优先入园，将迎来一批批国内企业加快入园的步伐。

2019年12月，江苏省委常委、常务副省长率江苏省友好代表团赴中阿产能合作示范园调研，为省驻阿联酋经贸代表处揭牌，并出席入园企业三家项目集中开工仪式。张世元也参加了开工仪式。

"一带一路"，是一条和平发展之路，共同走向繁荣之路，也是润泰发展的创新之路，它将承载光荣与梦想，承载着追求与探索。

海纳百川——谋划美好未来

近几年来，润泰加快了海外市场拓展步伐。截至2019年年底，润泰产品已覆盖全球100多国家，"4个100"计划中的第一个100已实现。这在规划前，是想都不敢想的事，是遥不可及的目标，但现在已完成。

润泰十年
从默默无闻到隐形冠军，一个小企业的成长轨迹

突破瓶颈求发展，积极寻找增长极，成为公司发展过程中面临的一大难题。一个偶然的机会，带来了重大的机遇。2017年6月28日，江苏省常务副省长带团出访中东阿联酋。此时，正在中东进行市场拓展和客户拜访的薛和太听说江苏省代表团正在就中阿园区的建设洽谈，也借机与随行的代表进行了接触和了解，并给公司传递了这一有价值的信息。最后，薛和太促成了润泰"一带一路"项目的探索和规划。

润泰立足中东建厂，也不是一时冲动，而是基于原料和市场优先原则。公司的成膜产品原料一部分来自中东地区，而产品在中东地区拥有更大的市场。原料供应节省了运费，园区的优惠政策和海湾地区的关税互免政策增加了产品出口的竞争力，更加快捷方便地满足中东、非洲、欧洲客户的需求，是一项两全其美的善事。为此，再遥远的南非市场也将近在眼前。

海外建厂，打破了贸易壁垒，推进了润泰的全球化进程。这是一盘布局很好的棋，润泰的中国工厂可以满足中国及周边东南亚地区的市场供应，中东工厂能为中东、西亚、非洲、欧洲、南北美洲提供服务。所以全球客户因中东、远东工厂布点而显得更为合理合适。

参与"一带一路"合作，将使公司贸易成本有效降低，促进公司效益的不断提高。更为关键的是，通过走出去，接受先进的企业管理理念和经验，来反哺国内企业的管理和效益的提升。

润泰的发展，不只是国内一家工厂的独奏，而是海内外工厂的合唱，追求的是全球开花，而不是一枝独秀。不仅是营造润泰国内花园，而是要建世界乐园。

走出去，资金更加融通，民心更加相通。走出一个不平凡的润泰发展历程，谱写润泰十年的新篇章。

力排众议——勇立时代潮头

润泰的海外发展，也有"成长的烦恼"。在公司内部，初提海外发展方案时，作为新生事物，大家感到好奇，但也不寄希望于此。真正到更多

的接触阶段，便引发了众议。出现了更多的非议，小马拉大车，继续向前走，处处是泥潭。

此时的张世元力排众议，保持清醒的头脑。在2018年3月18日，江苏海投工作组来公司深入洽谈时，他果断地、毫不犹豫地签署了正式入园协议，这是当时的江苏海投工作组都事先没有想到的结果。他们非常欣赏张世元的魄力和胆识。此时张世元看到的是机遇、是希望、是蛋糕，而不是陷阱，这是一种谋略。

润泰的海外建厂思路和决策，是公司发展特定阶段的一次"华丽转身"。润泰的发展不是故步自封，关上大门，而是越开越大，越走越远。这彰显了一个负责任公司的形象。

"一带一路"，是中国的机遇，也是润泰的机遇，润泰正在建设通往未来之路。

东方不亮西方亮，国内红利政策收紧，润泰转变观念，眼光瞄准海外，寻找新的发展思路和创新的思维模式，这必将促进润泰的二次腾飞。

跨出国门，走向世界。文明因交流互通而多彩。未来的润泰之路，一路延伸到世界各地，让距离不再遥远，让梦想紧密相连。

响应国家的号召，同步进入新征程。作为涂料助剂的生产企业，能够走出去，需要胆识和远见，但也是中国企业面临环保要求越来越严的大形势下一种先行策略。推进国际化发展，争当行业排头兵，争做"一带一路"践行者，"润泰号"正扬帆启航。

"成为行业领衔企业及卓越品牌""成为涂料产业助剂行业的领跑者"是润泰的愿景。一直以来，润泰一直践行"绿色发展，保护碧水蓝天，建设美好家园"理念，秉承"润泰新材，润泽未来"的历史使命，为实现润泰人的"润泰梦"而努力奋斗。

今天，润泰人思想的火种点燃了新征程的火炬，引领全体润泰人向着前进道路上的一个个时间节点迈进，照亮润泰更加美好、更加值得期待的明天。

03　家族化治理

● 婉拒——世界500强收购

新三板上市以后，润泰在业内的知名度和美誉度有了很大的提升。在涂料助剂市场，中国有润泰，国际上有一家知名企业（世界500强）。近年来，润泰产品一点一点地蚕食该公司的市场份额：在国内，涂料行业前十名的企业中有五名用了润泰的产品；在国外，润泰从零开始，产品卖到几十个国家和地区。

2015年下半年的一个上午，张世元突然接到这家企业的电话，希望谈合作。美国巨头要与中国巨头合作？张世元心知肚明，合作就是收购。第一时间，张世元就做出了不卖的决定。但是他又想学一学，看看他们的套路，也摸一摸自己的价值。

经过三轮谈判后，该公司副总裁问道："你把企业当儿子养还是当猪养？""既当儿子养，又当猪养。"张世元答道。这一位副总裁全权负责该公司的合作谈判，他声称："今天谈好了，我们就可以签字成交。"

最终，张世元还是婉言拒绝了。因为收购的条件是，对方占股51%，取得控股权。其二，对方提出产品归收购公司的销售中心统一销售，同时他们要提取5%的销售费用。润泰只有生产权。其三，润泰只能做国内市场，不能做国际市场。

如果润泰只有生产权，没有经营权，对收购公司来说，更便于垄断市场。

这一谈，张世元懂得了外国大公司是怎样把中国的民族品牌扼杀于摇篮之中，又怎样对世界"剪羊毛"的。

中国有一大批著名品牌，就是这样落入外国资本囊中的。通过谈判，张世元摸清了别人的底，同时润泰基本上也能够推测出自己公司的品牌价值、知名度，以及究竟值多少钱。

张世元取得了跟着他并肩打拼的员工们的信服。这也是他拒绝这个"诱惑"的初衷之一，如被收购，势必要对员工大换血，那跟着他一步一步从困难中扛过来的兄弟们怎么办？在姜堰开发区，润泰的工资结构和薪资水平都是数一数二的，而且企业的发展很稳定，一旦失去这些，员工的生活会有怎么样的改变？这些问题触碰着张世元敏感的神经，也就是从那一刻起，"家"的理念油然而生："公司的员工不就是我身边的家人吗？"就这样，润泰的"家文化"逐渐在张世元心中落地生根，开枝散叶。

● 收购——跨界合并药企

企业的发展过程就是企业生产、销售、技术、质量、资金、市场、管理人才等要素相互交织、相互提升的动态过程。随着润泰品牌叫响，国内外市场进一步扩大，一度产能成了企业发展中的主要矛盾。

早在2013年，张世元就开始盘算着如何扩大产能。在现有的园区扩大产能已经不可能了。姜堰经济开发区只是综合工业集聚区，不是专业化工园区。化工企业要生存发展，需要跳出地域思维。因环保需要，位于主城区的工业园区迟早要将化工企业外迁，等到国家限迁令来了，企业会措手不及。加之建设一个年产10万吨的水性涂料助剂生产工厂，姜堰区域内已无地可寻，寻找新的生产基础建设之地成了当务之急。在泰州范围内，比较近的有国家级的泰兴精细化工园区；在邻近城市，有南通化工园区。然而，与泰兴园区谈判受阻，润泰转向位于南通如东的化工园区的格兰特医药科技（南通）有限公司（简称格兰特科技）。该公司是由香港欣和兴业公司投资，成立于2004年，主要从事医药中间体及催化剂系列的研发、生产、销售，注册资本 308 万美元，占地 5 万平方米。润泰得知该公司所属母公司战线较长，有希望通过合作取得现金流的信息。经过艰苦谈判，润泰于 2014 年成功收购了格兰特科技的全部股权，张世元完成了创业生涯中的第一次并购。

2016 年 10 月，格兰特科技计划增资为 3085 万美元（19500 万元人民币），更名为润泰化学南通有限公司，在现有厂区预留用地上新建生产及辅助用房，并改造部分闲置厂房，计划建设年产 10 万吨水性涂料助剂系列、3 万吨增塑剂系列、1 万吨涂料催干剂及 5 万吨水性涂料丙烯酸乳液黏合剂建设项目。后来经过统筹安排，暂留泰兴化工园区，格兰特科技专一生产三氟化硼络合物及气体。2019 年，润泰调整战略，将格兰特科技全部出售。

● 闯关——北京新三板挂牌

翻转棋，又称为"黑白棋"，在西方和日本很流行。游戏通过相互翻转对方的棋子，最后以棋盘上谁的棋子多来判断胜负。它的游戏规则简单，因此上手很容易，但是它的变化又非常复杂。有一种说法是：只需要几分钟就可以学会它，却需要一生的时间去精通它。

润泰要成为世界涂料工业的凤凰，就必须攀高枝，新三板上市是必须迈出的一步！

为了冲击新三板，张世元对标找差，从各个方面弥补不足。作为化工企业，环保性是一个重要的考量指标。

挡在新三板前面的，有"两大"难关。第一关，环保关。由于新《中华人民共和国环境保护法》对企业惩治力度大大加强，修订后的第六章第五十九条明确规定，"企业事业单位和其他生产经营者违法排放污染物，受到罚款处罚，被责令改正，拒不改正的，依法作出处罚决定的行政机关可以自责令更改之日的次日起，按照原处罚数额按日连续处罚。"那么，作为化工企业，环保问题首当其冲。第二关，产量关。没有足够的产量，意味着企业规模不大、经营能力不强，将影响企业估值和机构评判。由于以前环保法律法规不健全，对于污染的标准和处罚落实不到位，化工企业"三废"问题严重，饱受社会诟病。随着法律的规范和制度的健全，倒逼化工企业耗费巨资投入技术革新和产品升级，不适应规则的企业将被洗牌出局。面对化工企业都头痛的环保问题，张世元只有一个字"砸"！

生产技术部的姜明秋算了一笔账。2015 年前后，张世元加大环保投入力度，不惜下血本，狠砸重金，耗资上千万元。继之前的活性炭吸附实验失败后，张世元又添加了水喷淋吸收设备，收效不明显。

这天，张世元得知有一种等离子吸收装置，这种装置能够通过两个电容之间的压差形成放电，燃烧尾气，转变为二氧化碳和水，有机物通过这个模式进行吸收。如此先进的转换装置，对于攻克环保关有莫大的帮助。

张世元几番考察，立刻决定将新设备上马。

财务部的戚云香看到划拨出去的数字，倒吸了一口冷气，内心只有一个感觉：肉疼啊！

看着等离子吸收装置使用效果奇佳，张世元决定着手对污水池进行改造。其实，他早就想改造污水池了！

有了等离子吸收装置，对污水池的改造可谓如虎添翼。由于污水池是露天的，张世元决定给它加盖，将污水池变成一个全密封的环境，再通过收集尾气，利用等离子吸收装置进行转化。

现在，张世元可以自豪地说，润泰在国内同行业安全环保是最好的！

第二关，产量关。怎么把产量提上去呢？为此，张世元煞费苦心，他把姜明秋叫到办公室。

张世元说："姜工，听说你打算认购5万股，是吗？"

姜明秋回答道："是的，手头钱不多，有这5万股心里就很踏实了。"

张世元笑着点点头，切入正题："你是老员工，也是润泰的一分子，在提高产能的问题上，怎么看？"

姜明秋思索了一会儿，郑重地说："我有个小建议。生产部目前一车间主要生产十二碳醇酯、十六碳醇酯，仅需6人；二车间生产邻苯二甲酸二甲酯、邻苯二甲酸二乙酯、尼龙酸二甲酯、尼龙酸二异丁酯，仅需12人。目前来看，分工合理，产值稳定。但是如果实行两班倒，将原来那种间歇工艺改为连续工艺，这样可以快速提高产能。"

张世元当即拍板："就按照你说的办！"

姜明秋望着张世元信任的目光，嘴角抽搐了一下，内心掀起了惊涛骇浪。从加入齐大开始，再到后来进入润泰，张世元一直把他当成兄弟看待。遇事会找他商量，他也会竭尽所能，为润泰的发展献计献言。

过了几天，姜明秋兴冲冲跑到张世元办公室，他开门见山地说："张总，我们买DCS控制系统吧！"

近年来，张世元耳闻各种系统的神通广大，但一时间又糊涂了。他挠挠头问："啥叫DCS？"

姜明秋对答如流："就是Distributed Control System的简称，国内一般习惯称为集散控制系统，通过电脑操作不但能够降低设备故障率，还能提高事故处理能力。有了这个自动控制措施，在同行业中我们绝对是最先进的。"

哦！张世元若有所思，沉吟片刻，果断地答复道："只要能提高产能，花多大的代价都可以！"

两班倒调剂、采用等离子吸收装置、应用DCS等举措，一举奠定了润泰在国内成为最大涂料用成膜助剂生产基地的地位。

顺利攻克前面两关后，张世元信心十足。其实，早在润泰开创之初，张世元就建立起一套"能者上、平者让、庸者下"的用人机制。正如他不拘小节的性格一样，在用人方面也是不拘一格。用人不唯学历、不唯职称、敢于放手，一向是张世元任人唯贤的作风。

在新三板挂牌前夕，张世元又破天荒地建立起"预付年薪制"，着实让业界大吃一惊。员工还没上完班，提前把工资付出去了，天下哪有这样的道理？

为了能激发和调动员工的积极性，张世元揭开了新三板的神秘面纱：首轮定向增发对象是公司高管、核心员工；第二轮定向增发对象主要是江苏高投和东吴证券等做市券商；第三轮定向增发对象是外部机构。经过三次计划定增，募集资金将作为润泰的流动资金，多余部分将用于扩大产能的新项目基础设施和生产设备的投入。

2015年9月10日下午，北京金阳大厦。张世元松松领带，他有点紧张，一会儿即将举行的是润泰新三板挂牌仪式。

这次还有中共泰州市姜堰区区委、中国涂料工业协会、东吴证券、润泰各经销商以及新闻媒体等出席。

所有的人目光会落在张世元身上。

下午三时五十八分，张世元与时任中共泰州市姜堰区区委书记李伟共同敲响了挂牌铜钟，望着窗外灿烂的阳光，张世元笑容满面。

有了充足的资金，润泰投入5000万元完成了对医药中间体企业格兰特科技的收购，标志着润泰开始进军医药科技领域，并在泰兴市征地100亩，打造水性工业涂料产业园。

润泰十年
从默默无闻到隐形冠军，一个小企业的成长轨迹

润泰成功挂牌，成功填补了姜堰区工业企业在新三板上市的空白，开启了资本市场的"姜堰特色"，促进了全区企业转型升级，做大做强。

● 布局——进驻专业化园区

履行责任，新时代不辱使命

随着国民经济的迅猛发展，人民生活水平不断提高，中国涂料工业加快了发展的步伐。自1992年中国涂料工业年产量突破百万大关、中国跻身世界涂料强国后，中国的涂料行业又得到了快速发展。近几年来，在环保等大环境的压力下，开拓水性涂料市场已经成为中国涂料行业发展的必然趋势。润泰作为涂料行业民族企业的代表，潜心研究、精准判断、毫无误差地将价值定位在发展环保绿色产业的道路上，融入"智造"元素，已达到更为专业、更为精湛的技术要求。

伴随着崭新战略目标的出台及营销"4—0—0"计划的持续推进，营销市场捷报频传，销售业绩不断被刷新，原有的生产能力和空间已经远

远不能满足市场的迫切需求。在此背景下，通过选址考察及对泰兴经济开发区的发展远景前瞻，润泰化学（泰兴）有限公司（简称泰兴润泰）诞生了。从项目破土动工到有序建设，以安全为重心，实行分项施工、统一监管，既要赶时间，还要保安全，公司管理层分工负责、明确责任，叫响了"四四如意"的口号，即四个月完成基础建设工程，四个月完成设备安装。

工匠精神，新思想追求卓越

江苏泰兴经济开发区——一片充满希望的土地，润泰人是天之骄子，在这片土地上奋力开拓，挥洒汗水，施展才智，创造着奇迹。他们汇聚成一股建功立业的巨流，甘于吃苦，乐于奉献，敢为人先，点燃起希望的火炬，让润泰精神薪火相传。

这个团队凝聚着能工巧匠、生产能手、项目功勋，一个个平凡的润泰人用新思想在新时代创新的功劳簿上写下誓言：我们坚持不懈，满怀成功的希望；我们豪情万丈，追寻胜利的荣光！

脚手架上的攀缘、基建工地里的忙碌、图纸上的交锋……处处都是建设者们的战场。

工匠精神是对产品工艺的精雕细琢、精益求精，为打造本行业最优质的产品，润泰工匠们不断改善工艺流程，并享受着产品在改进中不断升华的快乐。现代化的科技设备切实降低了劳动强度，提高了生产效率与清洁水平。对生产工艺、原辅材料、生产设备等进行优化和提升，从而实现了资源合理利用，大大提高了产品纯度。设备实行 DCS 自动控制，产品质量更稳定，能耗更低。调整废水、废气处理工艺，使废水、废气处理更加有效彻底，实现了达标排放。

筑梦腾飞，新征程倡导发展

时值润泰新战略规划的开局之年，润泰人上下齐心，拧成了一股绳，狠下了一颗心，誓为崭新的发展规划开足马力，加大步伐，创新突破，实现飞跃式发展。

在此期间，泰兴市委书记及四套班子领导、市委办公室领导及其各行政主管部门先后到泰兴润泰建设基地进行走访和考察，对泰兴润泰项目建设工作给予了高度重视和较高的评价。润泰为营造高端可持续的发展环境，以泰兴开发区这个高规格的化工生产基地平台为依托，努力使泰兴润泰向更高水平的涂料助剂化工生产型企业迈进，得以高效发展，回报社会。

用开拓者的足迹踏碎荒凉，用智慧的光芒照亮前行的方向，润泰人让这片沉寂的土地成为点石成金的沃土。用百折不挠，再现精卫填海的壮举；用迎难而上，勇创愚公移山的奇迹；用自强不息，续写夸父逐日的新篇；开拓、开放、励精图大业，求精、求实、众志建新城。所有润泰人的肩上，一跃扛起创新发展的重担，润泰精神在永恒的发展史上铸就了一座屹立不倒的丰碑。

与此同时，泰兴润泰投资近5000万元建设智能自动灌装车间，车间主要设备处于国内领先、国际先进水平。智能自动灌装车间由灌装机器人生产线、智能立体仓储、仓储机器人、生产信息化管理系统等组成，实现了全流程信息数字化、装备自动化、仓储智能化。智能立体仓储系统采用巷道堆垛机、立体货架存储的方式，实现自动储存及自动周转等功能，通过智能仓储管理控制系统调配，实现自动接受、分配、存储、供给及数字化信息管理，达到高效率、大容量、低成本、智能化的现代仓储工艺管理流程。

灌装机器人生产线采用全自动化的输送、定重式灌装机器人系统，实现物料全过程自动灌装。作业均由软件控制程序自动完成。灌装全程实现数字化监管与控制，软件系统以实时数据库为基础，记录灌装生产全程的所有信息。车间内所有设备互联互通，实现数据采集、设备控制与管理、灌装生产排程与调度等功能。智能自动灌装车间承担了公司主要产品的出货任务，设备自动化程度处于行业领先水平，在2019年被评定为泰州市智能示范车间。

● 拓深——从"专精特新"到"两化融合"

"专精特新"是国家为推动中小企业发展而实施的一项重要工程。作为国家级专精特新"小巨人"企业，润泰谋专长、求精进、塑特色、开新篇。虽然成膜助剂在水性涂料中的添加量仅仅是 0.5%～1%，但润泰仍然专心聚焦成膜助剂这一细分领域，不断改进创新，精益求精，硬是将小产品做出了大市场。目前成膜助剂产品占公司销售额的 70% 以上，润泰在成膜助剂这一细分领域国内市场占有率排名第一。以全面质量管理体系为保障，全流程 DCS 控制，自动化操作，推进精益生产管理模式，并采用数字化技术赋能生产管理流程，加强数字化、信息化建设。企业智能化水平逐步提高，产品质量控制、节能、环保水平不断提升。在提升自身的核心竞争力的同时，润泰更加注重客户的需求和反馈，为全球的客户提供更好的产品和服务，积极导入卓越绩效模式，大力推行卓越绩效管理，持续改善，不断精进。润泰独特的文化塑造了企业品牌的"精神内核"，在自主创新、品质保障、服务能力、信誉维护等方面，公司始终树立"勤劳、尚德、学习"的核心价值观，秉持"与时俯仰，与时偕行，与时俱进"的发展观，打造"卓越塑造形象，诚信铸造品牌"的品牌观，不断将产品做到

润泰十年
从默默无闻到隐形冠军，一个小企业的成长轨迹

极致，让大家觉得润泰好，比行业伙伴做得更好。鲜明的品牌"性格"让润泰博得了市场的欢心，目前产品国内市场占有率排名第一，销量与产能在中国排名第一、在世界排名第二。润泰注重研发创新能力和产品差异化竞争能力，在新产品研发上不断突破。公司积极参与关键核心技术攻关，每年投入不低于2000万元的费用用于产品研发，承担了江苏省重点研发计划项目，研制出的成膜助剂具有出品率高、成膜效率高、相容性好等优点，且经SGS检测，外观上无机械杂质，成分上无重金属含量、甲醛等有害物质，在色度、酸值、纯度等指标上优于国家标准要求，其中醇酯类成膜助剂连续化生产工艺经中国石油和化学工业联合会组织鉴定，其产品关键技术及相关成果达到国际领先水平，远超国外同行企业同类产品。在成膜助剂体系上，增加了新型净味成膜助剂，满足市场，特别是内墙市场对净味成膜助剂的需求，打破了国内净味成膜助剂依赖进口的局面。

第五批专精特新"小巨人"企业名单

序号	企业名称
759	靖江市永盛光电科技有限公司
760	江苏博格东进管道设备有限公司
761	江苏迅登仪器集团有限公司
762	润泰化学（泰兴）有限公司
763	泰州鑫宇精工股份有限公司
764	江苏晟楠电子科技股份有限公司

公司坚持"发展现代产业体系，大力推进信息化与工业化融合"的战略思想，以信息化带动工业化，工业化促进信息化，成立专门的项目小组并持续推进两化融合管理体系，旨在提升企业两化融合管理体系的理论水平，加深企业对两化融合管理体系的认知，帮助企业主动利用信息技术，通过对流程优化、组织优化、数据的开发和利用来促进企业由大到强的转

变，以逐步适应未来工业4.0的生产模式。以循序渐进、持之以恒、科学创新的方式，最终将企业打造成工业化、信息化、智能化、自动化的百年百强企业。

资料：润泰信息化发展历程

2015—2017年，公司成立完成了中心机房的建设，制定了信息类管理制度，全公司实现办公部门计算机普及，搭建了覆盖全公司的局域网。

2017—2018年，公司购置了WMS，包含包装物的入库、产成品的自动灌装、成品入库、成品出库、库存查询、库存分析、库存调拨等模块，全面实现仓储物流实时数据处理、监视、分析、优化、管理。

2018—2019年，公司上线了DCS，DCS/PLC的实时采集、报警及数据统计系统、报警管理系统、重大危险源监测可视系统、风险四色图系统、安全分析分区可视化大屏、基础信息集成管理系统、设备基础信息管理系统、智能巡检系统（包含APP）、安全作业许可证APP、设备保养APP、设备维修APP、安全隐患管理APP、应急管理APP、事故事件APP

等智能化系统。使得生产过程清晰有序，生产部门可实时控制生产状态。信息和工业技术已融入公司生产、管理、销售和服务的各个环节。

2019 年，公司购置了致远 OA-A6 企业版及服务器，强化了公司内部工作协同管理，并提升了企业内部员工的工作效率，实现无纸化办公。

2019 年，公司购置了企业邮箱，提高了工作沟通效率，便于邮件备份、归档和重要信息邮件往来、备份、永久保存。

2019—2020 年，全面推进用友 U8+ 优化升级，对企业的供、销、存进行全面管理，包括总账、应收管理、应付管理、报表、资金管理、采购入库、材料出库、营销管理等，帮助企业运营管理向经营决策型转变，最终实现企业价值最大化。

2019—2020 年，公司引进自动立库及灌装系统，实现了自动码垛和卸垛（可靠的机器人系统，用于装配混箱托盘），对托盘上的整箱货物进行精确排序，减少仓库的人工成本。

2020—2022 年，引进了 SAP ERP 系统，目前形成了包括销售与分销管理、采购管理、生产管理、库存管理、质量管理、设备管理、财务管理等多个模块。润泰应用 SAP ERP 的先进管理理念，构建了基于企业资源规划管理模式，最大程度消除生产过程中的浪费，推动公司高效地制造产品，在更高的维度上构筑核心竞争力。

2023 年，引进 MES 系统，具备控制设备按照工艺配方进行有序生产，对生产数据组织生成批报告，进行物料的追踪追溯等功能，提高了配料等过程的自动化程度，实现了生产过程中"人、机、料、法、环"的闭环管理，提高了生产过程、设备、质量、工艺等多个维度的管理精益化程度，成功缩短了交付周期、降低了制造成本、提高了产品质量。

润泰工业化发展历程

2015—2016 年，为扩大生产，提高生产效率，企业陆续增加了分子泵真空镀膜机、双层玻璃反应釜、双孔数显水浴锅、电脑磨边机等自动化生产设备。

2017—2018年，公司陆续购置了全自动十二碳醇酯、十六碳醇酯、增塑剂、异丁酸项目等自动化生产设备，实现稳定生产。

2018—2019年，企业在原有生产线的基础上，增加了双层玻璃反应釜、全自动清洗机等生产设备，同时购置了气相色谱仪、液相色谱仪、凝胶色谱仪、铂钴色度比色仪、质谱仪、库仑法卡尔费休水分一体电位滴定仪等产品检验检测设备和研发设备，提高企业的产品研发和检验水平。

2020—2023年，润泰投入资金约2000万元，用于公司设备技改。

未来，公司规划在信息化上投入5000万元左右，用于后续各项能力的信息化建设；增加设备更新改造投入，每年不低于1000万元；提高设备设施的自动化水平，完善DCS、SIS系统，减少用工成本；包括现有生产设备的智能化改造，其中计划在能源设备上投资2000万元，引进智能电表设备，设备引进后接入MES。

此外，建立MES系统，以全面数据采集为基础建立全面的数据分析和展示体系，实现生产过程透明化，系统上实现SAP ERP与MES的集成外，正逐步引进PLM系统、SRM系统、研发监测系统PLM/LIMS。计划2024年上线5G+互联网平台，逐步引入CRM系统，完善现有信息系统，实现数据集成一体化。逐渐实现智能工厂，推动企业向一流的智能生产企业迈进。

● 进取——跻身民企100强

2019年年初，中国石油和化工民营企业发展大会在北京召开，发布了2018年中国石油和化工民营企业百强榜单，润泰与四家国内知名涂料企业一同成功入选百强榜单。荣誉的获得，既是鼓励，也是鞭策。润泰只是精细化工小企业，能够与大企业平起平坐，为润泰未来的大发展、更快发展提供了信心支撑。与其余四家企业不同的是，润泰生产的是涂料助剂，而非涂料成品。在涂料产业中，助剂所占的比例只有3%～5%，被称为涂料行业的"味精"。润泰作为涂料行业小类产品的生产商，跻身百强

润泰十年
从默默无闻到隐形冠军，一个小企业的成长轨迹

榜单，实属不易。

润泰近二十年的快速发展，引领着涂料助剂一系列改变，从技术系统重组、生产设备重建，工艺流程的改革创新和生产过程高度自动化，创新发展为润泰的成功奠定了基石，也为石油和化工民营企业树立了典范。

● 卓越——从环保走向创新

2012年那场"飞来横祸"给张世元带来的深刻感悟，不外乎有两个：一是信誉和担当，危机面前不退缩、不逃避，迎难而上；二是抓牢产品生命线，做好技术研发和产品创新，企业才能安身立命，实现可持续发展。

对于前者，张世元光明磊落，肩负巨额赔款，毫不推脱；对于后者，张世元知道，这不是他一个人能做的事，而要靠一个团队的力量。

张世元反思齐大的事件，梳理出一个非常核心的问题：齐大的十二碳醇酯一直是在模仿某国外品牌产品。它有个不足之处，挥发有机物（VOC）含量较高。

在 2012 年收购了齐大后，张世元在科研方面，更加重视 VOC 环保性的提高。他预判，随着人民生活水平的提升，加之中国化工行业中对涂料环保性要求越来越高，未来一定会对 VOC 进行严格的控制，对成膜助剂的选择要求更高。

张世元下定决心，从 VOC 上做文章，破解含量高的问题。当时，市场上关于 VOC 的说法令人眼花缭乱，目不暇接。各种包装鱼龙混杂，比如"低 VOC""不含 VOC""趋零 VOC"等宣传，令消费者迷惑不解。可是，什么标准才是"低 VOC"的标准呢？一时又众说纷纭。这得从乳液建筑涂料成膜的过程说起。

乳液建筑涂料成膜有四个步骤。第一步，加水搅拌均匀后开始施工；第二步，水分挥发至 90%～95%；第三步，温度高于最低成膜温度，聚合物粒子挤压变形；第四步，温度高于玻璃化温度，进一步变形成膜，也就是成膜助剂的最终挥发。

在这个过程中，如果选择不同的成膜助剂，将对低 VOC 建筑涂料配方性能产生不同的影响。那么，什么样才是高品质建筑乳胶漆设计要求呢？

在润泰，张世元和技术部员工通过"望""闻""问""切"，共同制定了四项标准。

一是开罐与施工：无分层浮色、流动性好、不流挂、不飞溅、无明显接迹、成膜性能良好、气味清淡等。

二是漆膜外观：好的细干膜遮盖、漆膜均匀度一致、漆膜光泽均匀、颜色均匀、漆膜细腻光滑、手感舒适等。

三是内墙性能：低气味环保、优良的耐洗擦性、优良的湿干膜抗脱粉性、优良的漆膜对比率、合适的体积固含量、符合新十环标准、配方 AP-Free。

四是外墙性能：最佳低温成膜性、优良的附着力、漆膜耐候性能良、不起泡、开裂及剥落，防霉变，耐污性好等。

确定了"四项标准"后，张世元立马召集了技术部、生产部一起开会，再次坚定了信心："一定要把环保性放在重要地位！由涂料性能的平衡向低 VOC 发展！"

在润泰内部，悄悄打起了"低 VOC 持久战"。这场秘密的战场发生在实验室，发生在白天黑夜，发生在千钧一发的时刻，也发生在漫长的时光汪洋中。

在原先产品性能上，研发部进行不断优化和改进，包括吸收气味、增加挥发速率。苦熬了几个月，研发部所有人都成了"熊猫眼"，顶着黑眼圈上班。

"好累啊，不知道这次测试能不能过呢？"

"谁知道呢？"张理文耸耸肩，一脸轻松。失败是成功之母，他坚信这个道理。这句话在科研方面更是受用。

再次聚焦实验室，产品样品的对比正在上演。这次张理文一共选择了四种样品，分别是二元酸二乙丁酯混合物、十二碳醇酯、戊二醇二异丁酸酯、双酯类混合物，先通过沸点进行比较。通过对比，十二碳醇酯（2,2,4-三甲基-1,3-戊二醇单异丁酸酯）的沸点最低，255℃。也正是由于沸点低、水解稳定性好，十二碳醇酯适用范围广，可用于包括 pH 值的纯丙、苯丙、醋丙、硅丙及聚醋酸乙烯等多种乳液当中。

这是他们预料之中的。

接下来，关于高 PVC 内墙配方中，对比耐洗擦性、气味，选择了一款苯丙乳液进行测试。

工作人员战战兢兢地记录着数据，每个人都小心翼翼地测验着。

配漆后开罐气味，9 分；表干气味，8.5 分；储存后气味，8 分；24 小时耐擦洗次数 152～168；七天耐擦洗次数 312～306；低温掉粉方面，干擦不掉粉，湿擦轻微；初始黏度 113；贮存七天黏度 115。

综合对比下来，十二碳醇酯完胜！

"这份胜利并不是永恒的。"张世元摇摇头，忧虑地说："随着国家新一轮的标准《建筑用墙面涂料中有害物质限量》（GB 18582—2020）出台，VOC 挥发点的最新定义，到那时才会应用到最高沸点的成膜助剂（大于 300℃以上）。那时候，十二碳系列还能不能继续符合市场要求，现在言之尚早，笑到最后才是胜利者！"

为了将"低VOC"贯彻到底,张世元一直在招募各种技术专家。2018年,润泰新添两名"大将"。一位是美国教授明伟华,一位是博士张海飞,都是涂料行业赫赫有名的专家学者。在他们的履历上,有着各种常人难以企及的高度。明伟华博士是美国佐治亚南方大学材料科学系的特约讲座教授和化学系全职教授,曾在荷兰新罕布什尔大学(2007—2011)和埃因霍温科技大学(2000—2007)担任教授。目前的研究重点是多功能高分子材料和涂料,包括超疏水、抗菌、防雾、防冻和自愈合材料,还有用于检测早期金属腐蚀和预防腐蚀的智能涂层。

2018年开始,润泰与两位博士、美国佐治亚南方大学联合开发了水的静态接触角大于140度的超疏水性涂料。

"在十二碳醇酯的作用下,其初级粒子和次级粒子相互作用,通过共价化学键相连成膜,涂层具有很高的耐磨性和抗划伤性等机械性,易于生产,且不含对人体有害的氟原子。"明伟华博士笑道。2020年,润泰研发出来第四代环保净味成膜助剂RTC®-295,具有零VOC、更环保的特性。

"也就是说,不久的未来,对于低VOC将会更'低',更环保。"张世元信心满满地说。

● 转变——从标杆迈向生态

《泰州商界》以《润泰化学——中国智造》为题,全面介绍了世界有名的专注生产涂料成膜助剂生产企业的成长历程和经验,把一个化工标杆企业的风采呈现给读者。短短几年,润泰的进步令人吃惊:公司在新三板挂牌;泰兴公司、南通公司分别建成投产,2017年产值达到5亿元;公司战略构思清晰而稳健;公司的核心价值观和公司文化锤炼得更加成熟。面对制造企业严峻的形势和美国挑起的贸易战,张世元从容不迫、胸有成竹、信心满满。润泰积极应变大生态,优化企业、行业小生态,充满活力的润泰正进行着颠覆性的转型——塑造生态型企业。

润泰十年

从默默无闻到隐形冠军，一个小企业的成长轨迹

润泰的事业是"赔"出来的

记　者： 有媒体说，润泰的事业是"赔"出来的事业，您可以介绍一下情况吗？

张世元： 是的。我出生在一个普通农民家庭，高中毕业后在一家生产涂料乳液的乡镇企业做学徒，先后做过质检员、采购员、业务员、技术、会计等，后来成为企业高管，正是这样艰苦的15年磨砺，让我"迷"上了涂料这个行业。2010年，我成功注册江苏润泰化学有限公司，起初的润泰化学只是个股份制的小企业，但对于我个人来说，却是实现自身价值的跳板。

2011年8月，润泰化学注册资本由一开始的1188万元增资为2000万元，与此同时，占地面积5000多平方米、办公设施一流的行政大楼落成使用。2012年，润泰化学一并取得了ISO9000、ISO14001、ISO18001管理体系证书，同时"润泰"商标注册成功，注册资本再次增资为3000万元。同年11月，我率领10余人的专业团队盛装亮相第17届中国国际涂料展览会，就是在这次展会上，润泰一炮走红。随之而来的是立邦、PPG、扬子石化－巴斯夫、巴德富、嘉宝莉等国内外知名公司先后到访润泰化学，开展系列沟通、互动、学习、交流、合作的商务活动。

然而天有不测风云，当润泰事业发展蒸蒸日上的时候，一家关联企业（齐大成膜助剂）因产品质量问题，给国内多家下游产品制造商造成重大经济损失，需赔偿数千万元，这对于创业初期的润泰化学，无疑是一场灭顶之灾。就在这家关联企业的股东纷纷撤股之际，经过深思熟虑，我全额收购了关联企业股份，毅然扛起全部责任，并逐一与相关客户见面沟通，制订详细的还款计划。言出必行，润泰在两年时间内将3000多万元赔偿款全部赔付到位，在业界赢得了良好口碑，许多客户慕名而来。润泰人的诚信打动了国内涂料产业众多客户和相关金融机构，也收获了众多合作伙伴的信任和青睐。目前，中国涂料厂家100强中有近70%成为润泰的战略合作客户，并且建立起稳固持久的良好合作关系。面对"赔"出来的事

业，我的回答是："我不后悔！我虽然代别人赔了钱，但是却赢得了合作伙伴的认可，迎来了事业发展。"

专注引领成功，品质赢得市场

记　者：润泰成立七年就确立了行业地位，得到业内的一致认可，其中有何门道？

张世元：在这个充满竞争的时代，专注才能立足，过硬的品质才能赢得市场。作为行业一家小企业，如何与业内有着百年历史、数百亿美元资产的涂料助剂大鳄过招？只有技术领先，才能形成润泰自身的核心技术竞争优势，争取生存并壮大自己的机会。"我是谁？我从哪里来？我要到哪里去？"这是润泰发展过程中每日每时要回答的问题。在认真分析市场形势和发展趋势后，细分涂料产品市场，依托自己25年专注涂料添加剂的经验，决定集中优势资源打好企业"突围战"。我们将环保水性涂料成膜助剂作为润泰产品研发的主攻方向。水性涂料成膜助剂以其环保、清洁、性能优异、物美价廉而备受市场青睐。在国内环保政策作用下，环保水性涂料助剂市场一直保持持续增长。

巨额的赔偿不仅使企业获得了诚信资本，而且使润泰全体员工笃信"质量是企业的生命"。作为上游企业，其产量质量直接维系下游企业的命脉。所以，助剂厂能否生存，取决于产品品质。十二碳醇酯作为乳液的成膜助剂目前性能最优，运用最广。2012年，润泰启动十二碳醇酯新生产线，积累以往的经验上，在生产工艺上全面优化改进，有效含量做到99.5%以上，产品性能在某些方面已经优于市场上的同类产品，气味明显优于国内外其他企业。

在保持国内市场份额的同时，积极开拓国际市场，出口销售收入稳步增长；加大研发投入，改进生产工艺，降低原材料耗用，降低产品成本，拿原料成品比指标来说，业内国外最好水平为1.08/1，而我们做到1.03/1；与供应商改进合作模式，降低原材料的采购成本，实现双赢；减少中间销售渠道，发展直销大客户。

润泰十年
从默默无闻到隐形冠军，一个小企业的成长轨迹

"稳中央，突两翼"，目标行业老大

记　者： 当前民营制造企业面临着诸多困难，而您是如此从容与自信，又巨额投资新厂扩大生产，您考虑过风险吗？

张世元： 投资风险是我们第一个考虑的因素。纵观世界涂料行业，世界上平均每人消费涂料几十公斤，而我国只有不到十公斤，成膜剂全球只有10家在做，我们占全球市场的四分之一。30年来，这个行业一直在稳定增长，所以这是一个朝阳行业。我们在努力蚕食那75%，冲击全球老大。为此，公司确立"稳中央，突两翼，同发展"的中长期战略。近年来，面对国内环保形势压力越来越大，且国内同质化竞争激烈的严峻形势，润泰积极响应国家"走出去"号召，敢于参与国际化分工与合作。在国家"一带一路"倡议和推动下，作为一家民营企业积极参与"一带一路"建设和寻找更多的市场机会和政策优惠。由于环保型产品越来越受到世界用户的追捧，我们的产品正好能满足下游用户的需求，而且这种水性环保趋势将越来越受到用户欢迎。所以今后很长的一段时间内我们将稳中央，突两翼，同发展。稳中央即以成膜助剂十二碳醇酯、十六碳醇酯和丙烯酸乳液系列聚合物等水性涂料行业产品为主体。以环保型增塑剂和医药中间体为两翼共同发展。后续我们也将加快资本运作，收购或兼并上下游产业，建好国内外泰兴、南通、珠海、成都、阿联酋五大生产基地，推进多元化发展的脚步，并将此列为今后的发展目标和努力方向。

记　者： 我们注意到，润泰打算在阿联酋建厂，这背后有哪些战略考量？

张世元： 润泰于2013年前，主要市场是在国内。十二碳醇酯主要应用于建筑涂料领域，在国内市场有极大的需求量。从2013年起，公司积极实行了新的营销举措、制订了营销"4个100"计划，决定将市场进行宏观划分，我们不仅要寻求产品在国内市场的稳固地位，而且我们要将产品打入国际市场，为全球客户提供我们的服务。于是我们开始关注海外市场，通过展会等模式，推介公司产品，成功将产品打入海外市场，并且在

2013年上半年就取得了成功,在东南亚、中东等地有了我们的份额,从2013年海外销量1600吨,到2017年海外销量近12000吨,海外市场开拓了93个国家和地区。阿联酋地处中东,具有独特的优势条件。地理位置处于欧亚非的交汇点,交通极为方便。润泰决定在阿联酋建厂,是经过慎重选择并综合考虑的。首先我们的部分主体上游原料是从沙特进口,其次很多下游客户又分布在中东、非洲和欧洲。2017年7月份,我们在中东各地进行了充分考察,去过沙特阿拉伯、阿曼、埃及等地。但最后我们仍然选择在阿联酋,一是阿联酋政局稳定,政策优惠,又有像迪拜快速发展的成功经验积累,各方面条件都很成熟,二是阿联酋办事效率高,外来人口多,多元文化在此相融,已经与国际接轨。我们已与当地政府签约,各项前期工作及资料正在按计划进行,希望我们的工厂能在2019年建成投产。所以在中东建厂,我们有市场优势,我们有自己的工艺技术优势,同时建成后的工厂,将具备一期5万吨的成膜助剂产能,将能最大范围内地满足周边客户的需求。

转型不停步,迈向"生态型企业"

记　者: 张总,您的发展理念我觉得很有意思——"把小公司做成大公司,把大公司做成大家的公司,最后做成百年老店",这是您对润泰的过去和将来的概括?

张世元: 最近我反复在想,"我是谁?我从哪里来?我要到哪里去?我们办企业到底是为了什么?"我想上面的话就是最好的答案。我们为同艰苦共患难的伙伴们把小企业融入行业生态,把企业做大;又为全世界居民的美丽生活而生产,融入化工—涂料—成膜剂这个生态链之中;我们又在为300名润泰人而奋斗,融入老板—中层—员工的内部生态中;在当前的贸易战中,我们又融入为中华民族经济、民族品牌而战的"中国梦"生态之中;在地方,我们又融入强化泰州资源禀赋、润泽泰州、造福家乡的长三角经济生态之中……

当我们对这些认识清楚了,我们是世界经济生态中的一分子,与世界同生长，我们就会生生不息、奋斗不止。这些，融入润泰员工的血脉之中，百年润泰就能自然而然产生。

面对公司总部生产线已经不能满足市场需求的现状，公司认真研究、周密考虑生产基地的经济发展、安全生产、环境保护、产能延伸等诸方面可持续发展因素，决定在江苏省泰兴经济开发区沿江化工园区兴建生产和研发基地，优化和扩大产能，提升产品研发的能力和水平。2018年5个月前，泰兴新厂投产了。新厂占地面积210亩，生产10万吨水性涂料成膜助剂系列产品、3万吨增塑剂系列产品、3万吨高沸点溶剂、50万吨水性涂料丙烯酸乳液聚合物产品。这座由润泰化学自行设计制造的年产10万吨的自动化新生产线，从进料到包装入库全程只需要5个人，并实现了气、水、固体有害物"零排放"。企业的核心理念由过去的"专注、品质、诚信"进化为"安全、环保、质量"，这是润泰适应新时代的新转变。

记　者：为了转型升级，也为了响应国家要求，最近全国各地的化工企业都积极考虑搬迁进入化工园区，对此，润泰是如何考虑的？

张世元：让家乡天蓝、水净、地绿是我们的责任。在当前环保大形势下，化工企业纷纷进驻化工园区也是必然发展之路，这样也更便于规范化管理。对于化工企业来讲，对自身也是一种保障。经过反复的测评，我们选择了江苏泰兴经济开发区作为润泰化学泰兴（沿江）项目生产基地。这是一个专业的化学工业园区。配套功能比较完善，综合环境优越，其中，化学工业园于2002年4月被中国石油和化学工业协会命名为中国精细化工（泰兴）开发园区，其发展的项目也很成体系，且来自新加坡、荷兰、法国、德国、美国、以色列、日本等10多个国家和地区的跨国公司、世界500强企业及国内投资项目相继落户。这样便于园区内各个企业科学管理、远近结合、持续发展。

润泽未来、润泽世界，润泰筑梦正启航

记　者：当前，制造业面临前所未有的困境，涂料行业上下游存在产能过剩、同质化严重、产品杂乱、品牌形象低等问题，对此，润泰如何

破局？

张世元：我们坚信，未来三到五年都将是整个涂料行业的发展之年，也是润泰三年翻一番，五年翻二番的五年规划开局之年（2018—2022），未来的市场必将走向水性化。以环保健康绿色为导向，打造行业的又一个春天，建筑涂料行业也将在有利的契机发展之下，加大改革发展的力度，以更长远的眼光和更清晰的判断，开展诚信互动，加强沟通和资源共享，提升管理能力，用更深远的目光和激情，实现新的突破。润泰的目标是未来10年内，实现润泰的"1、3、5"目标；创造"百、千、亿"奇迹；推进"多元化发展的脚步"。以"凝聚团队、倡导文化、打造品牌"为主旨，"努力成为全球化工100强百年企业"。

用先进文化武装起来的团队与人才是实现润泰目标的坚实基础。我们有远大理想与个人发展紧密结合的激励机制。我常常给我的员工讲，做人、作为润泰人一定要"勤劳、尚德、学习"。勤劳是中华民族的传统美德；尚德为善则是一个企业家的大格局；学习是进步的根本，是对企业文化的引领。对于对公司有突出贡献的外省员工，公司为其支付购房首付金，并解决子女上学问题。与党校联办大专、本科学历提升班，47名员工获得免费深造学习的机会。为了培养储备高端人才，最近我们花重金送一位博士去美国读博士后。我还提出了"抱诚守壹、与时俯仰、居安思危、温润而泽、泰而不骄"的"润泰家风"。在其熏陶下，员工的个人潜能被充分挖掘，有力地促进了企业经济效益的最大化，把润泰的事业变为员工自己的事业，润泰企业是润泰员工共发展的生态平台。同时，与润泰合作的上下游企业，也会在润泰这个平台上共生发展，形成润泰生态链。

面对经济新常态、发展新生态，我们所有润泰人、所有涂料人需要共享机遇、共谋合作、共赢发展，构筑新生态，实现双赢和多赢。

润泰"把小公司做成大公司，把大公司做成大家的公司，最终成为百年老店"的润泰梦一定能实现！

第三篇

"天"——居安思危

  《孙子兵法》认为成功的要素是"道、天、地、将、法"。天，指昼夜、阴晴、寒暑、四季更替。企业之"天"泛指企业发展的时机、大势和趋势。

天者，阴阳、寒暑、时制也。

——孙武

安全是父，环保是母。未来化工企业的竞争是安全、环保、管理的竞争。

——张世元

01　安全是父

● 安全无小事

2019年3月21日，江苏省盐城市响水县化工园区爆炸事故，牵动全国人民的心。事故现场一片废墟，满地狼藉，受伤和死亡人数让人震惊和哀恸。

事故发生的那一天，张世元恰好还在外面出差。当他看到新闻时，脑子一下子乱了，心惶惶的，坐立不安。当天，他特地赶回公司亲临一线，组织全公司进行安全隐患大排查。

到了公司，张世元一口气不歇，就紧急召开了安全工作会议。

看到所有的人情绪低沉，忧心忡忡，张世元知道自己回来是对了。

他首先为安全排查立了规矩："安全环保部门一定要注意了，哪怕今天不生产，明天不生产，后天不生产，也一定要按照泰兴市应急管理部门

12号文'百日大检查'的28项,一条条认真对照落实!"

张世元拿出破釜沉舟的决心说:"安全事故责任重大。这不仅关系到个人和家庭,更关系到社会的稳定,可不是一个小事情!但凡在检查中有一项出现问题,全部停产!不容马虎!对不符合安全要求的,必须严格按要求将所有排查出的安全隐患彻底整改到位!"

经过一番排查后,润泰的生产安全符合标准,张世元这才松了一口气。"好在我早就狠抓安全教育,这次排查相当于一次测试,润泰通过了!"

早在2017年,润泰就根据新的安全生产法要求,对公司的安全规章制度、操作规程和应急救援预案进行了检查,及时修订部分不适用、缺乏针对性和缺乏科学性的部分。

有一组数据可以说明润泰的安全制度建设情况:安全生产责任制33项,制定安全生产目标责任书层层签订91份,涉及修订安全规章制度72项,安全操作规程17项……

以特殊作业(进入受限空间、登高作业、动火作业等)为例,进行程序化管理,从作业前申请、清洗置换、检查验收,到过程作业中、现场完工后、调试运行等,从最基本的操作步骤到紧急情况、特殊情况,详细地梳理总结,并绘有图形,使每一位员工都能看懂、记住。就像当年小岗村实行"分田到户责任制",每个人都在上面签字画押,立下了郑重的承诺。

连正在新建的工程在内,润泰占地面积大约10万平方米。那么大的地方,要实现安全责任管理,就必须实现安全无死角全覆盖。在润泰的安全生产目标责任书上,赫然写着每一个员工的名字。相对应地,每一个岗位都"承包"了相关的安全网格化责任区。

张世元觉得这还不够。他提出:"润泰上下,哪怕是一名行政人员,都要牢固树立安全意识!"

在润泰的画廊里,挂着许多具有安全生产教育意义的图画,通过这种图画形式,安全教育不再是单纯的说教,也具有了趣味性。时间长了,员工耳濡目染,切实能够感受到安全生产的重要性。在会议室,分批次、分层次开展安全知识教育培训,培训后进行知识考核,巩固学习成果。

润泰十年
从默默无闻到隐形冠军，一个小企业的成长轨迹

杨志波是公司的安全总监，某天，他穿着一身深蓝色的工作服，戴着安全帽，走进了会议室。在公司，他是出了名的铁面无私，敢对不规范行为和操作"较真"。今天由他作为安全知识的讲师，为新员工进行三级安全教育。

"事故发生在别人身上听起来是故事，发生在自己身上才是事故！"他用幽默而不失机智的话语开场。台下的新同事愣了一下，紧接着都笑了起来。

杨志波恢复了严肃的神情。他详细讲解了全国的安全生产形势和本地区身边的事故案例、违章违规操作的危害性。

血淋淋的事故，听得人心惊胆战。但也有一些人，认为自己不做一线的生产工作，接触不到安全生产的内容，学习态度有些敷衍。

杨志波察觉到了这一点，点破了问题："有些同志可能认为危险离自己很远，其实不然。安全环保，人人有责。我们进了公司，就要做到'五勤'：手勤、脚勤、口勤、眼勤、耳勤。有时候就是一次脱岗，一次瞌睡，一个漫不经心的举动，甚至是一次嬉笑，事故就发生了！"

"响水'3·21'爆炸事故后，很多化工厂因为没有及时排查隐患，没有筑牢现场管理的根基，取缔的取缔、整改的整改、搬迁的搬迁……润泰没有受到波及，是因为我们誓将安全隐患扼杀在襁褓里。"他目光严肃、掷地有声，话音刚落，一个拳头重重地捶到桌子上。

回忆"3·21"那天的惊心动魄，张世元不由得感慨道："安全事故猛于虎，这话一点儿都不假！"从此后，润泰将安全生产作为企业生存的重中之重，时刻牢记"安全是父，环保是母，未来化工企业是安全、环保、质量的竞争"的理念。安全是公司保证正常生产的必要条件，是第一要务，安全就是100中的1，少了1，后面都是0。

第三篇 "天"——居安思危

● 培训与执行

"丁零零……"刺耳的警报声骤然响起，只见润泰生产车间外的管道冒出浓浓黄烟。顷刻间，浓烟弥漫，一阵刺鼻的化工燃料已经挥发出来了。

"化工厂怎么了？怎么冒烟了？"不知情的路人紧皱眉头，惊恐失色，捂着口鼻仓皇离去。

"你瞧！出事了！"有人指着一列小跑而至的队伍叫了起来。

循着整齐的脚步声，一队统一着装，口戴面罩，头戴安全帽，背着消防设备的"救援部队"火速来到现场。

"原来是演习啊！"围观群众虚惊一场。

"各救援小组请注意，A区原料泄漏，情况紧急，请立刻扑灭！立刻排查B区、C区原料区，及时汇报！"杨志波安之若素，紧急指挥起来。

很快，两个人赶到泄漏区，用专业设备排查后，立刻使用了消防设

95

备,滚滚的浓烟慢慢消散了。同时,另外两个人在其他管道进行逐一排查,仔细观看是否出现泄漏。

为了防止浓烟造成的环境污染,其他几个人正在使用高压水枪喷射水柱,空气重新变得清新起来。

这时,杨志波正在向参与演习的人员介绍消防灭火器的使用方法。他手持灭火器,详细讲解:"发现火情后,首先要观察风向,站立在正确的位置进行灭火。使用灭火器时,遵循'一摇''二拔''三喷'的步骤,这样能够很冷静地就把火扑灭!"

列队完毕,随着"丁零零……"声音,预示着警报解除了。

"大家要记住!安全的警钟时刻长鸣。"杨志波总结道。

从建厂之初,润泰始终严格抓安全生产,每年定期进行事故演练。张世元说:"安全生产这四个字要抓在手上、放在心中,时时刻刻守住安全生产的红线!通过演练,检验应急救援预案的有效性和可操作性,确保在发生安全事故时能指挥有效、运转有序、反应迅速、处置及时得当;其次,以此增强安全生产意识,有效防范突发性环境事件,确保发生事故时能准确判断险情并制定有效措施,将事故损失及对环境的污染降到最低程度。"

无论是天寒地冻、盛夏酷暑,还是风和日丽,润泰的安全演习都会照常进行。新入职员工更是每场都要参加。演习涉及安全、环保、消防知识和技能的方方面面,通过演习,让员工掌握预防、避险、自救、互救的方法。

在生产车间,有一个默默奉献的操作能手,他就是刘继忠,一名退伍军人。刘继忠性格耿直,做事一丝不苟。作为一名老员工,一年到头都要参加事故演习,他已经经历了不下百次的演习了。面对事故演习,很多老员工会有一种麻木、迟钝的情绪。每当指令发出时,他们都只是象征性地做一些动作,神情倦怠,浑身有说不出的懒劲。而刘继忠每次都是"跑"进来,听到铃声的那一刻,他立刻换上防护服,背上消防设备,冲向队伍的最前端。

"老刘,慢点儿跑。"有同事在后面说。

刘继忠沉下脸,回过头道:"演习就要有演习的样子!嘻嘻哈哈能叫演习吗？"军人出身的他言语铿锵。

看着滚滚的浓烟，尽管隔着防护面罩，依然能闻到一丝刺鼻呛人的气味，刘继忠想都没想，直接往浓烟的深处冲去。根据风向，熟练地打开了消防栓，出色地完成了一次消防演练。

很多化工企业在日常忙碌的生产情况下，很少开展演习，甚至几年才开展一次演习，忽视了其重要性。

对此，杨志波做了一个形象的比喻，他这样说道："开展应急演练，相当于是给每个人打了一剂'预防针'。时间长了，就成了企业安全生产的'预防疫苗'了。"

润泰根据所处行业的实际情况，对各个关键过程中可能出现的突发事件进行识别，并设计了对应的应急措施，制定并实施《应急预案》；配置了应急设备，对各生产区域"安全逃生通道"进行了规划标识，按期更换灭火药粉，定期检查消防器材，确保消防设备安全有效；对相关人员进行相应的培训，每年组织应急演练，提高应急反应能力及员工处理各种紧急情况的能力，做到快速反应，确保生产经营的连续性，提高防范能力。

公司通过教育培训增强员工的安全意识，时刻绷紧头脑中安全这根弦，做到居安思危，警钟长鸣。在生产工作中，每一位员工学习掌握好生产知识、安全知识，才能够在具体生产岗位操作时得心应手，如鱼得水，减少和避免各种安全事故的发生。HSE（Health, Safety, and Environment，健康、安全与环境）部制定全年共36批次的各项、各级安全类培训，培训内容涵盖《危险化学品管理》《企业安全生产标准化基本规范》《特种设备使用安全管理讲解及文件》《安全生产责任制》《安全风险分级管控与隐患排查》等，培训达到人员全覆盖。

润泰十年

从默默无闻到隐形冠军，一个小企业的成长轨迹

　　为促进隐患治理深入开展、提高安全水准、激发员工的主动性和创造性，公司开展全员参与的"两源改善"活动。两源，即生产现场的污染源和困难源。润泰鼓励员工定期收集生产现场的污染源和困难源，做出精准识别和改善方案，考虑防止发生和消除的对策，并对好的改善建议给予奖励和表彰。2021年是进行两源改善项目的第一个年头，收集并提交的污染源和困难源改善案例达488个。在润泰，事事有改善的空间，人人有改善的能力。善思者进，勤于思考的人才能有发现问题的眼睛，不断地发现问题并去解决问题才能进步；善行者成，行动贵在有方向、有目标，贵在及时，贵在坚持。只有敏于思而勤于行，方能迈上成功的阶梯。公司通过两源改善活动，不断追求卓越品质，坚持精益求精，助推企业的高质量发展。每一处改善、每一分努力、每一次提升都凝聚着润泰人改善工艺、提高品质、降低成本、安全环保生产的决心，镌刻着润泰人踔厉奋发、勇毅前行的身影。

此外，润泰充分发挥党、工、团组织在安全生产工作中的重要作用，开展"润员工·泰有才"安全主题活动暨"安全润人心，达人泰省心"的群众性安全生产活动。提出"润泰全员查隐患，安全生产无死角"的口号，实施"发动、行动、激励"三步走，鼓励团员和党员积极参与现场隐患排查与治理，通过评比"安全达人"，引领广大职工从"要我安全"向"我要安全"转变，形成"安全生产无死角，人人争当安全达人"的工作氛围。工会提交的"安全润人心，达人泰省心"安全生产专题职代会案例还获得了"泰州三十佳优秀案例奖"和4万元奖补。公司以组织教育发动员工查改安全隐患为着力点，把员工全员发动起来，改变以前的安全部门查隐患和现场员工被动改隐患的现象，倡导激励员工主动参与现场隐患排查，提出"我的现场我做主，现场隐患我发现"的号召，把少数安全管理人员查隐患变为全员参与发现隐患、改隐患。一年来，职工排查安全隐患290多项，产生效益100多万元。企业按效益额的10%给12名获评"安全达人"的职工和团队发放奖金超过10万元，让参与安全管理的员工分享到实实在在的红利。该项活动投入不大，却取得了"四两拨千斤"的功效，形成了人人关注安全生产的生动局面。2021年《泰州日报》头版刊发了《国家〈推进产业工人队伍建设改革协调小组专报〉专题介绍经验——我市安全生产专题职代会做法全国推广》文章，文中介绍了润泰安全生产专题职代会的相关经验，并将润泰"安全达人"评比做法向全国推广。

● 织牢"保障网"

厂区的员工们都时常碰到这样的身影：有时拿着笔记本记录着，有时对着车间或某一处设备用手机在拍。遇到一线员工，她总会亲切上前问候，并认真询问关于车间或生产线的一些问题，小到一草一木一个法兰，大到车间大型生产装置，抑或员工们工作的精神状态，都让她心中挂念。作为润泰总经理的宋文娟，无论刮风下雨，无论烈日炎炎，总是会深入厂区一线，检查车间日常运行中的各项数据，以确保车间的安全、工作的质量以及效率。"当好企业安全生产第一责任人应以身作则，深入基层，率先垂范。""生产企业主体应当切实履行好企业的主体责任，通过制度化、科学化、规范化的方式落实、落细、落好风险排查，不留死角和余地，常态化多频次开展自查自纠，及时整治安全隐患，从源头上掐断事故发生的可能性，保证生产的安全、有序和稳定。"她是这么说的，也是这么做的。熟悉宋文娟的人都知道，无论走到哪里，她都会带着一个蓝色的笔记本，走到哪儿，问到哪儿，查到哪儿，无论是一线员工还是行业专家，她都会虚心请教学习，认真记录。作为安全生产第一责任人，在市应急管理局和园区管委会组织的"一述三评"现场评议中获得专家领导们的一致赞扬，泰兴市应急管理局领导对润泰重视安全生产工作、全面推进安全生产体系建设，严格落实安全生产责任的做法和成效表示充分肯定，这离不开宋文娟日日夜夜地认真调研、系统分析、总结做法、查找问题……她用实际行动织牢润泰"保障网"。

在润泰的每个车间，每一天都会挂着这样一张表格：表头一栏是日期、检查人、检查情况（勾选项）、备注。随手一翻，这个月的每一天都有这样的一张记录表。再往前，这一年的每一天都有这样的表格，历史久远的一些已经存档了。仔细观察这张表，不难发现，表上有三种不同的笔记。这就是贯彻每日"三查"（班前、班中、班后）制度。上班之前，先检查整个情况，看是否有原料摆放不到位、气味泄漏等情况；上班过程中，记录生产情况；下班时，再一次检查车间的工作区域，扫除盲区，确保交接无误。而在特殊作业中，这样的一张张表格放在每个物品旁边。在塑封的插套里，列明了特种设备的安全附件、叉车性能、防雷防静电、可燃气体报警探头、消防灭火器材项目，每天都有人负责巡检。在异丁醛、甲醛等罐区，同样要每天进行重点检查。检查工作不是哪一个人的事情，而是大家相互之间的事情。叉车组检查特种设备，合成车间检查罐区，二车间检查消防器材……每个人都跳出了岗位，巡查其他岗位的设备情况。

在一次生产例会上，总经理宋文娟由衷地总结道："通过分工合作，相互协调，突出自查互查、专业检查、综合检查，全面督促安全生产，维修施工中的交叉专业，及时纠正违章，及时消除生产中的'跑、冒、滴、漏'现象，大家携手共同完成生产任务和安全指标。"

02　环保是母

● 绿色工厂

　　清晨，张世元站在窗前眺望着干净规整的工厂，远眺工厂的第一眼，是满眼的葱郁绿色，迎着初升的太阳，厂旗飘扬，丹桂飘香。一群白鸽在办公楼前一圈圈地盘旋飞翔，张世元看得出神。此时，他心里响起一个声音："低碳环保，节能减排，刻不容缓！"

　　建厂初期张世元就遵循低碳环保、绿色先行的可持续发展观，提出"安全是父，环保是母"的理念，制定了《绿色工厂管理手册》，从而实现

润泰十年
从默默无闻到隐形冠军，一个小企业的成长轨迹

厂房集约化、原料无害化、生产洁净化、废物资源化、能源低碳化绩效的持续提升，保持公司的基业长青和实现绿色可持续发展，致力于在发展中保护、在保护中发展。公司的经营活动以降低地球的环境负荷与提升地球的环境承载能力为准则，遵循国家与世界有关环境和绿色的法律法规，着力构建绿色低碳循环的产业体系，并通过了ISO14001环境管理体系认证。请专业团队做园林绿化，鼓励员工积极参与植树行动，美化企业生态环境，降低碳排放，资源重复使用，打造绿色花园式工厂。

公司还参与了《绿色设计产品评价技术规范 水性建筑涂料》团体标准的编制。通过加强信息化建设和数字化管理，全面推进安全环保和精益生产，提升企业节能、环保、绿色、低碳管控水平，降低资源消耗，大幅提升资源利用率，推动企业形成绿色、低碳、可持续的发展方式。多年来，润泰一直以环保绿色产品作为未来产品发展的方向，以守护碧水蓝天，滋润美好未来为己任，随着全球气候变化问题日益凸显，越来越多的国家将"碳中和"上升为国家战略，提出无碳未来的愿景。润泰一直以"创新驱动、绿色发展"为着力点，专注自身全产业链发展和循环发展，将节能降耗作为企业高质量发展的命脉，持续在节能减排和绿色环保方面加大科技创新和技改投入。增加绿化覆盖，在200亩土地绿化基础上种植香橼、桂花、广玉兰二百多株，厂区绿化树木达到两千四百余株，包含29种树木，更有冬青、红叶石楠、黄杨、罗汉松、菩提、红枫、香樟、紫叶稠李、龙爪槐等名贵树种，为构建绿色、生态、自然、和谐的工作环境提供了有效载体。

环保工作永无止境，为了向更高目标迈进，张世元大刀阔斧进行改造。公司2020年来投入1000多万元，围绕节能减排和绿色环保实施技改。在环保改造方面，2022年进行高密度澄清池及配套管线改造，有效去除二沉池内悬浮物，确保废水达标排放；在安全改造方面，2022年进行立式罐区改造、RTO炉安全技改；在节能改造方面，2020年以来进行蒸汽疏水阀冷凝水回收利用改造、12台化工离心泵和机封改造、更换2台一级能效变压器和55台一级能效电机等7个技改项目，有效降低了综合能耗。

● 履行责任

"低碳环保，节能降耗"已成为社会可持续性发展的主题，节能降耗，企业是主体。走进润泰，有关节能环保的故事，公司里的人能给你讲一大串：通过生产装置雨污分流改善，每天减少污水量至少10吨，全年费用节约13.2万元；更换优质再沸器疏水阀，优化技术参数，每天节约外购蒸汽量10吨左右，年节约蒸汽成本约62万元；对蒸汽冷凝水输送进行回收和利用，全年节约蒸汽成本约26.1万吨，全年节约循环水池工业水25.7万吨……万元产值里，润泰耗煤不到0.23吨，如此热衷于拧干能耗水分，使得润泰一跃成为"节能先锋"。

润泰积极履行节能环保主体责任，不仅仅是在生产上，更体现在生活中的方方面面。公司发布《节约用能倡议书》，全员推行"拧毛巾"活动，从点滴细微处着手，从节约一滴水、一度电、一张纸、一支笔入手，人人监督、人人自律，反对浪费，厉行节约，让节能降耗成为办公、生产和生活的方式。节能环保的意识已经渗透到润泰人的日常生活和工作习惯中，比如润泰的行政楼、餐厅水龙头安装节水器，有效减少生活污水；同步推进智慧化工厂建设，倡导无纸化办公，提高工作效率的同时也节约用纸，保护森林；公司为员工提供新能源纯电大巴班车，统一接送员工上下班，既方便了员工绿色出行，又节能减排；在厂区各处设置垃圾亭和垃圾分类标识，按要求处理各类垃圾，减少填埋和焚烧垃圾所消耗的能源……润泰

润泰十年
从默默无闻到隐形冠军，一个小企业的成长轨迹

以保护碧水蓝天、共建和谐环境为己任，把发展经济与保护环境放在同等的位置，在低碳环保、节能降耗方面，润泰一直在努力当好"模范生"。

张世元经常语重心长地告诫大家："一分利润、半点效益都是'挤'出来的。节能降耗、低碳环保要从点滴做起。放眼公司，这是件提质增效的事情；放眼世界，这是件功在当代的事情。"在节能这件事上，很多时候张世元对自己更苛刻。每次打印资料或文件，张世元都会特意把字体和行距调小，员工做纸质工作汇报或者打印一些文件给他看时，他都会嘱咐员工把字号和行距调小些，双面打印再给他。很多员工总以为董事长喜欢小字号，有心的员工知道：哪有谁喜欢看小字，小字看一行都觉得眼睛疲劳，何况是全篇，董事长这样做是为了节约纸张，同时督促大家养成节约的好习惯。

● 智处"举报"

随着公司环保治理水平稳步提升，"全国石油和化学工业环境保护先进单位""涂料行业绿色发展积极贡献""广东省涂料行业绿色供应链品牌入库""标准化良好行为AAA企业"等一项项荣誉摆满荣誉墙，也成为润泰在绿色发展道路上的一个个里程碑。然而成绩的背后注定有着一条条不平坦的路，在打好污染防治攻坚战的路上，有诸多小小"插曲"，其中有一件事情如今回想起来仍然记忆犹新，且影响至今……

在一个阴雨的早晨，张世元刚到办公室，就接到市生态环境局的来电："因接到市民举报，今天将对你公司的污染物排放指标进行检查。"这是来自市生态环境局的电话，张世元觉得不可思议。待执法大队赶赴现场后，公司积极配合对各污染物排放指标进行了查验，结果并没有发现异常……后来才得知，这是一个小小的误会：有热心市民把润泰循环水池冷却塔当作"大烟囱"，把看到的冷却塔上部的水蒸气当成"污染烟气"了。事实上：循环水池冷却塔是厂区循环水自然通风冷却的一种构筑物。热水与冷空气在塔内进行热交换，形成湿热空气向上排出，也就是水蒸气。在

晴天、气温高时，很快消散，阴雨天、气温较低时不易散开，就跟冬天开口说话会看见雾气是同样的道理。

　　对此，公司的安全环保部门人员及时向政府环保部门进行了汇报，同时也认识到了进一步加大信息公开的重要性。为了让更多民众了解公司，润泰秉承开放的态度，欢迎政府部门、媒体平台等走入润泰，参观指导、建言献策，润泰自觉接受公众的监督。2021年，共青团泰州市委"千岗走千企"活动走进润泰，共青团泰州市委领导、泰州各团市（区）委分管负责同志、泰州市各直属企业团组织负责人等现场观摩润泰厂区和管理情况；市委工商联领导，中国涂料工业协会领导等社会各界人士以及中央电视台财经频道等媒体多次莅临润泰参观调研，他们对润泰花园式的工厂及浓厚的安全环保文化宣传氛围留下了深刻印象。

　　公司将污染物治理设施与生产设施配套设计、施工和投入使用，并通过专家验收，自行监测方案严于排污许可证中的自行监测要求，建立健全所有污染物的检测要求，建立全污染物监测监控能力，单位产品 CO_2 排放系数为1.308。水污染物排放低于国家、行业及地方标准，满足区域排放总量控制要求，排放值达到行业清洁生产指标体系Ⅱ级基准值。大气污染物排放低于国家、行业及地方标准，满足区域排放总量控制要求，排放值达到行业清洁生产指标体系Ⅱ级基准值。固体废物、危险废物的处理符合国家标准，无法自行处理的，交由具备相应处理能力和资质的企业进行处理。固体废物产生和处理达到行业清洁生产指标体系Ⅱ级基准值。厂界环境噪声排放低于国家标准，2022年委托蓝翔环境检测江苏有限公司进行检测，均在限值以内。

为更好实现节能减排，公司年产11万吨水性涂料助剂及年产9万吨环保高沸点溶剂系列建设新项目中，制定了《新项目热能利用节能方案》，拟将以上余热进行回收利用，制取冷、热源供生产使用。项目达产后预计年节约总电量5888160千瓦，年节约总电费为380万元，制冷年节能效益446万元，年节约标煤1672.7吨，年节约蒸汽量约32000吨，节约费用约615万元，蒸汽节能效益650万元，年节约总循环水量231120吨，节约水费46万元。综上，余热回收年节能效益合计为：1099.02万元。成绩的取得凝聚了无数环保工作人员的汗水，也为公司高质量发展打牢了根基。坚定推进绿色低碳发展，始终坚持发展一片产业，带动一方经济，守护一方水土，积极探寻"低碳""蓝天"的共赢之路。张世元越来越觉得任重而道远，润泽未来，不仅仅是为了守护碧水蓝天，更要竭尽全力地履行企业应尽的社会责任。

03　发展之道

● 快人一步

《易经》是张世元经常钻研的一本书。现代人常常把其作为一部占卜算卦的书，而在张世元看来，《易经》就是一部关于阴阳相互转换、五行相生相克、做人做事做事业的教科书。它是古代圣贤通过观察天地的运行变化（道）的规律而产生的一定的结果，去推断人和事在自然变化特定的时位下，会产生的吉凶悔吝。在整个卦辞中，凡是看似吉利的卦，其卦爻辞中必定会产生凶悔吝，实际在告诉人们，如果有好事的时候，离坏事就不远了，因此在遇到好事的时候，更重要的是去防范向坏事的转化。而看似不吉利的卦，反而在爻辞中会产生吉利或者不悔、不吝，这说明在特定的不利的环境下，人们做事更谨慎，反而能够避免悔吝的发生。在《孙子兵法·始计篇》有云："夫未战而庙算胜者，得算多也；未战而庙算不胜者，得算少也。多算胜，少算不胜，而况于无算呼！"庙算，是基于现在预测未来，判断形势走向，预测隐忧，从而采取相应措施，找出未来可能的走向。对于企业的管理，没有危机意识便是最大的危机，必须做到存而不忘亡、安而不忘危、治而不忘乱。

风险管控

在一次会议上，谈到"风控"这个话题，许多部门都称自己与风控有关，但是从工作流上看，很少与风控有交集；有些部门看似与风控无关，却常常出现在风控的会议上；风控有时又被称为安全。

张世元问大家："你们走过大桥吗？"与会人员纷纷点头。"桥上有栏杆吗？"张世元又问。"有。"大家答道。"你们过桥的时候扶栏杆吗？"张世元接着问。"不扶。"众人面面相觑，不知道这和风控有什么关系。"那么，栏杆对你来说就没用了吗？"张世元笑着说。"那当然有用了。没有栏杆护着，掉下去了怎么办？"有人说道。张世元接着说道："可是你并没有扶栏杆啊。""……可是……可是没有栏杆，我会害怕！"有员工答道。"那么，风控就是桥上的栏杆！拥有了风控的保障，你的交易才会更踏实，更安全！"经过这么一段对话，大家恍然大悟。"风控是一个过程，而不是一个结果。风控本身要解决的问题，来源于企业在创造利益时所面临的不确定性。"张世元三言两语让大家对"风控"有了更准确的理解："通常人们等到危机爆发了才意识到风控的重要性，殊不知，事后控制不如事中控制，事中控制不如事前控制。"

在企业发展的过程中存在很多的不确定性，不确定性代表着变化，甚至是急剧、突然地变化。这也要求大家，看待风控需要解决的事情、评判风控工作的指标，从动态角度去观察。因此公司的战略也是需要顺应时局，与时俱进，需要持续不断地维护。与之对应的，风控所产出的反馈，也应当是持续不断的，而不是定格在某一个结果。风控面临的问题源于业务的不确定，业务的发展方向则来源于企业的战略规划。

润泰在不断发展的过程中，也在不断自查自纠，分析总结，通过SWOT分析法来确定企业本身的竞争优势、竞争劣势、机会和威胁，从而将公司的战略与公司内部资源、外部环境有机结合；通过PEST分析法对政治、经济、社会、技术等企业所处的外部环境进行分析，从而确定企业所面临的宏观现状；通过各种调查列举出来可能存在的各种风险。

（1）行业周期性变化的风险。

公司所处行业为化学试剂和助剂制造业，行业周期性主要受外部经济环境、行业供需状况及自身发展阶段等多方面因素的影响。公司成膜助剂、增塑剂等产品价格波动一方面受上游原料价格波动的影响，另一方面受下游涂料行业需求量的影响。而下游涂料行业的主要应用领域在建筑业，建筑业作为当前国民经济的支柱性产业之一，与宏观经济的发展密切相关，故公司的发展与宏观经济周期存在一定的关联性。当经济出现周期性波动或金融危机引发原料价格波动的时候，公司产品价格体系和市场需求也将受到影响。如果出现金融危机或经济周期波动，可能对公司的业务产生不利影响。

（2）原材料价格波动的风险。

公司生产所需的主要原材料为异丁醛、苯酐等化工原材料，化工原材料受国内外宏观政策、市场供需变化、生产技术等多种因素影响，价格波动较为频繁。若原材料价格上涨，而公司不能有效地将价格上涨压力及时向下游转移或不能通过技术工艺创新抵消成本上涨的压力，或是原材料价格下降过程中未能做好库存管理，则原材料价格波动可能将对公司经营业绩产生一定的不利影响。

2020年下半年起，国际市场原油及大宗商品价格大幅波动，一段时间以来原油及相关化工原料持续涨价，推动公司原材料采购价格不断上升，由于价格传导存在一定滞后期，已经造成公司毛利率下降。若未来原油及相关化工原料持续涨价，而公司未能通过合理的采购机制、库存管理等手段锁定原材料采购成本，或未能及时通过价格传导机制向客户转嫁原材料成本持续增加的压力，将可能会对公司的经营业绩进一步产生不利影响。

（3）经营业绩变动的风险。

公司营业收入主要来自成膜助剂、增塑剂等产品的销售，公司经营业绩受到化学试剂和助剂行业竞争态势以及异丁醛、苯酐等化工原材料市场波动的影响。如果未来产业政策导向或市场需求发生变化导致下游行业发展放缓，业内竞争加剧导致产品销售价格大幅下降，或者原材料价格发生急剧变动，而公司未能及时采取有效应对措施，则公司未来经营业绩可能有持续变动或者下滑的风险。2021年以来，公司产品价格受原材料价格上涨影响大幅提高，如果未来原材料价格下降，则公司可能面临产品价格下降的风险，进而给公司经营业绩带来不利影响。

（4）供应商集中的风险。

若供应商集中度较高，公司与主要供应商相互之间合作终止，可能对公司原材料供应和正常的生产经营造成不利影响。

（5）主要产品单一的风险。

公司营业收入主要来源于用作水性涂料成膜助剂的十二碳醇酯，主导产品类型相对单一。如果未来公司未能拓展十二碳醇酯以外产品的生产和销售，且现有十二碳醇酯产品的优势地位被其他材料所替代，则可能对公司的生产经营产生不利影响。

（6）主营业务毛利率波动的风险。

未来，随着行业环境的变化，产品销售价格、人员薪酬水平、原材料采购价格、资本性支出等因素的变化可能导致公司综合毛利率水平产生波动，从而可能对公司盈利能力产生一定影响。

（7）应收账款回收的风险。

若宏观经济环境、客户经营状况等发生不利变化，出现应收账款不能按期或无法收回而发生坏账的情况，公司将面临流动资金短缺、盈利能力下滑的风险。

（8）环保处罚的风险。

随着国家经济增长模式的转变和可持续发展战略的全面实施，人们整体环保意识的不断加强，未来可能有更为严格的环保标准出台，这对化工生产企业提出更高的环保要求，公司未来可能面临因环保投入持续增长造成公司盈利水平下降的风险。

（9）安全生产的风险。

公司生产过程中使用的异丁醛、异丁醇等部分原料为危险化学品，存在一定安全生产风险，对存储、运输、加工和生产有着特殊的要求，若操作不当或设备故障，则可能导致因安全事故发生受到主管部门处罚的风险。此外，由于国家安全生产管理部门提高企业安全生产标准，从而致使公司加大安全生产设施的投入及加强安全检修与监测，进而一定程度上影响公司经营业绩，公司可能存在这样的风险。

（10）房地产市场持续下行导致公司盈利水平下降的风险。

公司十二碳醇酯等成膜助剂系列产品主要应用于水性涂料。目前，水性涂料需求主要来自建筑涂料行业。为了抑制房价上涨过快，国家相继出台各类房地产调控政策，资金面从宽松走向中性，信用收紧叠加房地产行业"三道红线"政策，致使房地产行业增速放缓，并逐步传导至上游建筑涂料及上游原料生产企业。2021年下半年国内进一步严控房地产，部分房企信用风险集中暴露导致行业投资融资环境遭受一定的冲击，房地产市场转入下行趋势。其中新竣工房屋是建筑涂料的主要目标市场之一，根据国家统计局数据，2022年上半年，房屋竣工面积28636万平方米，下降21.5%。若房地产市场持续下行，房屋竣工面积持续下降，公司可能面临下游建筑涂料企业对公司产品需求下降，而造成公司盈利水平下降的风险。

以董事长张世元为核心的润泰管理团队经过探索和实践，确定了公司的使命、愿景、价值观和发展战略，公司在每一个中长期计划的末期，根据内外部因素和竞争态势的变化，结合上一阶段战略目标的执行情况，制定下一阶段的发展战略，确保公司战略制定与长期计划区间的适应性；每年末召开战略专题研讨会，对本年度战略实施情况进行分析和评价，制订下年度公司年度计划和目标，确保公司战略制定与短期计划适应。张世元明白风控的进度（现状、短期结果）等，应当持续不断地反馈到企业战略中，从而调整目标、调整资源、制定应对措施等，从战略到战术，风控都应当是保障。

数字化、智能化

新一轮数字化浪潮的加速到来，给企业的商业创新和组织管理带来了新的挑战和要求。实现数字化时代的数智化转型，做好企业的智改数转工作已经成为很多企业亟须解决的问题。很早之前，张世元就敏锐地察觉到了这一点："数字化、智能化是企业发展的必然趋势。"

2022年润泰一季度完成产量18402吨，实现销售额达2.75亿元，创历史新高。虽取得了不俗的成绩，但也暴露了许多问题，较公司年度目标

"11180 计划"和上一年同期环比还有所欠缺，同时除原料断供影响生产外，智能化改造和员工技能的提升也迫在眉睫。

各种因素下，润泰 2020 年开始启动"智改数转"工作，公司组建 IT 部门，联合实施厂商对公司数字化现状进行了充分调研，发现企业内部管理系统存在信息孤岛、智能制造的透明化程度不高等现象。为此，公司对润泰全业务流程进行梳理，并就数字化转型对企业管理提升的重要性进行宣导。管理层意识到，随着未来公司快速发展，不做出改变就会"漏洞百出"，最终影响企业竞争力，更易在市场沉浮中被淘汰出局。

不断强化数字化基石

（1）全力加快数据中心、网络安全等基础网络建设。

2020 年，公司通过建立标准化机房，改造现场网络，引进信息安全机制，搭建了工业企业安全监测平台，全面汇集工控网络威胁事件、工控设备，以及工控安全漏洞等数据，从整体上反映工业互联网安全态势，并充分利用大数据、人工智能技术对工控网络风险趋势进行预测评估，确保现场网络安全有效运行。

（2）全面推进 HSE 管理体系、质量体系、安全标准化、现场整洁等基础工作，强化制造基础能力，实现高质量发展。

公司引进安全标准化，实施五位一体系统，建立清洁生产管理体系，开展"安全达人"评比活动，充分引导员工提高现场安全识别及分析，提升了员工的安全意识。同时深化危化品和能源的信息建设，引进相关系统收集现场数据和进行危险预警，加强管理层对现场管理能力。

在质量管理方面，对品质基础工作细化、夯实，对检验项目精准提炼，借助数字化采集、应用，提升品质基础人为管控因素，拉动各环节质量信息，消除断点，重点对基础提升、批量管控和降低浪费三大方面进行落实。

在现场标准化方面，公司开展"7S[①] 管理和两源改善"活动，推动现场作业标准化和目视化管理，查找现场管理短板，打造标杆亮点，做好人

---

① 7S：指整理、整顿、清扫、清洁、素养、安全和节约，是 7S 现场管理法的简称。

员管理，降低员工流失率，提升现场管理水平。

在生产安定化方面，强化计划性管理，引进精益生产，提升精益基础，改善工具的现场使用效果，提升过程工艺和质量水平，消除落后工序，提升产品技术，引领行业工艺，打造制造技术领先的核心竞争力。

（3）引进先进系统，经营全流程优化。

公司意识到当前的数字化能力远不能满足企业发展的需求，难以有效支撑润泰战略发展目标。2021年，公司引进SAP ERP系统和泛微OA系统来进行数字化基础改善，实现公司数字化的升级换代，提高企业核心竞争力。

通过SAP ERP系统的实施，润泰搭建起了数字化转型的基石，进行了主数据管理、主数据平台搭建及主数据业务流程的梳理；通过数据集成，实现数据传递的及时性；构建集团成本管理的事前、事中、事后的控制体系，建立统一的成本核算平台。

在基石打造的过程中，润泰投入经费1400多万元。通过信息化、数字化、智能化带动各子公司内部管控，建立基于价值链的企业经营模式，重点围绕核心SAP管理系统，集成其他外围系统（如OA、地磅、金税、报关、立库等）的数据，强化对研发、生产、市场营销和经营管理环节的无缝衔接与综合集成，加强企业生产全过程的管理和优化，加强质量管理，降低审计风险，实现资金流、信息流、业务流一体化的协同，全面提升公司管理水平和竞争力，为润泰后续的"智改数转"提升项目打下坚实的基础。

持续提升智能化制造能力

（1）高度数据集成，打造基于动态业务驱动的"智慧"工厂。

2022年上半年，润泰通过"灌装车间"智能化改造，将自动灌装系统、立库系统、ERP系统进行高度集成，引进条形码系统打印生产订单（包含生产订单信息、成品条码信息、生产订单工序信息等），生产过程实时报工和入库，随时掌握生产进度情况，仓管员参照打印的生产订单直接扫描实物发料过账，提高工作效率。

公司投入1000万元引进MES系统，通过设备与MES深入集成，实现设备与设备、设备与MES之间的互联互通；通过设备数据分析与计算，实现自动设备点检管理、维护管理、参数管理；通过设备自治，减少设备运行异常；通过生产过程与实时设备状态互通，驱动动态业务异常应对。同时以全面数据采集为基础，建立全面的数据分析和展示体系，实现生产过程透明化。

(2) 管理标准化，提升企业管理水平。

继续推动标准化执行不是一朝一夕的，基于自动控制、互联互通的全链条的生产布局，建立以按需、按单生产为基础的多层次指令体系，实现以实时数据驱动的物流自动化。建立全面质量控制的数字化管控体系，通过质量信息、设备信息与生产过程信息的融合，实现动态过程质量控制。通过动态过程质量控制，加强质量体系与制造体系的协同，实现过程质量干预，防止不良品流动，持续推动产品质量提升。

努力构建互联网标杆工厂

润泰通过构建五大职能中心，让骨干人员带头干，落地"智改数转"顶层方案，支撑工厂精益转型，积极推动"互联网+先进制造"，从而打造以成膜助剂产品为主的数字化生态链。

(1) 数字化人才培养：公司从"专业路线、管理路线、复合型人才"拓展内部晋升通道；通过内部组织学习、考试，促进员工积累专业知识；对人员梯队建设进行资源保障，通过与高校联合和引进行业专家培养一批掌握技术、数据和业务等能力的数字化人才；以团队的形式实现业务创新，提升团队战斗力。

(2) 数据赋能：以"数据赋能管控"为目标，依托数据关系来体现业务逻辑，依托数据校核来执行流程审批，管控方式涵盖事前审批、事中监控、实时预警。通过将可规则化的审核职能赋予智能应用，使管控聚焦于决策与判断，降低管控成本的同时赋能管理，让管控更加精准、高效、敏捷、智慧。

(3) 绿色可持续发展：润泰正在通过数字化转型，将以成膜助剂产品为主的业务体系转变为以成膜助剂数字化服务为主的业务体系，提升节能、环保、绿色、低碳管控水平，支持构建绿色可持续的"数字润泰"的产业生态，降低资源过度消耗，减少环境污染和生态损害，大幅提升资源利用率，推动形成绿色、低碳、可持续的发展方式。随着资源环境刚性约束日益增强，绿色可持续发展将成为全社会和客户关注的焦点，也成为企业优化、创新和重构价值体系的核心导向。

"智改数转"的目标对企业来说本身不易，进行大规模智能化改造风险很大，在设备、软件、人才、管理方面投入较多资金，并非一片坦途，但润泰仍然坚定且快速地靠前迈出这一步，主动作为，并且逐渐加大探索步伐，加快企业与数字化技术深度融合，加速产业"数字化"蝶变。

> 江苏省工业互联网发展示范企业
> （标杆工厂类）
> 润泰化学（泰兴）有限公司
> 江苏省工业和信息化厅
> 二〇二三年三月

● 高人一等

新时代，开启了中国同世界交融发展的新画卷！

新征程，中国涂料工业也掀开了拥抱世界的新篇章！

经济全球化的今天，在从"涂料大国"迈向"涂料强国"的新征程中——

"引进来"，为我们插上双翅；

"走出去"，让我们放眼世界！

面向未来，新时代的第一春，怀着初心，肩负使命，中国涂料工业协会G20游学团——一群民族涂料工业的精英们，开启了美国涂料商务考察和知名学府游学历程，奏响了东西方互融互通、共商共建、共创共赢的主旋律……

——中国涂料工业协会会长孙莲英

为了推动中国从涂料大国向涂料强国的转变，自2015年起，润泰每年组织1~2次优秀经销商、上下游合作伙伴游世界、学全球的游学活动。中国涂料行业"大国涂道"沙龙（G20）成立后，也由润泰承办两次跨国、跨界游学活动。

2015年4月，润泰经销商欧洲之旅。

2015年9月，在润泰新三板挂牌之际，润泰经销商北京之旅。

2016年3月，润泰经销商海外行（中东、美国）。

2017年4月，润泰经销商尊享定制日本行。

2018年4月，润泰经销商澳新游学。

2018年5月，中国涂料工业协会G20美加游学。

2019年4月，中国涂料卓越领袖日本游学。

登行业大舞台，寻工匠之道

2015年欧洲涂料展

2015年欧洲涂料展于4月21—23日在德国纽伦堡举办。该展览会每两年举办一届，由德国纽伦堡展览公司和著名的涂料行业媒体Vincentz共同主办。自1991年首次举办以来，已成功举办过多届，现已经发展为世界涂料行业规模最大的专业展览会。在2013年的欧洲涂料展览会上，来自30个国家的100多家参展商36000名专业观众参加展会，展出净面积超过35000平方米，标志着该展会成为最具全球影响力的国际涂料展。

随着中国涂料行业的快速发展，众多的中国企业参加了展览会。作为国内知名的民族品牌，润泰也参加了这次展会，同时邀请润泰优秀的经销商们一同参观与考察欧洲涂料原材料市场与新产品。展会展出了科技含量高、富有创新、低碳环保等方面的产品，给中国同行们留下了很深的印象。大家感觉到中国涂料行业与先进国家的差距，同时也明确了追赶发展的方向。

润泰十年
从默默无闻到隐形冠军，一个小企业的成长轨迹

2018年中东国际涂料展

2018年3月15日，润泰率领经销商代表团参加了在阿联酋迪拜举办的中东国际涂料展(MECS2016)。此次展览会由英国知名的传媒及会展公司DMG主办，每年一届，是目前中东及海湾地区重要的涂料专业展览会。本届展会吸引了300多家涂料原材料供应商及设备生产商参展，其中75家参展商来自中国，参观观众达到6000余人，展出效果十分出色。大家在润泰展台前驻足留影。展馆人气很旺，来润泰展台的人络绎不绝。按照约定的行程安排，润泰员工会见了原料供应商Sabic沙特总部全球销售总监，他向润泰介绍了公司内部的架构以及双方今后合作的愿望。

访国际著名涂料公司行业协会

2018年4月，润泰率经销商们先后访问了澳大利亚Nutech Paint涂料公司和新西兰涂料协会。Nutech Paint涂料公司是一家有着40多年从业经验的知名品牌，产品畅销海内外。通过一天的参观和交流，润泰游学团一行人对澳大利亚及国外同行企业的价值理念、企业文化、经营之道、研发体系、渠道管理、销售模式、创新机制等有了初步的认识和了解，尤其对其质量、色彩的创新和细致入微的终端服务印象深刻。

在位于奥克兰海边的新西兰涂料协会，在亲切随和的气氛下，座谈会如期举行。游学团成员们听了新西兰协会介绍新西兰涂料企业发展史、涂料经营范围、生存和营销策略及现状，心里感慨万千。试看今日，着力品牌经营，研发高端、环保产品，创新战略优先，质量和服务两手都要硬，加强网络行销，顺应个性消费、注重绿色环保等俨然已成涂料行业未来趋势。毋庸置疑，"天下大势，浩浩荡荡"，各行各业，以之为准，谁也脱离不了这一"放之四海而皆准"的法则。"物竞天择""优胜劣汰"，审时度势，时不我待！座谈会上，当领队告诉新西兰同行"我们润泰产品已经和93个国家有销售合作往来"时，随之响起热烈的掌声。

2019年4月，润泰与"大国涂道"沙龙（G20）游学团一行来到全球十大涂料公司之一的日本关西涂料的工厂和研发中心，参观了溶剂型树脂和水性树脂的生产车间、色彩研发中心、工业涂料展厅以及分析实验室，

润泰十年
从默默无闻到隐形冠军，一个小企业的成长轨迹

并与关西涂料的领导进行了面对面的交流与沟通，学习了先进的生产管理理念和研发平台的建设。中国涂料工业协会孙莲英会长首先代表游学团对于关西涂料的热情周到安排表示感谢，并表示近代中国涂料工业已走过了百年，也经历了改革开放40周年。40多年来，中国涂料工业发生了巨大的变化，也取得了辉煌的成就，产量有了近60倍的增长。现在我们虽然是涂料生产大国，但在新时代也面临着新的思考。相信此次与关西涂料近距离地交流，会带给学员不同的感受，也希望关西涂料先进的理念和管理对大家有所启迪。据关西涂料介绍，公司创建于1918年，也是刚走过百年历史，是专门从事研发、生产、销售汽车涂料、船舶涂料、防腐涂料、建筑涂料、工业涂料、各种功能性涂料、环保涂料及涂料用各类树脂和原材料的日本上市公司。2017年，集团销售额达4019亿日元，其中，排名前三的汽车涂料占比34%，工业涂料占比27%，建筑涂料占比26%。关西涂料拥有世界先进的涂料和树脂的高新技术和节能环保新技术，是日本涂料界颇具有代表性和实力的综合涂料厂家。

访高等学府，换传统思维

孔子周游列国而治学。发展到今天，多少优秀的企业家逡巡海外为游学，不变的是游学的特质，享受的是"行万里路，读万卷书"的过程，是

寄"学"于"游"、游与学的完美结合。润泰游世界、学全球，当然少不了去全球顶尖的高等学府看一看，聆听教授们的讲述，感受世界上多样化的文化氛围、先进的发展理念和管理思维。五年里八次游学，先后参观了奥克兰大学、佐治亚大学、芝加哥大学、华盛顿大学、东京大学等高等学府。

访奥克兰大学

2018年4月25日，润泰经销商代表团参观奥克兰大学。初来乍到，无意停歇，首访世界上家喻户晓、新西兰排名第一的高等学府——奥克兰大学。奥克兰大学始创于1883年，是新西兰排名第一、规模最大、科系最多、毕业生平均就业起薪最高的大学。奥克兰大学以研究各类基础学科而享有极高的声誉，最为著名的科系有计算机、工程、医学、药学、建筑、影视传媒。它是世界大学联盟、Universitas21、环太平洋大学联盟成员。它的图书馆是新西兰最大的图书馆，由一个藏书150万册的综合图书馆和12个专业图书馆组成。这所大学还有两大特色：其一，该校向一切人、一切阶层的男女开放，是一个完全民主的机构；其二，是典型的没有围墙的大学，校本部位于市区中心，一条繁忙的要道将校区分隔成两部分，为其创造了温馨和谐、精彩刺激的学习环境。由于享有世界级声誉，不远万里来这里求学的中国学生愈来愈多。

"这一天，我们梦回校园；

这一天，我们重登知识的圣殿；

这一天，我们静静地待在奥克兰大学，享受着重温校园生活的美好时光。"

访芝加哥大学和华盛顿大学

2018年4月，"大国涂道"沙龙（G20）代表团分别访问美国芝加哥大学、华盛顿大学。芝加哥大学是美国最负盛名的大学之一，芝加哥大学的主校区位于芝加哥市南的海德公园地区，东临杰克逊公园，西临华盛顿公园，距芝加哥市中心11公里。芝加哥大学培养出了很多诺贝尔奖获得者，也有很多名人曾在这里工作和学习过，比如美国前总统奥巴马曾在芝加哥大学的法学院担任宪法讲师，诺贝尔物理学奖获得者杨振宁曾是这所学校的毕业生。

位于美国西海岸西雅图市的华盛顿大学创建于1861年。华盛顿大学的樱花非常有名。访问华盛顿大学时恰逢周末，校园里静悄悄的。铺满红砖的广场上泛着光亮，哥特式建筑的倒影非常漂亮。校园里满眼是砖红色的建筑，很多是尖顶哥特式风格的，这座古老的大学并不奢华，它宁静、齐整、庄重，华盛顿先生的雕像屹立中央。华盛顿大学优秀毕业生众多。游学团在校园里看到几个中国学生，他们主动过来打招呼。在校园游玩时，游学团遇见了一位印度留学生。他正在操纵无人机航拍，大家以为他操纵的是印度或美国产的无人机，交流后了解到是中国制造的大疆无人机，团员们顿时觉得自豪感爆棚，这也充分说明了"中国智造"已经走向世界。

访张世元内弟宋文战执教的佐治亚大学

2018年4月11日上午，在宋文战教授（张世元的内弟）的陪同下，G20游学团一行参观了佐治亚大学。佐治亚大学创建于1785年，历史悠久，作为美国公立高等教育的发源地，佐治亚大学也是全美第一所公立大学，校区面积广阔，拥有许多的天然资源。主校区共计有300多栋大楼，以作为教学使用，总学生人数大约是33000，历年来的学校排名位居前茅，被誉为美国南方三所公立常青藤大学之一。宋教授是美国佐治亚大学的首席终身教授、物联网中心主任。身处异国，大家更对眼前的这位华人教授感到钦佩，一种亲切感油然而生。

大家饶有兴致地参观了美丽的佐治亚大学校园，并与佐治亚大学招生及项目负责人进行了详细交流，同时双方对于佐治亚大学与中国涂料工业大学的合作充满了期待。

下午，大家共同参与了亚特兰大招商局交流会。通过这次交流会，与会团员对于亚特兰大的经济情况、招商政策等有了基本的了解。随后，大家参观了佐治亚州政府，并进行了合影留念。

晚上，宋教授专门组织了当地华人商会的企业家们与游学团员共进晚餐，其间大家进行了更为密切的交流。

聆听管理实战课

2019年4月15日，中国涂料行业卓越领袖日本游学团访问日本京瓷稻盛和夫纪念馆。京瓷哲学，作为著名的管理之神、全球500强企业京瓷创始人稻盛和夫的人生哲学，多年来也成为企业界所推崇的经营哲学。为了进一步解码京瓷哲学的形成和管理理念的核心要义，游学团一行拜访了京瓷稻盛和夫纪念馆，近距离体验了京瓷著名的"敬天爱人"理念和阿米巴经营管理理念，深刻理解了经营活动就是经营者人格的直接反映，要以"作为人，用正确的方式做正确的事"为根本，从而获得"只要经营者具有正确的判断基准，就一定能够在经营的实践活动中发挥其有效作用"的经营真谛。其中，阿米巴经营管理理念著名的"经营十二条"给诸位留下了深刻的印象。

第一条：明确事业的目的与意义

第二条：设定具体的目标

第三条：胸怀强烈的愿望

第四条：付出不亚于任何人的努力

第五条：追求销售额最大化和经费最小化

第六条：定价决定经营

第七条：经营取决于坚强的意志

第八条：燃起斗志

第九条：拿出勇气做事

第十条：不断从事创造性的工作

第十一条：以关怀坦诚之心待人

第十二条：始终保持乐观向上的心态

游学团成员聆听了东京大学社会科学所知名教授丸川知雄讲授的实战课程《日本式企业管理》，并就阿米巴经营在日本的普及以及目前中国经济和美国经济发展阶段的对比等宏观微观热点话题进行了探讨与交流。游学团成员从中不仅感悟到企业长盛不衰的奥妙，也感受到工匠精神在企业发展中的重要作用。

感受异国风情，传递润泰文化

"一张一弛，文武之道。"商场如战场，亦循此道。

快乐地工作，快乐地生活，一直以来是众多商务人士追求的境界。然而，激烈的市场竞争、烦琐的工作程序以及来自各方面的压力压得人喘不过气来，人们需要解压，需要释放，更需要有一种先进的、合理的统筹管理来改变自己。同时，润泰要将"家文化"向经营商、向合作伙伴们传递。润泰游世界、学全球，是为了产品做得比别人更好，是为了产品卖到全世界、红遍全球！

留下我们幸福的合影

"短暂相聚的时光，总能留下美好的回忆，这或许将成为永远的美好回忆。希望润泰的每一次真诚携手都能将你和我、将我们大家短暂的相聚串成一个个精彩的故事，感染着我们的生活。"润泰的编辑们在游记中写道。为了记录下润泰家人们欢乐的瞬间，润泰编印了每次游学的画册。从2015年到2019年，共编辑画册7册。

在2015年的《欧洲之旅》中有这样一段文字："用自己的手机，随意拍摄照片，总有那么些对得起自己的'杰作'。当然，更多照片来自两位'专业'摄影师——彭大总管与蔡大帮主，再收集一些大家手头得意的瞬间，组成我们这篇纪实游记中所用到的真实素材。这些照片或许与你常见的照片不同，它们很少呈现德国、法国、意大利等城市标志性建筑或风景，多数是我们走过的小巷街角或者是匆匆而过的行人。看到收集好的一张张照片里那些熟悉的面孔，旅游中的精彩历历在目。风情万种的莱茵河畔、雄伟壮观的埃菲尔铁塔前、古罗马广场、水城圣马可教堂等等，都留下了我们的合影。这些都是我们亲眼所见并为之感动的瞬间之美，就像一位队友观后所说的：'那一瞬间的定格，已然成为永恒'。"这段文字生动地描述了润泰经销商们在游学中的激动心情和深厚友谊！

涂料界G20峰会——"大国涂道"沙龙

2018年开年之际，1月24日，西方——达沃斯，会聚国家元首或政府首脑的世界经济论坛盛大召开，共话世界"共同命运"；东方——福建莆田，中国涂料行业大佬齐聚中国"醉美"生态园区——三棵树下，论道、涂新、思变，共话涂料风云，共绘涂料蓝图，共同推动"涂料强国"梦，为建设"美丽中国"献计献策！

这是中国涂料产业巨头的盛会。提出这个创意的不是别人，正是润泰董事长张世元。这么多年来，作为中国涂料助剂的最大供应商，连续六年，润泰每年都组织国内顶尖下游企业合作伙伴们去国外学习考察。涂料行业著名的世界涂料大会，中国只有三个企业参加。中国的涂料工业与世界还有很大的差距。如何推动实现"涂料强国"梦，建设美丽中国？张世元作为中国涂料行业协会副会长，一直在思考着。时值中国杭州举办G20峰会，为什么中国涂料行业不举办G20峰会？张世元把这个想法跟孙莲英会长说了，立刻得到孙会长的赞许。

在张世元提议下，"大国涂道"沙龙诞生了。"大国涂道"沙龙每年举办1~2次，上半年和下半年各1次。1月24日，首期"大国涂道"沙龙由三棵树涂料股份有限公司承办。三棵树涂料股份有限公司董事长洪杰、展辰新材料集团有限公司董事长陈冰、上海华谊精细化工有限公司总经理杨红妹、湘江涂料集团有限公司董事长许愔、嘉宝莉化工集团股份有限公司董事长仇东航、富思特新材料科技发展有限公司董事长郭祥恩、中华制漆（深圳）有限公司主席助理杨献、广东巴德士化工有限公司董事长方学平、厦门固克涂料集团有限公司董事长李坤云、东莞大宝化工制品有限公司总经理叶子琛、君子兰涂料有限公司董事长马慧峰、江苏久诺建材科技股份有限公司董事长王志鹏、润泰新材料股份有限公司董事长张世元等来自中国涂料工业协会和知名涂料企业的掌舵人齐聚一堂，围绕行业走势、企业运营以及行业面临的问题与困境、机遇与挑战，共话行业风云，共享行业信息，共商发展大计！

2018年7月5日，"大国涂道"沙龙在"共商""共建""共发展"的气氛中于上海亚士创能总部召开。

润泰十年
从默默无闻到隐形冠军，一个小企业的成长轨迹

2019年1月4日，"大国涂道"沙龙继2018年在福建三棵树、上海亚士创能成功举办后，迎来了"2019大国涂道"！中国涂料行业的精英们再次聚首，齐聚在位于粤港澳大湾区重要枢纽广东江门的嘉宝莉化工集团股份有限公司，坐而论道，融合共进，聚焦行业热点，共享企业之道，共商行业大势，共谋涂料未来！润泰新材料股份有限公司董事长张世元以唯一原料供应商身份，再次受邀参加本次活动。孙莲英会长在致辞中就环保发展、绿色工厂产品、协同发展、跨界发展以及标准等多个议题进行了分析。

2019年8月24日，第四届"大国涂道"沙龙在珠海展辰召开。2020年7月24日，业界关注的、被誉为行业风向标的第五届"大国涂道"论坛于期盼中在润泰拉开了帷幕。本次论坛由润泰全力承办。这是继2018年三棵树首届"大国涂道"后，连续在亚士、嘉宝莉、展辰成功举办四届的基础上，又一场汇聚中国涂料工业优秀企业家进行思想碰撞、共商行业大势、共话涂料未来的高端论道，由此开启了聚焦后疫情时代行业发展、关注特殊时期国内外经济金融趋势、规范建筑涂料行业市场的深度对话。

润泰董事长张世元与中国涂料工业协会会长孙莲英、三棵树涂料股份有限公司总裁兼董事长洪杰、上海华谊精细化工有限公司总经理杨红妹、亚士创能科技（上海）股份有限公司董事长李金钟、嘉宝莉化工集团股份有限公司董事仇东航、广东千色花化工有限公司董事长黄达昌、富思特新材料科技发展有限公司董事长郭祥恩、厦门固克涂料集团有限公司董事长李坤云、东莞大宝化工制品有限公司总经理叶子琛、江苏久诺建材科技股份有限公司董事长王志鹏、君子兰涂料有限公司董事长马慧峰、浙江曼得丽涂料有限公司董事长沈国强、立邦中国投资有限公司经营企划本部高级副总裁孙荣隆、巴德富集团董事长梁千盛、上海洁士美建材有限公司董事长赵孝文等知名涂料及相关企业的掌舵人和嘉宾共20余位业界领袖出席了本届活动。

董事长张世元在会议上致欢迎词，对于润泰能够承办此次论坛表示荣幸。他欢迎各位领导和嘉宾来到泰州古城，来到润泰。他简要介绍了润泰的由来和十年的发展历程，着重阐述了润泰未来五年、十年、长期的愿景规划。他表示，2020年恰逢润泰成立十周年，十年间，润泰产能、管理与业绩从零不断飞跃，已经从名不见经传的小企业逐步发展成为国内市场占有率领先的民族标杆企业。未来，"将产品做到极致，让大家觉得润泰好，比行业伙伴做得更好"的理念将始终伴随着润泰的成长，努力成为全球化工行业百年百强企业！

论坛中，各与会代表均回顾了上半年企业的发展，并对后疫情时代如何发展提出了前瞻性建议。洪杰董事长提出的三点看法代表了行业的心声：一是，全球疫情蔓延带来了世界涂料的变局，要以中国率先走出疫情阴霾的时机，树立民族自信，及早实现中国涂料大国向涂料强国的转变，让民族涂料品牌早日跻身世界涂料前十；二是，在全球疫情防控严峻的大背景下，中国经济的发展有了更多的机遇，国家新基建和传统基建的大发展，以及旧房改造巨大的市场，都为涂料行业带来了前所未有的机遇；三是，涂料行业一定要协同大发展，坚决杜绝价格战和恶性竞争，企业要以创新发展为根本要义，练好内功，做好服务，走出特色，共同求得高质量协同发展。近几年来，建筑涂料行业出现了一种融资型的业务，即涂料厂家向开发商融资换业务的经营现象，且低价竞争的风气愈演愈烈，涂料界应引起高度重视并加以防范、规避。

孙莲英会长指出，这种非理性的恶性竞争，不但不利于行业健康发展，同时也给参与的企业带来极大的经营风险和法律风险。所以涂料行业一定坚决杜绝融资性业务的滋生和蔓延，反对这种不利己也不利行业发展的恶性竞争，抵制这种采用低价竞争等不正当手段来获取市场份额而与高质量发展背道而驰的现象。基于此，经过大家的讨论提议，达成共识，由中国涂料工业协会倡导，一致同意通过向全行业发布《中国建筑涂料行业共同践行健康、可持续发展倡议书》，用倡议抵制融资型业务，旨在践行《中国涂料行业共同推进行业高质量发展宣言》，推动中国建筑涂料行业健康可持续发展。

论坛中，在张世元董事长的陪同下，与会嘉宾对泰兴润泰进行了实地参观，感受到了美好的"润泰印象"，同时更感受到了文化润泰、品质润泰、智能润泰、绿色润泰的魅力。

大国精神、匠心涂道，在协会的带领下，润泰将紧跟国家政策步伐，把环保等因素放在首位，借助"大国涂道"的有利平台，携手涂料行业的龙头企业，将为客户创造价值为长远发展目标，立足于品牌价值塑造与提升，在业界发挥标杆典范的作用，坚持创新突破，秉持匠心精神，追求精

益求精，为涂料事业的发展贡献民族企业的力量。

2021年，第六届"大国涂道"在上海华谊召开。润泰董事长张世元受邀参加此次活动。

中国涂料工业协会会长孙莲英在论坛开场讲话中指出，总体而言，2021年仍将是涂料企业压力最大、最具挑战的一年。她表示疫情下经济环境充满不确定性，欧美涂料企业2021年上半年取得了快速增长，国内涂料企业要适应疫情常态化下的生产经营节奏，实现高质量发展。涂料行业要避免同质化和低价竞争，专注于提升品质和服务，让产品真正体现价值。行业协会即将推出建筑涂料等级评价标准和涂料产业链联盟，引导行业走绿色、低碳、可持续发展之路。

润泰董事长张世元在交流环节表示：润泰一直致力于"碳中和""碳减排"工作，将从节能诊断、节能改造、能耗可视化、能源精细化管理、运维管理数字化等层面入手，使能源管理升级，实现低碳生产。

会议达成共识，涂料行业积极响应国家"碳达峰、碳中和"政策，共同向全行业发出《引领行业健康可持续发展，保护地球家园降低碳排放》倡议书。

润泰以打造百年百强的民族企业为目标，以环保健康绿色为导向，坚持可持续发展模式，把绿色低碳与环保放在首位，认真执行贯彻国家政府发布的相关政策信息，指引企业朝着健康环保方向发展努力，向环境友好型企业转变。

润泰十年

从默默无闻到隐形冠军，一个小企业的成长轨迹

● **更胜一筹**

"一南一北，分进合击"，是实施涂料市场发展差异化战略。通过调研，张世元了解到，我国南方市场和北方市场对高低端涂料的需求有差异，对传统工艺产品的依赖和对新兴涂料工艺的认知有差异，直接影响到涂料助剂类产品的推广和应用。另一方面，国内涂料生产企业技术标准、配方标准不一，造成市场上涂料产品的品质差异较大。同时，受到"崇洋媚外"观念的影响，部分地区认为国外产品比国内产品好。

南方是张世元的"天下"。他长期在"日出"福建和广东工作，对于南方市场也算是"熟门熟路"了。

在北方，骁勇善战的於宁，利用长期积累的人脉资源，开发北方市场也是轻车熟路。

张世元深知，开拓业务，靠的不是个人单枪匹马，而是一个团队的力量。当时，公司的营销团队仅有两人，显得有些势单力孤，想要支撑起整片国内版图十分不易。他通过网络招聘、朋友推荐等形式，吸纳更多的市场营销人员加入。

无论是新业务员还是老业务员，都需要岗前教育培训，张世元给营销团队下达了任务。新人除了学习规章制度，还需要培训销售礼仪、专业业务、销售技能等方面的内容。通过业务培训、以老带新，销售人员的业务水平有了全面提升。

带着尚没有太多经验的新人，张世元和於宁就这样"跑"了起来。为了能让营销团队快速适应岗位，两个人都动了不少脑筋。

业内有些企业，因为客户资源分配不公、奖惩机制不健全，业务员之间争抢客户的现象时有发生，业务没做大，已经成了一盘散沙。对此，张世元认为，只有拿出一个"公平"的制度出来，才能让所有人信服。这个"公平"包含了两个方面的内容：一是工作任务分配的公平，二是利益分配的公平。

张世元细分了南方市场。按照地域、客户层级、合作经历等分配工作任务。有些销售员专业业务强，搞好服务，维护老客户；有些销售员善于人际交往，专攻新客户。不同的性格特点也作为张世元分配资源的考量。将资源分配下去后，每个营销人员都必须做好跟踪服务。

"张总，客户还没有给我答复！"侯刚有些气馁。有一个客户，刚接触上，就对产品很感兴趣，也有合作的意向。但是任凭侯刚使出浑身解数，对方就是迟迟不下单。侯刚每次打电话过去，对方都客气地说："小侯，别急，过两天给你答复。"

"这都过了多少个两天了，还不肯跟我签单！"侯刚有些恼火。

看到侯刚沉不住气，张世元分享了自己谈客户的经验，他说："客户要跟，但要掌握客户心理，跟丢了当然不好，也不能跟太紧，要保持一个不卑不亢的态度，留给客户一个比较和决策的时间。趁热打铁是好的，但是也要给人家留点空间啊。"

侯刚连连点头。果然，一个星期后，客户主动打电话过来，二话不说就签了。

"张总，终于拿下了这一单！"侯刚绽放出灿烂的笑容，张世元也颇为高兴。

从2月到4月，整整三个月时间，张世元都在南方出差。每天不是忙着跟客户会面，就是在去拜访客户的路上。困了，他就在车上眯一会；累了，就抽根烟提提神；饿了，就在高速休息站囫囵吃点对付一下。夜深人静，张世元还在忙着对接厂里的生产任务，时刻心系生产情况、安全，尽管没有家的温暖，没有亲人的陪伴，路途劳累，但他心里感到很踏实。

4月末，张世元和於宁碰了个头。分开作战三个月，收获满满，当然也有遗憾。原计划销售任务是1800吨，结果离完成计划还欠200吨。

在这不到100天的时间，他们创下了销售总额2047万元，新增客户18家的战绩，解决了润泰资金紧张的燃眉之急。

三个月不见，於宁也瘦了一圈，他的脸上闪着兴奋的光芒："年初，计划拿下阿克苏、立邦、巴斯夫、巴德富四家供应商。现有巴德富已成交40多吨。阿克苏计划5月份订单量180吨，立邦计划5月份成交，巴斯夫

润泰十年
从默默无闻到隐形冠军，一个小企业的成长轨迹

还在论证之中。"

一南一北，各个击破，在张世元和於宁领导下，营销团队屡创销售佳绩。随后，他们又合纵连横，取长补短，组建了一支精锐的营销团队。

他们势如破竹，客户遍布大江南北。润泰的成膜助剂走出了"长三角"，真正意义上覆盖了中国的各个省份，形成了"星星之火，可以燎原"之势。

马頔的《南山南》里，有一句歌词："你在南方的艳阳里，大雪纷飞。我在北方的寒夜里，四季如春。"说的就是纬度差异造成的季节错位。在地球的南北半球也存在着这种情况。对于润泰的海外市场来说，是一个平衡互补，错位经营的市场局面。

当北半球进入11月份，天寒地冻，涂料市场也像萧瑟的冬季一般惨淡时，南半球国家骄阳似火，涂料市场也处于旺季。

张世元抓住这一"南夏北冬"的自然气候和市场环境，对营销人员说："我们的眼光不能只盯着国内的那块市场，也要放眼全球市场。国内海外市场两手抓，才能使公司的产品形成全年旺销的局面。"

在以长江为界，划分国内市场的同时，张世元和薛和太已经积极展开海外市场的开发和营销，力求为公司产品在全球市场上取得一席之地。

从2012年起，张世元就率领营销人员多次参加海外展会，以此开拓海外市场。彼时的润泰，一面担负着巨额的赔款，一面要在重压之下，瞄准国际市场，做成生意。正所谓"重压之下必有勇夫"，张世元的魄力就是这么历练出来的！

跟海外客户沟通时，无论电话还是邮件都存在语言方面的障碍。为了让沟通交流更加顺畅，学好英语成为润泰营销部的重任。

那时候他们每个人都有个习惯，每天要看半小时的美剧。坚持无字幕看美剧，这既是一种放松的方式，也是对英语听力的一大锻炼。尤其在商务用语上，薛和太整理了一套标准化的礼仪用语。营销部的成员一个人扮演客户，一个人扮演销售，进行洽谈模拟练习，然后再互换角色，由其他人指出其中的缺点和不足。

每逢参加完展会，营销部都会继续跟踪客户，按照常规的营销手段，先寄送样品，再通过邮件、电话定期联络，做好后期维护工作。

眼瞅着客户开发数量迟迟没有上来，张世元有些心急。他立刻改变了策略："海外的客户因为见面次数少，再加上语言跟国内不一样，对于这些客户要多追问，多沟通，避免语言障碍产生的隔阂。"

为了顺应发展形势，在南半球市场开拓上，张世元实行"八化"管理：作业标准化、流程表单化、管理数据化、人才专业化、营销阵地化、形象社会化、团队人性化、行动军事化。

一时间，润泰上下笼罩着一种紧张的氛围。"目标明确了，我们有没有相应的行动？如何进一步开拓市场……面对纷繁的任务，唯一能保证行动不偏离的就是——既积极主动，又勇于担当地执行。"

张世元说，现在不是大鱼吃小鱼的时代，而是快鱼吃慢鱼的时代。当时，水性涂料助剂竞争日趋激烈，所有涂料生产厂商有目共睹。竞技场上，一个出拳速度快的小个子"润泰"一定能够击败动作迟缓的大块头，快如闪电，会瞬间爆发惊人的力量。

实行"八化"管理后，润泰很快突出重围，靠着优质的服务、优良的产品质量，顺利从全球十大涂料公司中拿下五家客户。

薛和太得知消息后，心潮澎湃，激动不已。市场的口子被撕了一角，后面只会越做越大。

这和张世元拟定的销售任务还存在一定的差距。他说："能跟全球十大涂料公司的五家合作，说明得到了优质客户的认可，反正我们润泰的产品质量过硬，价格合理，海外市场前景广阔。"

然而，张世元并没有满足："公司经营，销售是龙头，龙头要抬起来，就首先要高瞻远瞩，看得高，看得远。"

营销会上，在一片鸦雀无声中，张世元的话显得更干脆、掷地有声："我希望这十家能全部用我们的产品！"

张世元常常告诫员工，也包括自己，一定要有居安思危意识和大局意识、服务意识，行动力要强。他以一个个发生在自己身上的故事来阐释道理，启发思路，旨在为公司打造一支狼性的营销团队。

● 文化引领

三分战略定天下，七分执行决输赢。

文化影响百年，战略影响十年，战术影响一年，没有执行全归零。

作为世界上最早的军事著作，《孙子兵法》中所揭示的不少战略战术理论得到后人的发扬与借鉴，并被广泛运用于现代企业管理之中。《孙子兵法·计篇》中写道："孙子曰：兵者，国之大事，死生之地，存亡之道，不可不察也。故经之以五事，校之以计，而索其情：一曰道，二曰天，三曰地，四曰将，五曰法。道者，令民于上同意，可与之死，可与之生，而不危也；天者，阴阳、寒暑、时制也；地者，远近、险易、广狭、死生也；将者，智、信、仁、勇、严也；法者，曲制、官道、主用也。"

孙子说：战争是一个国家的头等大事，关系到军民的生死、国家的存亡，不能不慎重周密地观察、分析、研究。因此，必须通过敌我双方五个方面的分析、七种情况的比较，得到详情，来预测战争胜负的可能性。一是道，二是天，三是地，四是将，五是法。道，指君主和民众目标相同，意志统一，可以同生共死，而不会惧怕危险。天，指昼夜、阴晴、寒暑、四季更替。地，指地势的高低、险要、平坦与否，路程的远近，战场的广阔、狭窄，是生地还是死地等地理条件。将，指将领足智多谋，赏罚有信，对部下真心关爱，勇敢果断，军纪严明。法，指组织结构，责权划分，人员编制，管理制度，资源保障，物资调配。

商场如战场，同样的理论润泰运用到企业管理中。

（企）者，（企）之大事，死生之地，存亡之道，不可不察也。（企业发展、安全、环保、竞争）是一个（企业）的头等大事，关系到（企业）的生死，（企业）的存亡，是不能不慎重周密地观察、分析、研究的。因此，（企业）必须通过五个方面的分析（战略）、七种情况的比较（战术），得到详情，来预测企业的可持续发展可能性及杜绝安全环保事故的发生。一是道，二是天，三是地，四是将，五是法。道（高瞻远瞩）指企业发展的长期规划和战略。天（居安思危）指企业发展的时机和趋势。地（企业文化）指企业文化潜移默化的影响。将（团队人才）指企业团队建设与人才培养，法（流程制度）指企业流程优化与制度执行。

万物之理，古人称之为"道"。道，是中国传统哲学中最丰富的表达之一。老子讲天道，孔子讲人道，庄子也说盗亦有道……企业的发展应该遵循什么样的"道"呢？对于润泰来说，引领其发展之道便是卓越的企业文化。

自企业产生直到20世纪上半期，企业文化的作用并不显著。20世纪下半期，企业文化开始变得越发重要，并出现了一批靠优秀文化而取胜的企业。

企业文化源于日本企业的成功实践。在二次世界大战后，日本作为战败国，其自然资源极度贫乏，但经济持续高速增长，抢占了美国很多市场份额，一举超过德国成为第二大经济强国。美国很惊讶，派了很多精英专家去日本考察，挖掘催生日本力量的秘密，最终发现日本出现了一些与众不同的管理模式，自此全球掀起了企业文化的实践热潮。相比而言，美国管理学家泰勒发明的科学管理忽视人性的弊端显现，因此被关注人文管理的日本企业超越。而中国企业文化实践则始于20世纪90年代初，海尔、华为成为企业文化建设的先锋。

20世纪70年代，鉴于企业文化对企业发展的巨大功能，理论界开始对它进行了认真研究。20世纪80年代，关于企业文化的研究形成理论探索的高潮。许多学者对企业文化的概念和深层结构进行了系统探讨，形成了不同的定义。比如，有学者定义为企业成员共同拥有的，指导其行为的态度、价值和信念组合。

润泰对企业文化的定义：企业文化是基于企业家情怀、提升核心竞争优势、将产品做到极致，为追求可持续发展，由全体润泰人创造出来的精神文化、制度文化和物质文化的总和。其中，精神文化是核心，它是引领企业前进的思想导向和顶层思考，精神文化要融入制度流程和行为规范，公司制度和员工行为要与精神文化不冲突。制度行为文化是中层，制度既是精神文化的产物和折射，又是物质文化的工具，是连接企业文化的中坚桥梁。物质文化是表层，物质文化是精神文化的外化，通过物质形态和外在形象呈现出来。资源总会枯竭，唯有文化生生不息。从对企业发展的影响来看，文化可以影响百年，战略能够影响十年，而战术可能只能影响一年。企业文化围绕着管"事"要管"人"、管"人"要管"心"，通过塑造思想进而影响行为，与企业倡导的理念相一致。

现代管理学之父彼得·德鲁克认为：今天真正占主导地位的资源，既不是资本，也不是土地，而是文化。

有"经理人中的经理人"之称的通用电气总裁杰克·韦尔奇认为：文化因素是维持生产力的最终动力，也是没有极限的动力来源。

中国企业家华为总裁任正非说：资源总会枯竭，唯有文化生生不息。

中国中小企业的平均寿命为2.5岁，一个企业寿命的长短，往往取决于企业文化的优劣！据美国《财富》杂志报道，美国中小企业平均寿命不到7年，大企业平均寿命不足40年。而中国，中小企业的平均寿命仅为2.5年，集团企业平均寿命仅7~8年。

在企业的发展中，企业文化具有凝聚共识、正面引导、激励、约束、辐射的功能，能够使企业更具特色和差异化，增强员工使命感、归属感、责任感和荣誉感。好文化能让企业基业长青，好文化对外能适应环境变化的要求，对内能整合内部资源和力量。

好文化是勤劳文化、尚德文化、学习文化、自律文化、利他文化、舍得文化，是符合自然和社会发展规律的文化。只有为改善人类生存环境、社会发展及生活水平提供良好解决方案的企业，才有可能走得更远，做得更大；否则做不大，也做不久。

润泰企业文化核心是勤劳、尚德、学习、自律、利他、舍得。企业文化可以说是一种扩大了的企业家精神，企业家精神既是企业家个人素质、信仰和行为的反映，又是企业家对本企业生存、发展及未来命运所抱有的理想和信念。创始人的初心是企业家精神的内核，其好坏决定了企业文化的好坏，也决定了企业的可持续发展能力。企业文化是企业成长的基因，也是企业的信仰，这个基因的内核就是企业家的情怀，或者是初心。

润泰鼓励员工积极参与企业文化建设，做企业的主人。确定员工是企业文化建设的主体，引导每位员工积极投入到企业文化建设中来，运用多样化的文化和思维促进文化建设。构建企业精神文化，承担共同使命。塑造共同愿景，激发员工工作激情和奉献热情；承担企业共同使命，让员工找到认同感和归属感，铸造共同价值观，凝聚全企业的力量。构建企业制度文化，规范日常行为。通过管理制度打好制度文化的基础，通过培训制度给予提升的平台，制定行为规范，切实将思想和行动统一到符合公司的决策部署和战略方针上。构建企业安全文化，保护自身安全，通过加大安全投入，杜绝安全隐患，加强安全教育培训，使员工谨守安全行为规范，珍爱生命。公司通过如上一系列措施搭建落地企业文化。

　　人对生存意义的追寻，是人走向成熟的重要标志。企业也是如此。企业对生存意义的追寻，也是企业走向成熟的重要标志。"我是谁？""我从哪里来？""我要到哪里去？"永远是企业最基本的哲学问题，在不断发展和探索中，润泰也总结出了自己的答案。"我是谁？"即存在价值是什么，代表着使命。"我要到哪里去？"即企业未来是什么样子，代表着共同的愿景。"我从哪里来？"即应该去做什么、做到什么程度、怎么去做？分别代表着企业的核心价值观、企业精神、企业理念。企业文化孕育战略、引领战略，并为战略实施保驾护航。润泰由此而形成的企业文化，也称之为发展战略。

　　资本让企业做大、品牌让企业做强、文化让企业做久。文化是根，品牌是叶，品牌的核心内涵仍是文化，因此一个企业要做强做久，关键就是要建立一套适合企业发展的优秀企业文化体系。王谦修（2008）在《入眼、入脑、入心、入手，让企业文化生根》一文中写道，企业文化的建设过程，实际上是核心价值观在员工中入眼、入脑、入心、入手的过程。通俗讲，就是使企业所倡导的核心价值观得到全体员工认知、认可、认同、外化于行为，并形成习惯的过程。入眼，是指对企业文化的认知。梳理、凝练企业文化的核心（愿景、使命、核心价值观），写成体系（手册），让全员认识自己的企业文化。组织全员进行企业文化考核，采取自下而上的考核。入脑，是指对企业文化的认可。通过培训、研讨企业文化核心，让全体员工认可自己的企业文化。入心，是指对企业文化的认同。通过讨论、研讨企业文化核心，让全体员工认同自己的企业文化。入手，是指对企业文化的践行。通过讨论、公开承诺，让理念变成行为，让全体员工践行自己的企业文化。

● 战略布局

所谓"战略导向型企业文化系统"，即以实现企业战略目标，达成企业战略布局，落实企业战略举措为目的的企业文化支持体系。"战略"是核心，目的是战略目标的达成，企业文化的作用是"支持"或"支撑"。

张世元一直在弘扬中国元素，将润泰打造成民族品牌。在营销"4个100"计划中就可以看出他的雄心：

润泰要走出去，要走得更远，让更多人能够注意到"中国制造"！

润泰五年战略目标（2020—2024）：

第一，把小公司做成大公司，把大公司做成大家的公司，实现IPO上市。

第二，加快资本运作，深化国际合作，打造三大基地（中国泰兴、阿联酋阿布扎比、美国）。

第三，稳中央，突两翼；力争两年翻一番，五年翻两番（2021年营入达到10亿元、2024年营收达到20亿元）。

润泰十年战略目标（2020—2029）：

第一，实现百亿润泰"1、3、5"目标（未来十年营收目标力争从10亿元到30亿元到50亿元到100亿元）。

第二，实现"百千亿"目标（未来十年持股员工成为百万、千万、亿万富翁）。

润泰长期战略目标：

努力成为市值千亿百年百强企业。

● 战术执行

越来越多的企业家有一个共识，一个企业永远只做两件事：一是战略，二是执行。所谓"三分战略定天下，七分执行决输赢"就是这个道理。文化影响百年，战略影响十年，战术影响一年，没有执行全归零。

公司立足实际、关注顾客及相关方、贴近市场、借助外脑，通过细致的战略分析，根据一年、五年、十年、长期，制定了战略规划和目标，进行战略部署，并配置资源予以实施，使公司在激烈的市场竞争中不断发展壮大。

润泰 2021 年目标计划：1118 计划——产量达到 10 万吨，销量达到 10 万吨，销售额达到 10 亿元，利润达到 8000 万元。

高绩效组织是战略成功与有效执行的必要条件。打造高绩效组织，离不开三体与六要素。三体即文化、战略、战术，六要素即文化的组织动力和组织合力，战略上的业务规划和组织规划，战术的目标问责和目标执行。高绩效组织背后是一把手的个人突破以及强有力的高管团队，高绩效组织需要更新动力系统、更换认知系统，要将老板和伙计的关系变为利益共同体，延续为事业共同体，最后成为命运共同体。日本经营之神松下幸之助说，成功的企业永远只做两件事：一是战略，二是执行。可见，没有执行力就没有竞争力。如何打造高绩效组织，润泰也有自己的定义。

战略上：努力比优秀企业做得更好，让外界觉得润泰处处好。增强核心竞争优势，专注做好成膜助剂这件事，将这件事做到极致，从而树立好口碑，在此基础上快速反应、快速迭代、快速改善。

执行上：没有执行力就没有竞争力，执行力看不见摸不着，但是无时无刻不存在着。学，学不走；偷，偷不去。

专注：专心致志，聚焦涂料助剂这个专业领域，以匠心精神将成膜助剂这个"味精"做到极致。

极致：细节决定成败，做好细节才能做到极致。管理可以用"放大镜"对待，使员工更关注细节，做好细节。

快：观念＋时间，才是真正的财富。学会运用时间，才是收获财富的本质。要更快、更经常和更有效地去做正确的事。

品牌：专注＋极致＋快＝品牌，专注做好一件事，做到极致，快速反应和执行才能成就好的品牌。

过去，润泰人在执行力上存在大量问题，后来润泰人在不断地纠正和摸索中，慢慢对症下药，逐渐总结出了"良方"。IBM总裁郭士纳说："超级的战略执行并不仅仅是做正确的事，而必须是比竞争（伙伴）对手更快、更经常和更有效地去做正确的事。战略制定以后，动作一定要快。因为观念＋时间，才是真正的财富。"不要怕犯错误，即便犯错误，也是因为动作太快而不是太慢造成的。执行效率低下犹如企业的"毒瘤"，不及时割除，必然发生癌变，企业最终被市场淘汰。那么，应该如何提升团队执行力，打造一支狼性团队呢？需要抓好以下十点：一个重点（拿结果）、两个前提（定目标＋定责任）、三个管理（沟通管理＋时间管理＋自我管理）、四个心态（匠心＋野心＋开心＋恒心）。

一个重点：拿结果。执行的最终目的就是获取预想的结果，所以每个人都要有结果思维。什么是结果思维？结果思维是做任何一件事都必须做到讲责任、善分析、有价值、高效率。任何一个组织，均是以结果为导向来衡量员工的价值的。没有结果，你的劳动就没有价值。犹如战场上，首长让你拿下对面山头，你把人拼光了也没有攻上去，能给你记功吗？拿结果，需要明确三个要点：完成任务不等于完成结果；好的态度不等于好的结果；履行责任不等于有好的结果。好的结果一定要具备三个要素：能衡量，即结果是量化的；有价值，即结果符合预期；可交换，即结果可以为你的劳动支付报酬。

两大前提：定目标＋定责任。

（1）定目标。人都有惰性，而惰性恰恰是执行力的天敌。为了打掉人所固有的惰性，必须有一种牵引力，这就是目标管理。现代管理之父切斯特·巴纳德说："目标管理的最大好处是，它使员工能够控制他们自己的成绩。这种自我控制可以成为更强烈的动力，推动他们尽最大的力量把工作做好。"格力总裁董明珠说："顺手就可以拿到的东西，不叫目标，一定要跳起来才能达到的东西才是目标。"

（2）定责任。责任是一种驱动力，这对执行力非常重要。自动自发地主动执行力固然好，但是在思想多元化的社会大背景下，被动执行力是不可或缺的。没有责任，干与不干一个样，干好干坏一个样，谁会去干呢。责任怎么定？明确职责分工：这件事由谁去做。明确工作任务：包括工作内容、工作量、工作要求、目标、完成时限等。明确业务流程：从哪里开始，执行路径，到哪里终止。

三项管理：沟通管理＋时间管理＋自我管理。

（1）沟通管理。"管理者的最基本能力——有效沟通。"员工执行力不好，很多时候是沟通出了问题。要激励下属高效执行，就必须拆掉横亘在领导和下属之前的无形之墙。倾听员工心声，了解员工需求，尊重员工建议。切不可高高在上，不可一世，妄自尊大，颐指气使。

（2）时间管理。比尔·盖茨说过一句话："观念＋时间才是真正的财富。"优秀的管理，首先是一个时间管理的高手。做任何事情都要有明确的时间表，并明确规定两个时间，一是开始时间，二是结束时间。只知道什么时候开始，不知道什么时候结束，不可能有执行力。做好时间管理，必须合理分配好自己和下属的时间。用80%的时间解决重要事情，20%的时间处理琐事。

（3）自我管理。自我管理又称为自我控制，是指利用个人内在力量改变行为的策略，即通过对自己的目标、思想、心理和行为进行管理，自己管理自己，自己约束自己，自己激励自己，自己管理自己的事务，从而实现内控式管理。

四种心态：匠心＋野心＋开心＋恒心。

（1）匠心。匠心精神，强调专注和创新，即用心做一件事的心态。任正非说："尽心工作与尽力干活是两回事。用心的干部即使技术上差一点也会赶上来，因为他会积极开动脑筋想方设法去工作。"

（2）野心。一个员工、一个团队，都需要点野心。雷军曾说：野心和执行力，才是一个人最核心的竞争力。野心是成功的欲望，更是一种强劲的自驱力。员工没有野心——就会产生小富即安的思想，整天想着躺在功劳簿上数钱。团队没有野心——就会目光短浅，失去竞争的血性。一个被巨大野心驱动的人，会极度自律、昼度夜思、殚精竭虑、不知疲倦，因为他不是想赢，而是必须赢。"有必赢的心态，执行力才是强大的。"

（3）开心。给员工快乐的工作环境，能够让员工产生强大的执行力和凝聚力。快乐的员工，会主动积极地投入工作，发挥他们真正的潜力，而且能把他们的快乐带给客户，从而能够维护企业形象，扩大销售利润。

（4）恒心。稻盛和夫说：一切成功，皆来源于付出不亚于任何人的努力。其实，这也是执行力的核心精进之一。一个团队，执行力最大的问题是什么？并不是目标高不可攀，而是做事虎头蛇尾，甚至是半途而废。执行过程，困难是常见的，挫折也是难免的，唯有咬定目标，坚忍不拔，全力以赴，坚持到底，最终才能拿到想要的结果。

战略解决的是公司未来的问题，而战术解决的是当下存在的问题，以及采取的各种方案和措施。战术是指企业在市场竞争中所采取的具体策略和方法，以实现其战略目标和愿景。企业战术通常包括产品开发、市场营销、运营管理、人力资源等方面。十年来润泰战术方案部分执行情况：

（1）明确目标客户。企业战术的第一步是确定目标市场，每年公司会确定不同的目标市场。比如，以国内市场某个区域，作为本年度的开发重点，充分了解客户需求和喜好。只有深入了解客户，企业才能制定出有针对性的产品和服务，满足客户需求。比如有的客户对价格很敏感，而有的客户对交期要求很严格。所以对不同的目标客户，需采用不同的战术来应对。

（2）创新产品和服务。在竞争激烈的市场中，企业需要不断创新，开发具有竞争力的产品和服务。这可以通过提高研发投入、加强产学研合作、拓展产品线等方式实现。公司现在与不同的高校进行校企合作，就是不断深挖创新产品和市场新材料，以便使企业保持可持续高质量的发展。

（3）制定市场营销策略。企业应根据目标市场和客户需求，制定合适的市场营销策略。这包括广告宣传、线上线下活动、公关策划、合作伙伴关系等促销战术。

（4）优化运营管理。提高企业运营效率和管理水平，降低成本，增加盈利空间。这涉及生产流程优化、供应链管理、质量控制、库存管理等环节。

（5）重视人力资源。企业战术的执行离不开人才的支持。企业需要招聘合适的人才，建立培训和激励机制，激发员工的积极性和创造力。建立公司人才队伍和人才储备。

（6）加强企业文化建设。强大的企业文化有助于提高企业的凝聚力和向心力，推动企业发展。企业应注重企业文化建设，树立正确的价值观和使命感。

（7）关注政策和行业动态。企业需要关注国家和行业政策变化，及时调整企业发展策略，以应对政策风险。同时，密切关注行业竞争对手的动态，以便及时调整自己的战术。

（8）建立良好的企业形象。企业需要树立良好的品牌形象，通过优质的产品和服务，赢得客户的信任和支持。同时，关注企业社会责任，积极参与公益事业，提升社会对企业的认可。

总之，企业战术是企业在市场竞争中取得成功的关键，战术是灵活的、无他的，只有企业走在前面，实施执行不同的战术，方能保持企业的青春活力和持续经营能力。每家公司需要根据自身情况，制定合适的战术，并不断调整和优化，以应对外部环境的变化。

第四篇

"地"——润泰文化

《孙子兵法》认为成功的要素是"道、天、地、将、法"。地，指地势的高低、险要、平坦与否，路程的远近，战场的广阔、狭窄等地理条件。企业之"地"泛指企业文化潜移默化的影响。

道者，令民与上同意也。故可以与之死，可以与之生，而不畏危。上下同欲者胜。

——孙武

战术可以引领企业发展一年，战略可以引领企业发展十年，而文化可以引领企业发展百年。

——张世元

01　精神文化

　　润泰使命：润泰新材，润泽未来。
　　润泰愿景：成为行业内领衔企业及卓越品牌。
　　润泰核心价值观：勤劳、尚德、学习。
　　润泰经营宗旨：与客户同发展，和社会共进步，客户的满意是我们不懈的追求。
　　润泰理念：将产品做到极致，让大家觉得润泰好，比行业伙伴做得更好。
　　润泰家文化：抱诚守壹、与时俯仰、居安思危、温润而泽、泰而不骄。
　　润泰的核心竞争力不是别的，恰恰就是这十年凝练出的润泰文化！
　　让我们来看看润泰的高管和员工们怎样解读润泰企业文化，看看润泰的核心文化如何渗透到润泰人的血脉之中，如何把润泰文化运用到技术创新和生产经营之中！

企业使命

润泰使命是：润泰新材，润泽未来。

以"润泽未来"为终极使命，立足于自我责任和社会责任的价值定位。

"润泰"的由来

润泰有以下几种简称：润泰化学、润泰股份、润泰新材、润泰成膜。

润：滋润万物，有水之意。"水"能汇集财富，也有财富之意。

泰：泰州（祥泰、富泰、康泰之州），三泰地区。泰，三人之下有水，本意为避水患而得平安的意思，因而有平安美好之意。三人水，也代表三生万物，代表大家共同汇集财富，也代表共同"智"造水性涂料成膜助剂。

润泰：有水润万物，保泰持盈之意。新材代表以环保绿色产品作为未来产品方向，"智"造涂料助剂。

泽：生命诞生的地方，财富汇集的地方，更有恩泽、惠泽、仁慈等意。泽也，滋也，益也。

润泽未来：表示守护碧水蓝天，滋润美好未来，润惠相关各方。

润泰"RT"的含义

"RT"是"润泰"两个字拼音的首字母，"R"是润泰注册商标标志，也是世界名车"劳斯莱斯"的标志。

"T"表示"人"，也是竞争伙伴成膜助剂产品的Logo。

"RT"包含了科技、安全、环保，融入了以人为本的基础理念和主流价值，将人定位于公司的品牌和品牌标志的核心元素，蕴含着有关人的价值主张。

"RT"的LOGO由蓝色和绿色组成，以绿草表达润泽与生命的寓意，以海蓝表达科学和严谨，草之绿、海之蓝是公司现实的写照，更是对公司未来的期盼。

"RT" = "R+T"喻指打造最强品牌，做成"劳斯莱斯"级成膜助剂。

《易经》中的泰卦

泰卦是安定的意思。

泰卦含义是和谐，是利用当前全面和谐的好形势，给予客方实惠，从而取得更多利益。

泰卦：《易经》64卦之第11卦。否卦：《易经》64卦之第12卦。"否极泰来"泰到否只需一步，而否到泰却需63步。

泰卦上坤（地）下乾（天）相叠，地上天下，阴阳交感，上下互通，天地相交，万事万物应时而变泰通。

泰卦在事业上的卦意：坚持由小而大，循序渐进的原则，事业已达到顺利的境地，更应小心从事，居安思危，积极寻求、开拓新的事业，方可继续前进，若因循守旧，不思进取，必遭失败。

泰卦在经商上的卦意：顺利。务必注意市场动向，开拓新的领域，展开新的竞争。与他人的合作会有更大的成功。

泰卦在决策上的卦意：吉祥如意。适应能力强，各项事业能成功。能谋善断，长于人际关系，能团结他人共创业绩，灵活机动，很能适应形势的变化，不断向新的领域迈进。

"润泰梦"

（1）把小公司做成大公司，把大公司做成大家的公司，实现IPO上市。

（2）百亿润泰，千亿市值，润泰新材，润泽未来！

（3）润泰人成为百万、千万、亿万富翁的百年百强企业。

管理就是让大家知道你的规划，理解你的规划，理解你的实施计划和要求，以良好的业绩为股东和员工的未来谋取福祉和实现期许，同时让利益关联你我他。

润泰已经将小公司做成了行业内的标杆企业，也正在走将企业做成大家的公司的发展之路，更多的润泰人成为股东，每一位润泰股东都是公司的主人，大家齐心协力，共同壮大和发展自己的事业。

全体润泰人将锁定目标，努力拼搏，做个有理想、有担当的追梦人！

润泰文化缔造者张世元

每一家伟大的公司都与掌舵人紧密联系，如苹果与乔布斯、华为与任正非一样，润泰与张世元密不可分。张世元是润泰的缔造者，也是润泰文化的缔造者。

短短十年，张世元执掌的润泰度过两次足以让公司破产的重大危机，

润泰十年
从默默无闻到隐形冠军，一个小企业的成长轨迹

以勇气和智慧使公司得以生存和发展，销售额从几千万元到十亿元，成为我国涂料工业及民营化工的知名企业，产品销往100多个国家和地区，公司在新三板挂牌。这些成绩的获得绝非偶然，其中公司文化建设与营销开拓、技术创新同等重要。

准确把自己定位于"头戴瓜皮帽，手拿水烟袋，经常踱方步"的坐标上，"我该做什么？总经理该做什么？"张世元说："为企业定方向，经营好人，这是我最主要的职责。"

以润泽未来为终极使命

润泰的这一终极使命，实现了对传统企业"营利性经济组织"的颠覆，提出"把小公司做成大公司，把大公司做成大家的公司"的目标任务。对外，润泰要为世界创造价值，润泰的经销商和上下游企业跟润泰一同发展，一荣俱荣，一损俱损。对内，公司是大家自己的，员工与企业共同成长，一同发展，员工的收入、车、房、菜篮子、子女读书，均与公司状况紧密联系。员工们懂得，自己是在为润泰做事，同时也是在为自己做事。

诚信是润泰文化的根

化危为机，把诚信放在企业发展的首位，为润泰的文化奠基，这是润泰文化的根。

润泰十分注重公司的形象建设，不仅在生产技术上引入了"高科技"，而且在生产、经营和管理理念上实现了高起点，正如《员工手册》中所写的"诚信谋求共赢，合作缔造未来"。公司在生产、经营和管理上不仅有完备、规范、民主、科学的规章制度和激励机制，而且在用工上凸显了现代大部分企业所没有的"以人为本"的公司特有形象。公司充分尊重职工人格和权利，坚持民主科学决策，依法诚信经营，不仅赢得了社会赞誉，而且得到了员工拥戴。

为了依法经营、科学决策，公司坚持依照《公司章程》办事，规定事项都要经过董事会或职工大会等表决通过。严格按照《公司章程》办事成了公司依法经营、依法决策、依法管理的起点。

为了提高员工素质，为企业发展奠定人文基础，公司在员工中深入开展了法制教育和诚信教育，不断丰富员工的法律知识，不断弘扬诚信守法风尚，让每个员工都明白，每个润泰人都代表着公司的形象，在任何地方都要以诚相待、遵纪守法。

润泽未来

润泽未来是基于责任担当的未来；是达成共同价值的未来；是润泽员工美好生活的未来；是以安全为父、环保为母，为人们美好生活、居住环境做出积极努力和卓越贡献的未来；是以努力回报、深切感恩的意识，对支持润泰人发展的社会各界的回馈和承诺的未来；是以良好发展和业绩创造，为社会、行业、客户、股东、员工等相关方谋取福祉和实现期许的未来。

● 企业愿景

润泰愿景：成为行业内领衔企业及卓越品牌。

行业：涂料助剂行业。

领衔企业：做行业的引领者。

卓越品牌：打造品质卓越的"润泰"知名品牌。

什么是企业愿景？

简单地讲，就是希望看到未来的情景。

企业愿景是指企业长期的发展方向、目标、目的、自我设定的社会责任和义务的描述。明确界定公司在未来社会范围里是什么样子，其"样子"的描述主要是从企业对社会（也包括具体的经济领域）的影响力、贡献力、在市场或行业中的排位（如世界500强）、与企业关联群体（客户、股东、员工、环境）之间的经济关系来表述。

成为行业内领衔企业及卓越品牌

（1）润泰企业愿景的演变。现在这个愿景比2018年以前的愿景前面少了"努力"两个字。大家知道，"努力"一词强调的是行为过程，而去掉这一词，就变成了结果。我们平时常说的努力，会出现两种结果，一个是成功的，另一个是不成功的。而对润泰来说，将努力去掉，就成为结果导向。要求的结果是什么？结果是唯一的，即成功后的结果。所以润泰的目标已经很明确，就是大家共同朝着"成为行业内领衔企业及卓越品牌"这个目标去加倍努力。

（2）行业定位。润泰目前处于涂料行业成膜助剂领域内的一个细分行业，做的只是这个行业中的微小领域，即"味精"类的细分领域。大家知道，成膜助剂在水性涂料中所占的比例很小，只占水性涂料0.5%左右，几乎是微不足道的，所以称之为涂料中的"味精"。要想在小企业与大企业的博弈中胜出，需要更多的勇气和谋略。公司在近年内不断与中国涂料工业协会接触，积极主动参与涂料行业的会议承办、技术论坛、行业内高级人才的培训等各项活动，其意图显而易见。

（3）领衔企业就是做行业的引领者，卓越品牌就是杰出的公众形象、社会影响力，成为中国民族工业的杰出典范，成为中国民营企业走向世界、走向未来的成功代表。润泰所归属行业为涂料行业成膜助剂领域。润泰从最初的小企业做起，一步一步地向大公司快速发展，现具备了海内外两大市场。润泰专注"味精"类的生意，将小产品做成大市场。打造精品，将产品做到极致，一是品质做到极致，二是将产能做大。

目前公司十二碳醇酯产能已居国内第一位，进入第一梯队，而且在影响力方面已经处于第二位，市场认可度较高。要成为行业内的领衔企业，还有很长的路要走，处于第一位的同行500强企业已经发展了几十年，他们的品牌影响力是公认的第一位，润泰现在还没有具备撼动他们地位的能力。但只要用客观经济规律来办事，继续专注在成膜助剂领域做下去，将产品做精，将用途做广，将应用做深，将附加值做高，正如司马迁在《史记·货殖列传》里的所描述的"卖浆，小业也，而张氏千万"，成膜，味精也，而润泰十亿。润泰只想抱诚守壹，持续专注，将产品做到极致，为用户带来更多的附加值。润泰一定能成为百年老店，只要润泰人很好地传承，一代一代地努力打造，就一定能成为成膜助剂领域全球第一的品牌。

从社会层面上说，润泰应该成为造福人类生活，美化生态环境，带动所在社区经济、文化和社会协调发展的新兴基地。这也是润泰发展的社会责任。大到行业，小到区域经济，这些年来润泰也不断地参加一些公益活动、慈善活动，比如赞助乒乓球比赛、侨牌比赛，资助贫困家庭等，就是增强公司的形象力和社会责任的具体表现。公司已从社会层面上做宣导，不断提升企业的社会公益形象。

从经济层面上说，润泰应该成为中国水性涂料助剂生产的领军企业。润泰不断加强精神文明建设，也就是企业自身的文化建设，推行企业文化和家文化，通过企业文化来吸引更多的客户。文化强，则企业强，以文化促进公司的经济发展，以文促商，形成独特的企业文化，获得了社会公认的好评。润泰已成为业内公认的文化强企，润泰的文化建设风生水起。

从产品本身来讲，当前润泰正在向行业第一努力发展，同时也参与了更多的行业活动，诸如行业技术交流和各种论坛，增强企业的知名度和自信心。就十二碳醇酯成膜助剂来说，润泰已成为行业内公认的国内产能最大的企业，同时品质含量指标也比同行标准高出 0.5%～1%。所以从产能与品质方面润泰都能成为行业的领头羊。

公司制订这样的愿景，不是一时的头脑风暴，而是经过充分酝酿、深思熟虑后提出的。只要公司上下同心，实实在在付之于行动，一步一个脚印走下去，愿景一定会实现。

润泰十年

从默默无闻到隐形冠军，一个小企业的成长轨迹

● 润泰理念

"将产品做到极致，让大家觉得润泰好，比行业伙伴做得更好。"

这句话可以这样解释：润泰做，别人说；润泰把产品做到极致，您无话可说；您做的只能是，拿订单，还要点赞。这句话的设计者更是别具匠心，三层意思分别用 7 个、8 个、9 个字表述，不断递增，寓意是步步高。

第一个关键词——极致：最佳的意境、情趣；达到最高的程度；简单地说就是最好，也可以说是工匠精神。

万科地产三分钟给客户一个选房方案，靠的是强大的数据库，客户想到的房型和装修方案他们都准备好了，不用东奔西走，甚至风水方面都准备了建议。万科靠积累、沉淀、严谨，做到了极致。

第二个关键词——让大家觉得：每个人都有印象意识，只要大家觉得某个人或者某个产品很好，那即使有点瑕疵，也会表示理解。如果润泰连瑕疵都避开了，获得的就会是大众对品牌的认可——润泰，民族品牌，唯一选择。

第三个关键词——做得更好：只有超越竞争伙伴，才能显示润泰存在的价值，那不仅仅要"不贰过"，更要潜心修炼，认真做产品、做服务、做市场所需要的功能性产品。那将获得的还是大众对品牌的认可——润泰，民族品牌，唯一选择。

在一次精益管理培训中，辅导讲师讲述了寿司之神小野二郎的"极致"：一旦决定好自己的职业，就必须全心投入工作之中，必须爱自己的工作，千万不要有怨言，必须穷尽一生磨炼技能，这就是成功的秘诀，也是让别人尊敬的关键。

曾有吃过小野所做寿司的食客，描述了各自不同的味觉感受。他们对寿司所用米饭的软硬说法迥异。小野说，他制作寿司是真正的"看人下菜"。同一种寿司，给女士，他会做得小一点；而对上班族，则会选择把饭团捏得紧一点，因为这些人都是用筷子夹着吃的，以免吃的时候散掉。

这是用心观察的结果，正如小野自己所说的那样："你必须爱你的工作，你必须和你的工作坠入爱河。"

寿司，放在饮食界是个极普通而渺小的食物，但小野却在自己的领域里深耕着自己的专业，"一直重复同样的事情以求精进，我总是向往能够有所进步。我会继续向上，努力达到巅峰，但没有人知道巅峰在哪里。"

如果"水性建筑涂料"被比喻为"房地产"行业中的"味精"，那么，润泰的"成膜助剂"亦被比喻为"水性建筑涂料"行业中的"味精"。那么润泰产品"成膜助剂"就是"房地产"行业中"味精"中的"味精"。润泰正是靠着极致的精神，硬是将"味精"做出大市场来。

润泰一直在做的就是劳斯莱斯级别的成膜助剂。

"我们追求的不仅是订单或大订单，我们的追求是经典、永恒，提高我们的美誉度和客户对品牌的认同。"张世元说道。

润泰想成就自己的梦想，需要大家一起坚持不懈地努力，全民皆兵，需要大家不仅仅记在心上，更要落实在行动上。

● 核心价值观

润泰的核心价值观：勤劳、尚德、学习。

勤劳

要勤奋敬业，切忌慵懒懈怠。
要开拓创新，切忌墨守成规。
要攻难克坚，切忌畏首畏尾。
要质朴本分，切忌华而不实。
要勤俭节约，切忌奢侈浪费。
要劳而无怨，切忌牢骚满腹。
要乐于奉献，切忌斤斤计较。

尚德

遵守职业道德：爱岗敬业、诚实守信、办事公道、服务客户、奉献社会。
遵守社会公德：文明礼貌、遵纪守法、爱护公物、助人为乐、保护环境。
遵守家庭美德：尊老爱幼、男女平等、夫妻和睦、勤俭持家、邻里团结。

学习

必须深刻认识学习是一种个人习惯、一种生活态度、一种精神追求、一种境界要求、一种品味特质、一种高尚情怀。

必须把学习的意识植入脑海，把学习的自觉深入心灵，把学习的行为融入血液。

必须恭恭敬敬地学，老老实实地学，持之以恒地学，锲而不舍地学，不耻下问地学，永无止境地学。

用学习丰富知识储备，拓宽眼界思维，提升业务能力，完善人格修养。

要做到带着问题学、带着责任学、带着感情学、带着思想学，要做到边学边干、边干边学，学以致用、用以促学、学用相长。要认真学习时事政治，不做时代的落伍者；认真学习岗位技能，切实变成行家里手；认真学习企业管理，真正成为主人翁；认真学习其他方面的知识，力争做一个复合型人才。

润泰的发展离不开"勤劳、尚德、学习"的价值观，润泰的核心价值观支撑着润泰人脚踏实地、埋头苦干，不断学习创新，一步一个脚印向前进。

天道酬勤

《易经》里面讲："天行健，君子以自强不息。"在某种意义上来说，天道支持人的勤劳奋进。一个人只有肯努力，才能获得上天的垂青，实现人生的价值。

纵观润泰发展史，从一个不起眼的小企业成长为一个产能位居中国第一、世界第二的国家级专精特新、高新技术企业，润泰仅仅用了不到十年时间，这离不开"勤劳"二字。润泰董事长张世元身体力行，用非凡的敬业精神诠释着勤劳的真谛，获得"泰州市劳动模范"称号。为充分发挥劳模示范引领作用，公司设立了张世元劳模创新工作室，积极开展员工培训、技术交流、科技创新、项目攻坚等活动，为员工搭建提升技能、提高素质、服务社会的广阔平台。"勤劳"二字在不知不觉中已经深入润泰人的骨髓。近年来，公司一名员工获得"泰州工匠"称号，两名员工获得泰州市"五一劳动奖章"。

润泰之所以将勤奋放在核心价值观的首位，正是因为这一品质不仅仅在工作中对我们起到很大的帮助，也能使我们的人生获益良多，勤奋于事业，才能为企业创造更大价值，勤奋于人生，才能收获更精彩的生活。

地道酬德

《易经》里面讲："地势坤，君子以厚德载物。"只有像大地一样厚实宽广，才能像大地一样承载万物，使万物生长。如果说勤劳是润泰之轮发展中的加速器，那么为人尚德厚道，至诚至信则是润泰坚实的底盘和主心骨。

2012年因关联企业出现产品质量问题，造成重大经济损失，需要赔偿3000多万元，润泰毅然扛起全部责任，决定全额收购关联企业股份，两年时间内将3000多万元赔偿款全部赔付到位，在业界赢得了良好口碑。这一"赔"体现出润泰诚实守信和责任担当的品格，折射出不畏艰难、负重前行的润泰精神。

与此同时，润泰积极参与乡村振兴、扶贫济困、捐资助学、爱心助残等公益事业，支持家乡学校改善办学条件，为支持中国涂料行业发展、为支持残联事业、为抗击疫情、为各类慈善活动等捐款超千万元。实施"幸福润泰"创建工程，积极争创泰州星级"幸福民企"。

十多年间，润泰以人为本，以德为本，以诚立身，用行动将"尚德"刻入润泰人的基因。

业道酬学

《荀子》有云："不知则问，不能则学。"学然后知不足，知己不足而后进。事业、学业是永无止境的，在这个充满竞争的时代，唯有学习，才能不断精益，不断创新，才能在追求卓越的道路上不断发展。

第四篇　"地"——润泰文化

润泰积极探索发展的新思路，学会运用现代企业管理方式，实现了从粗放型管理到精细化管理的转变，着力构建起以企业为主体、市场为导向、产学研相结合的技术创新体系，制定了"管理水平一流、生产技术一流、服务品质一流"的总体思路。公司与国内外多所院校建立"产、学、研"一体化相结合的合作研发平台，不断完善技术储备和产品储备。建成具有智能化的涂料助剂产品生产线，成立江苏省研究生工作站、江苏省涂料助剂工程技术研究中心、省级企业技术中心等多种研发平台。

公司建立多元化的学习平台，全方位推进员工的学习。通过岗位练兵、师徒传帮带、技能竞赛、学习讲座和技能提升等方式，激活广大员工自觉学习知识、钻研技术、提升技能的动力和愿望，鼓励员工努力学习，不断精进人生，营造持续改善与不断提升的学习氛围，构建现代化的学习型组织，推动公司卓越发展。

161

润泰十年
从默默无闻到隐形冠军，一个小企业的成长轨迹

　　天道酬勤，以勤为径方能获真知；厚德载物，以德为本方能行天下；学无止境，以学为基方能求精进。润泰会在"勤劳、尚德、学习"中脚踏实地，不断精进，在追求卓越的过程中永不止步。

　　润泰的核心价值观是润泰人多年来所走过的路的经验总结，凝聚了全体员工的智慧、辛劳和汗水；是长期积淀的产物，而不是突然产生的；是有意识培育的结果，而不是自发出现的。

　　如何践行润泰的核心价值观？润泰一直在思索。

　　第一，润泰的核心价值观是国家社会主义核心价值观在润泰的体现，是润泰走得更高更远、发展得更强更大的法宝。

　　第二，润泰的核心价值观是多年来所走过的路的经验总结，凝聚了全体员工的智慧、辛劳和汗水，是长期积淀的产物，是有意识培育的结果。核心价值观互关联，相互依存，缺一不可。

　　第三，不管社会如何发展，产品如何更新，市场如何变化，新技术如何涌现，管理手段如何创新，核心价值观不会变。

　　大力地宣传核心价值观，使之渗透于润泰人的血脉当中。不要让它躺在文件柜里面。要利用各种形式进行宣讲宣传，比如员工培训、典型示范等。每个员工都必须主动自觉地认真学习、深刻领会，经过不断的潜移默化，让员工感觉到公司的核心价值所倡导的理念无处不在、入脑入心。

　　健全配套机制，让润泰的核心价值观渗透到日常经营管理过程中的每一环节。可以将公司核心价值观里面所鼓励的行为，通过制度建设来保障，一旦有这样的行为出现，马上通过制度进行奖励。对于那些大家不希

望的行为，可以通过制度进行惩戒，以保障公司核心价值观的权威性。公司每年可以进行勤劳型、尚德型、学习型以及践行核心价值观先进个人和集体的表彰奖励，以使核心价值观落到实处。

通过公司的管理者，特别是公司的高层管理者的率先垂范，来引领公司所倡导的核心价值观的实行。公司管理层，特别是高层管理者是公司核心价值观的主要决定者，但在现实中，往往也是决策不能有效落地的破坏者。

从现在做起，从自己做起，从本职岗位做起，从每件事做起，从每时每刻做起，从点滴做起。润物细无声，日积月累，良好习性、情操就会养成。

经常反思，对照检查并加以改进。必须以"吾日三省吾身"的态度经常叩问自己，采取自己找、同事帮、上级点等方法，认清自身的不足，逐步改掉有悖于公司核心价值观的不良毛病和习惯。

总之，通过对公司核心价值观的宣传贯彻和落实，内化为员工的习惯，外化为单位的集体行为，固化为规划、制度和机制，从而形成企业的核心竞争力，为公司长远目标的实现提供坚强的保证。

● 润泰的家文化

润泰的家文化是：抱诚守壹、与时俯仰、居安思危、温润而泽、泰而不骄。

抱诚守壹

"诚壹"语出《史记·货殖列传》："卖浆，小业也，而张氏千万。洒削，薄技也，而郅氏鼎食……此皆诚壹之所致。"其意为：贩卖浆水是一种微不足道的小生意，但张氏靠它积累了千万家财。磨刀是一种极平常的小技术，但郅氏靠着它过上了像大贵族一样列鼎而食的生活……这都是诚壹的结果。

诚：诚实，讲诚信，诚心诚意；但作为家文化，这里还要多一层"精诚"的含义，所谓"精诚所至，金石为开"和"水滴石穿"是一个含义，一滴水并没有多大力量，但为什么产生"水滴石穿"的效果？一是要有一定的高度；二是要聚焦；三是要持续不断。因此，精诚就代表了全力以赴，坚持不懈。壹：心志专一，专心致志，术有专攻。抱诚守壹，润泰人积多年实践，选择"诚壹"作为公司家文化的第一个关键词，就是希望全体润泰人把所有的力量、精神、力气、资源等等都调动起来，贯彻到工作中去，追求"精进"，做到"极致"。做一个出色的、忠诚的润泰人，"抱诚守壹"是必备素质。

与时俯仰

"与时俯仰"出自汉代司马迁的《报任少卿书》。俯仰：落下、抬起。"与时俯仰"的意思是随着社会的潮流或进或退。其实质内涵就是"变通"。《易经》中说："穷则变，变则通，通则久。"《易经》64卦中"鼎卦"就具体说明了"变通"思想。"鼎"在过去是烹煮食物的器具，食物在鼎中经过烹饪的转化，化生为熟，化一物为另一物，有着推陈出新的意象。因此，"鼎卦"也在传达"革故鼎新"，变通为上的精神。公司将"与时俯仰"作为家文化的第二个关键词，意在说明公司的发展必须与时俱进，不断创新，开拓进取，方能在风云变幻的大环境中持续发展，以实现公司中长期发展战略目标。同理，润泰人的思想意识也要不断"变通"，身份变"佣者"为"主人"，工作变被动为主动，事事表现出主人翁思想，以公司使命、目标为己任，砥砺奋进，为公司的发展、壮大、强盛做出不懈的努力。

居安思危

"居安思危"出自《左传·襄公十一年》："居安思危，思则有备，有备无患。""居安思危"的意思是虽然处在平安的环境里，但要随时想到有出现危险的可能,应当有应对意外事件发生的思想准备。

　　大到国家安全,中到企业存亡,小到个人的生活,都应当做到居安思危,防患于未然。居安思危,才能有备无患,孟子的"生于忧患,死于安乐"也正是这个道理。居安思危需要从平时做起,善于发现苗头,做到及早预防。企业的安全隐患排查,市场行情的分析、预测,职工思想动态的研究,无不是居安思危的具体体现。居安思危还需要把一切都想到最坏,努力做到最好,无论做什么事情都不能盲目乐观,都不能把期望值定得过高,孔子的"人无远虑,必有近忧"便是这个道理。公司将"居安思危"作为家文化的第三个关键词,意在告诫各位家人在润泰和谐的大家庭里要不断增强忧患意识,做事应该未雨绸缪,居安思危。这样,润泰才会不断做大做强,事业才会蒸蒸日上,实现"努力成为全球化工行业百年百强企业"的润泰梦。

温润而泽、泰而不骄

　　"温润而泽",此语出自《礼记·聘义》:"昔者君子比德于玉焉,温润而泽,仁也。"意思是说君子的德操可以和玉相比,温暖而有光泽,这便是仁。"温润而泽"比喻人的态度、言语温和柔顺。

　　"泰而不骄"出自《论语·子路》:"君子泰而不骄,小人骄而不泰。""泰",安然,平安,安宁,处事严谨。意思是君子安静坦然而不傲慢无礼,小人傲慢无礼而不安静坦然,也指有地位权势后不骄傲。

　　在这两个词语中的"润"和"泰"与"润泰"公司名称天然巧合,这既体现了公司取名的匠心独运,也为润泰全体家人的人生态度定下了基调——温和柔顺,脚踏实地,谦虚谨慎,不骄不躁,高调做事,低调做人。在当今改革开放的大潮中,人际交往频繁,温润而泽、泰而不骄是润泰人立身行事的重要修养。

　　经过摸索和实践,润泰逐步建立起一套完善的"家"文化体系,将"家"文化外化于行动、习惯,内化于心灵深处,固化于制度管理,注重对员工的教育与栽培,加强对创业创新精神的传承,承担道义和责任,为润泰的家人们谋福祉、谋发展。董事长张世元常说："我们是一家经营人的企业，我们的主产品有两个，一个是涂料成膜助剂，另一个是润泰人。"

润泰家文化由五个词语组成，共20个字，但文化内涵极其丰富，目前，主要从精诚专一、创新发展、忧患意识、人生态度四个方面对家文化进行约定，今后，根据公司发展将不断增加新的元素。润泰全体家人要认真学习、领会，在工作、学习、生活中不断实践，不断积淀，不断丰富其内涵，使其落地生根，形成润泰家文化的特色。

党员之家

在润泰的五楼会议室里侧，用屏风隔开的是一个约二十平方米的区域，里面不光展示了中国共产党的发展史，还有润泰党组织的发展史。这里便是润泰的"党员之家"。

张世元不仅是一位企业家，也是一名优秀的党员。自从润泰创立开始，他便积极发挥党支部力量，培养发展新党员，秉承把人才培养成党员，把党员培养成人才的理念，把思想作风正派、工作积极、业务能力强的员工吸收到党组织内，不断壮大党员队伍，使其成为公司发展的中坚力量，这是润泰的红色基因。改革开放引进先进的管理理念和管理技术，但我们的红色基因不能丢，企业走得再快决不能偏离方向，如果偏离了方向，走得越快，就会跨得越快。

2013年7月，在庆祝中国共产党建党92周年之际，经姜堰经济开发区党工委批准，"中共润泰化学股份有限公司支部委员会"成立，张世元任党支部书记。他激动地说："我们党员终于有自己的家了！"

"党员之家"的感召力格外强大。从2013年至2019年，培养接收十余名优秀员工成为中国共产党正式党员。其中不乏公司中高层管理干部、中高级技术人才、各部门一线员工和有突出贡献的中青年。党员宋文国同志，一心扑在工作上，潜心钻研业务，创新生产工艺流程，为降耗减能，提质增效做出了很大的努力。2019年，该同志被评为"泰州市新时代百名工匠"，获得泰州市"五一劳动奖章"。泰兴润泰优秀党员杨志波同志，在岗位上无怨无悔，任劳任怨。一名党员，一面旗帜，在优秀党员示范行为的感召下，影响了公司一大批积极向上的员工，现公司三个支部共有党员50余人，书面申请的入党积极分子已达60多人。

"公司在哪里，党员之家就到哪里。"张世元这样说。

按照党组织工作要求，2022年润泰党总支部成立，董事长张世元任党总支部书记，下属"润泰新材料股份有限公司党支部""润泰化学（泰兴）有限公司党支部""润泰化学工业有限公司党支部"（阿联酋），总公司、分公司基本实现了党组织的全覆盖和统一组织管理，"党建润沃土，先锋领前行"的党建品牌成为企业发展的红色引擎，党旗不仅在华夏沃土上屹立，更是漂洋过海，在异国他乡屹立。

深耕党建引领文化，厚植企业发展底蕴。加强党建之"根"，筑牢企业发展之"魂"。润泰党总支始终倡导用党的百年奋斗重大成就和历史经验指引方向、鼓舞斗志，为落实企业担当凝聚精神力量。以党建促发展、以发展强党建的工作思路，坚持扛着红旗闯市场，业务发展到哪里，党旗就插到哪里，推动党的建设与生产经营、技术创新、人才建设同频共振，相互促进，为公司的发展壮大提供充分的组织保障。紧紧抓住政治思想建设基础，坚持把学懂、弄通、做实"习近平新时代中国特色社会主义思想"作为首要政治任务，运用文化载体强化理论武装，通过创办"润泰先锋"公众号、举行学习报告会、开展党员活动日、线上答题挑战赛等新颖的学习形式，提升干部、职工理论学习热情，推动党的创新理论"飞入寻常百姓家"。

企业如海上行驶的船，企业文化是远航的帆，党建工作是掌握方向的舵。党总支按照创新思路和手段推进基层党建工作，积极找准党建工作引导企业发展的结合点，努力打造"我为党旗添光彩"的党建品牌，让企业党建与企业发展同步双赢。

润泰十年
从默默无闻到隐形冠军，一个小企业的成长轨迹

知识之家

每天下班后，崔茜都会去一楼的"职工书屋"坐坐。有时她读的是一本与岗位相关的管理学书籍，充实自己的理论知识；有时她阅读一本慰藉心灵的诗歌，摒除内心的浮躁。她常常坐在沙发的一角，读得废寝忘食，成了"职工书屋"的常客。

在工会的鼓励和引导下，崔茜积极撰写读书心得体会、参与征文竞赛。每年，崔茜读过的文史、散文、诗集、法律、化工行业知识等书籍多达50多册。近年来，她发表散文、诗歌、读书心得200余篇，被评为泰州市优秀职工领读者。她担任公司刊物《润泰新材》的主编，先后在杂志上发表文章60余篇，现为国家级刊物《民众文学》理事。

"我非常感激公司为我们创建的平台，让我们能够与诗人们互相交流，学习探讨。这在以前是我不敢想的事。"崔茜羞涩地说。

作为一名诗歌爱好者，崔茜时常吟诗赋词，她内心十分渴望得到专业的点评。一次，公司邀请泰州市诗人协会来公司采风，崔茜激动万分，和其他几名诗歌爱好者共同交流学习。

活动中，诗人们兴致勃勃，即席吟诗，留下了40多首清新亮丽的诗篇，为公司文化建设增添了一道亮丽的风景线。

除了崔茜，还有一些读书爱好者，每天下班后不约而同汇集于此。他们有一颗热爱阅读的心，凭借公司便利的条件，都会在这里给大脑"充电"。

"读书不仅可以增长见识，积累丰富的知识，而且书籍是解决问题和烦恼的良药，同时还可以陶冶情操，让人树立正确的人生观和价值观，体现出最完美的人生价值。"崔茜这样说道。她本人也印证了那句话"腹有诗书气自华"，读书让她不断成长成熟起来，政治素质、业务素质、人文修养日益完善，她现已成为公司学习型管理者的榜样。

学习之家

"学而时习之，不亦说乎？有朋自远方来，不亦乐乎？人不知而不愠，不亦君子乎？"在润泰的企业文化墙上，展示了《论语》里的这句话。

学习是每个润泰人的必修课。领导层要学，中层干部要学，基层员工要学，所有人都要学！

"首先要提高员工整体水平，员工素质水平对于公司的发展有着举足轻重的作用。"张世元强调了重要性。

润泰十年
从默默无闻到隐形冠军，一个小企业的成长轨迹

在工会职工服务中心和公司行政中心联手共抓下，公司与区委党校联办大专、本科学历提升班，先后有 80 余名职工报名参加学习。他们利用业余时间接受党校老师的课程辅导，顺利通过了全部课程结业考试，拿到了正规院校的专科、本科毕业证书。

单单提升学历是不够的，还要学会礼仪素养。公司邀请全国著名礼仪老师唐小婉来公司做专题讲座，讲授文明礼仪用语及肢体规范动作。小到一个称呼，大到商务谈判，礼仪里面的智慧很深厚，每一位润泰员工都得到了熏陶。

在"走出去"方面，公司组织部分高层领导和技术人员出国考察学习，组织中层以上领导以及部分职工到泰兴市滨江工业园区、泰州市联众化工有限公司、泰兴市黑松林黏合剂有限公司等知名企业参观学习，组织管理层去日本先进企业学习管理理念，取人之长，补己之短。

此外，工会每年组织职工开展"爱岗敬业、创六好员工""工人先锋岗""党员示范岗""安康杯"等竞赛活动，调动激发员工的积极性、创造性，引领员工提升自身素质。

创新之家

创新，是企业发展不竭的动力。润泰作为一家涂料生产商，始终将技术创新放在首要地位，围绕生产经营中心，建设"创新之家"，也是润泰发展与成长之必需。

"以赛促学，以赛促改，以赛促创，发挥比赛对人才培养、激励创新的作用。"张世元说道。

依托劳动竞赛，选拔优秀技能人才，服务企业发展；选拔技能工匠，加强技能人才队伍建设；为科研团队提供技术和资金支持，鼓励其开展科技创新。

在工匠精神引领下，润泰重点建设劳模创新工作室。以劳模工作室为平台，引领技术人才创新发展，先后开发多个紧贴生产实际的设备，在生产中得到推广应用，多项发明还取得了国家专利。

2023年，由泰兴市人才办、发改委、科技局、工信局、人社局、总工会、工商联联合举办的全市"揭榜挂帅"活动评选结果公示，润泰"水性涂料成膜助剂绿色高效制备关键技术及产业化"项目荣获2022年度优秀案例一等奖，润泰技术总监卢小松被评为先进个人。此次项目聚焦醇酯类成膜助剂的连续化制备的核心工艺，开创了醇酯类成膜助剂的绿色高效制备技术，有效提高了成膜助剂的生产效率，提升了产品收率及生产过程的安全性，降低了产品的生产能耗，解决了醇酯类成膜助剂全流程自动化生产等"卡脖子"的难题。

润泰坚持科技创新战略，调动和提升全体员工推动产业发展、技术进步的积极性、创造性，激发员工的"主人翁"意识，充分发挥典型榜样的示范引领作用，助推企业高质量发展再上新台阶。

润泰十年
从默默无闻到隐形冠军，一个小企业的成长轨迹

快乐之家

在润泰，随处可见文化的魅力。在文化长廊两侧，挂满了企业员工随手的涂鸦、细致工整的工笔画、惊鸿一瞥的抓拍、流畅自如的书法、俊秀挺拔的钢笔字……此外，《润泰新材》《钟声余韵》《欧洲之旅》等公司内刊无不彰显公司文化特色。

种类繁多的文娱活动也在不断为"文化之家"增色。一年一度的"迎新春"文艺晚会，每年都有新意，展示出员工的智慧和才华；乒乓球比赛、桥牌比赛成了市区文化交流活动的一道亮丽风景线，使润泰的企业文化建设锦上添花。

说起润泰的文化擂台不得不从员工艺术团说起。在憧憬与梦想的鼓舞下，在润泰家风的感召下，润泰员工艺术团悄然而生。2015年的9月，润泰新三板"润泰之夜"答谢晚宴在绚丽的灯光中拉开帷幕。那是润泰员工艺术团第一次亮相。从无到有，一群年轻的润泰人，在公司工会的指导下，一个充满朝气的社团逐步成长起来。每当有业余时间，艺术团团长崔茜、艺术总监丁晶晶就会召集大家编排节目。虽然大家都不是专业出身，甚至没有舞蹈学习基础，但是各位成员硬是通过看视频学习、模仿，不断地练习，形成了自己的艺术特色。艺术团的润泰人个个大显身手，用尽浑身解数精雕细琢着这个年轻的团队。

一次次演出换来了掌声和肯定。从行业聚会的晚会、地方社团的晚会、经销商答谢晚宴到润泰自己的年度盛典，无不彰显着艺术团迸发的火热激情。节目丰富多彩、惟妙惟肖。舞蹈，或是柔美婀娜或是激情四射；歌曲，或是饱含深情或是金声玉振；相声，贴近员工生活，说的是咱身边实实在在发生的事儿；小品，表演诙谐又蕴藏无限的能量；配乐朗诵是艺术团的招牌，诗歌都是由艺术团的人员撰写并朗诵，内容真挚、语调铿锵。在每一次演出中，艺术团的团员们都推陈出新，创作出更新颖的表演形式。2017年的公司年会，以童声唱润泰为题的《润泰文化三字经》表演、描写润泰人特色的三句半都给人留下了难以磨灭的印象。几年来，润泰员工艺术团不断吸收新鲜血液，补充壮大力量，每一个成员都将自己的智慧奉献出来，为润泰美好的生活献上了艺术盛宴。

02 物质文化

润泰的物质文化是精神文化的基础，润泰的精神文化为物质文化提供方向。伟大的目标不能停留在口头上，必须有强大的物质基础做保证。企业文化，是一个企业所有员工共有的信念、价值观、态度的复合体。企业文化建设在企业管理中起着至关重要的作用。企业文化可分为硬文化和软文化。硬文化就是物质文化。而软文化是精神文化，它是企业文化的核心，最能体现一个企业的个性。要想搞好企业文化建设，不但要注重硬文化，更要突出软文化，两者相互促进、相得益彰，才能使企业文化发挥其应有的作用。

企业文化就是一种无形的教育课程，具有一种无形的教育力量，一个良好的企业文化环境对工作的顺利开展起着十分重要的影响。俗话说："蓬生麻中，不扶而直；白沙在涅，与之俱黑。"企业文化对员工的影响是潜移默化的。要想做好企业文化建设，不但需要领导做大量细致的工作，而且还要全体员工共同努力才能实现。

● "硬文化"

走稳国际化交融发展的千年之路

驼铃古道丝绸路，胡马犹闻唐汉风。穿越千年、绵延万里的古老丝路，因"一带一路"倡议而重返全球视野。

润泰积极响应国家"走出去"号召，敢于参与国际化分工与合作。在国家"一带一路"政策指引和推动下，作为一家民营企业，积极参与"一带一路"建设，寻找更多的市场机会和政策优惠。将"一带一路"逐渐从理念转化为行动，从愿景转化为现实。

走出去，不断拓宽发展通道。润泰将企业发展的目标投向更为广阔的海外市场。这也得益于国家给予的各项扶持和拓宽国际化交融的政策。

润泰早些年就已经高度关注海外市场的发展，在公司宏观战略目标的指引下，积极实行了新的营销举措，不仅寻求产品在国内市场的稳固地位，更将产品打入国际市场，为全球客户提供服务。从"零"起步的国际业务在短短的六年时间内不断攀升，目前国际业务销售已经达到公司销售比例的35%，并且表现出较好的发展活力。

阿联酋地处中东，具有独特的优势条件。地理位置处于欧亚非的交汇点，交通极为方便。润泰的部分主体上游原料是从沙特进口，其次很多下游客户又分布在中东、非洲和欧洲。阿联酋政局稳定，政策优惠，又有像迪拜快速发展的成功经验积累，各方面条件都很成熟，阿联酋办事效率高，外来人口多，多元文化在此相融，突显与国际接轨的优势。润泰决定在阿联酋建厂是经过慎重选择、考察并综合考虑的结果。

抓管理，加强安全环保建设。润泰是一家化工生产企业，一直重视安全环保建设，并出台一系列的管理措施，加大环保设施的投入力度，将企业的安全环保作为重中之重。阿联酋工厂也将延续润泰成熟的安全环保管理制度，持续推进安全生产的综合治理机制，强化责任和落实，全力保障安全、环保的稳定局面，建立完整的生态环境管理体制，持续不断地推进本质安全型企业建设，不给国家增添负担，让国家放心。

瞻未来，搭建东西方合作纽带。通过海外建厂，不仅能增强企业的竞争力，更能让企业参与国际合作。向世界、向先进企业学习，学习更先进的管理经验来反哺国内企业，对润泰未来的发展至关重要。

在中东建厂，将更合理地分配公司的市场布局，将解决原料长途运输和中途损耗，以及氮气保护的问题。未来中东、非洲、欧洲、南北美洲将由阿联酋工厂提供服务。公司有足够的市场空间和发展空间，有信心开拓

润泰十年
从默默无闻到隐形冠军，一个小企业的成长轨迹

更加广阔的市场前景。当然这也离不开国家新政策和新机遇的带动，离不开各级政府部门的鼎力支持。希望政府给予更多的扶持和政策上的帮助，润泰将不遗余力积极带动地区经济发展和国际化交融。

"一带一路"成为一部分民营企业精准把握发展时机、拓宽国际化交融的渠道。"一带一路"的推进为润泰的发展提供了新的机遇，润泰有信心抢抓"一带一路"的机遇，立足亚洲，向周边各洲市场辐射，为祖国的经济和国际化交融做出贡献。

公司环境

生产相关的物资设施、厂房建设。随着公司快速发展，开始了二期项目——五车间和六车间的建设，公司秉持"高起点规划，高质量建设，高标准管理，高效益运行"的原则，来完成新的扩建。

工作环境包括视觉环境、办公环境。办公空间作为企业运营最基础的空间载体，每一个在其间流动的因子都无时无刻不在影响着企业前进的步伐，润泰着力营造美观大方、开放自由、舒适人性、绿色集约的办公空间，让员工快乐工作、高效工作。

企业文化墙。企业文化墙是润泰的一道风景线，也是润泰的一张名片。对外而言，它可以迅速、清晰、直观地向客户展现企业使命、愿景和

价值观。对内而言，企业文化墙是见证企业发展历程的承载体，能让员工了解公司的实力以及企业文化，加强企业归属感、自豪感。

蚂蚁书吧。润泰蚂蚁书吧目前藏书近万册，所有书籍均来自员工捐赠，书吧由董事长张世元命名，旨在培养职工爱学习的精神，希望每位职工像只勤劳的蚂蚁一样，做知识的搬运工。润泰积极推进"书香企业"建设，营造浓厚的读书氛围，满足广大职工日益增长的精神文化需求，为打造书香润泰、文化润泰助力。

服务设施。公司成立了"润泰员工艺术团""润泰职工书社""润泰桥牌俱乐部""润泰国旗班"等社团，定期组织和开展乒乓球、桥牌、拔河、

润泰十年
从默默无闻到隐形冠军，一个小企业的成长轨迹

桌球、书画摄影展览等趣味活动，一系列形式多样、内容丰富、注重实效的文体活动不仅陶冶了员工情操，更增强了团队合作意识，营造了轻松和谐、积极向上的环境氛围。

品牌文化。品牌是企业的灵魂，是高质量发展的重要象征，也是参与全球竞争的重要资源。品牌观，是润泰未来品牌创建、品牌培育的先导。润泰清醒并深切地认识到，现代市场竞争的主要方式已经呈现为品牌竞争。因此，以品质为价值基础、服务为价值创造的品牌观，为公司实施品牌战略界定了价值基因。润泰继续大力实施品牌强企战略，努力打造世界一流品牌，为中国品牌综合实力进入品牌强国前列做出新贡献。

工具文化。企业的视觉识别手册、办公用品、服装服饰、交通工具等都属于工具文化。润泰通过为员工提供免费班车、为员工配置国产顶级品牌华为手机、每年为员工发放行政工装两套、公司重大纪念日为员工定报喜鸟品牌西装，让员工切实感受到和谐温馨的家文化。

"软文化"

把产品做到极致的人员、技术和管理的物质基础

润泰的发展离不开人才的培养和智慧的凝聚,聚天下英才而用之,将人才工作提到了实现民族振兴的战略高度上,润泰提出"能者上,平者让,庸者下"的人才理念,大力引进人才、凝聚才智,拥有十多名业内一流的工程技术和管理人才。

招"才"大于招"财"

很多企业常常因人才流失而陷入困境,如何引进人才、培养人才、留住人才已成企业当前面临的大问题。珍惜人才,尊重人才,特别是科技人才,一直是润泰坚持正确的用人方向。企业的持续发展离不开人才,以人为本,人才的成长不是一蹴而就,而是需要经历千锤百炼的打磨。谁能汇聚更多的人才,谁就能拥有主动权,谁就能得到更好的发展。公司一直秉承"能者上,平者让,庸者下"的人才发展理念,为员工进行职业规划设计,设立晋升通道,为有才能的员工提供施展才华的广阔平台,也为人才的成长与竞争营造一种"公平、公正、公开"的氛围。总结起来有三点:

(1) 识人之明。

润泰不拘一格降人才,注重真才实干。本着"物尽其用,人尽其才"的原则,让每一个员工到合适的岗位上去,给员工提供充分展现个人才华和实现个人价值的舞台。

(2) 重点培养。

公司一直非常注重人才的培养,大部分中高层领导从内部提拔,人员稳定坚固,汇集成了一支睿智、上进、敬业、忠诚、勤奋、廉洁自律的润

泰化学精英团队。

（3）共同成长。

知识创造机遇，教育促进发展。公司为促使员工随企业一起成长，在员工教育培训方面投入了大量人力、物力、财力。教育培训采用常年制度化管理，通过内请、外聘和送出培训等方式，对公司所有员工进行产品、技术、操作、质量体系、营销、管理等方面的系统培训，部分高管参加国学培训，尊德问学，修己安人。

近几年，润泰高层与工程师先后赴欧洲学习考察，多次受邀参加行业盛会，学习海外先进企业的管理经验和经营理念。公司是一条船，公司员工都是船员，大家同舟共济，奋力前行。

"蜕变"，痛并快乐着

其实可以将企业看成一个活的生命体，是心智、躯体、精神一应俱全的生物法人，企业成长各阶段的特点也大有不同。一个健康成长的企业要经历重新规划、重建组织架构、重振活力和重获新生的过程。企业需要竞争力的提升和核心能力的塑造，润泰从一个只有十几个人的小厂发展成今天的规模，从咿呀学语到不断汲取高效的管理方法实施落地，每一步都留下了深深的印迹。企业发展中常会遇到各种痛处，关键要看如何平稳地过渡，这就要看企业的"头狼"如何决策。张世元常说要不断改善，每天进步一点点，慢慢渗透，达到企业员工精神上的认同。蝴蝶的美丽也是经过了一个"蜕变"的过程，公司的管理也在经历着一种"蜕变"，这个过程也许会痛，却是快乐的。

打造金牌营销团队

一个优秀的团队要发挥1+1>2的作用，润泰的营销团队也曾经历过一个"单打独斗"的过程。企业发展的同时，营销团队建设突显其重要性。

战略布局——好的团队要有优秀的核心

随着公司持续的发展，管理队伍必须走向专业化，特别是知识结构的系统化、正规化。团队的核心是工作中的领导方向，是战略目标的指引。高度关注执行过程、切实指导执行方法是管理者的核心工作，要按照既定的目标前进，润泰的营销"4-0-0"计划是公司五年战略规划之一，营销团队也以此为抓手，不断提升管理核心内容。

战术安排——好的团队要有完善的制度

团队犹如一个链条，任何一个环节的薄弱，都会直接影响到整个团队。充分认识到规章制度的重要性，增强落实意识，强化落实方法。所以说制度是打造狼性团队的根本，无论是竞争机制还是激励机制，在完善的制度下，才能向更高的目标发起冲刺。

文化助推——好的团队要有认同的文化

文化是激励团队持续稳定的基石，团队文化对团队执行力的强弱有很大的影响。着力培植先进的团队文化，统一团队的思想，增强团队的凝聚力，为实现团队目标奠定基础。

构建激发员工主动性和创造性的优良环境

以文促商，为了企业的发展和壮大，张世元在学习国学时总结了若干《孙子兵法》中的战略，进而引用到企业的管理当中。孙子曰："兵者，国之大事，死生之地，存亡之道，不可不察也。"按照企业发展的规律，可以诠释为孙子说：企业的发展、安全、环保、竞争是企业的头等大事，关系到企业的生死存亡，是需要慎重周密地观察、分析、研究的。"故经之以五事，校之以计，而索其情：一曰道，二曰天，三曰地，四曰将，五曰法。"道、天、地、将、法也可运用于企业的可持续发展中，杜绝安全环保事故的发生。所谓"道"可引申为企业的战略方向；"天"可引申为企业发展的时机和趋势；"地"可引申为潜移默化的企业文化；"将"可引申为团队人才；"法"可引申为制度流程。润泰的特色是通过做好企业文化，让全体员工三观统一，凝心聚力，形成合力，最终促进经营工作的良性循环和快速发展。

公司关注文化建设，营造员工成长、成才的快乐家园，打造活力四射的品牌文化，注重员工的学习和凝聚力的培养。将"我是谁？我从哪里来？我要到哪里去"的哲学理论上升为企业的发展前瞻：使命、理念、价值观和愿景。在"润泰化学，润泽未来"企业使命的召唤下，崇尚"勤劳、尚德、学习"的核心价值观，将"成为行业内领衔企业及卓越品牌"的企业愿景和"与客户同发展，和社会共进步，客户的满意是我们不断的追求"的经营宗旨逐步发扬光大。提倡润泰大家庭的家风，润泰的每一位员工都是这个家的主人，继而形成"抱诚守壹、与时俯仰、居安思危、温润而泽、泰而不骄"的"家文化"氛围。以润泰中长期战略目标为指引，凝聚团队、倡导文化、打造品牌，努力成为全球化工行业百年百强企业。

以核心价值观为根本，传递能量。站在时代的海岸上，润泰立志有所作为，迎风抗浪，高速挺进在国内和世界经济发展的主航道上。公司十年的拼搏与探索，作为中国著名的涂料助剂制造商，将"勤劳、尚德、学习"确立为自己的核心价值观。

以家文化为载体，独树一帜。润泰家风是润泰人的骄傲，为了提高员工素质，企业以诚信守法为重点，打造特色润泰家文化，提出了"抱诚守壹、与时俯仰、居安思危、温润而泽、泰而不骄"的"润泰家风"。在"润泰家风"的感召下，员工的个人潜能被充分挖掘，有力地促进了企业经济效益的最大化。以人为本、和谐温馨的润泰家文化不仅助员工成长成才，更让企业成为员工内心高度认同的温馨家园，营造了"家和万事兴"的家文化氛围。

以诚信为手段，缔造未来。企业十分重视企业形象的建设，近年来在守法诚信上，坚持以顾客为中心，推动企业发展；加强生产工艺纪律、制造优良品质产品，坚持持续改进，与越来越多的客户以及大型企业签订了长期的合作协议，实现共赢，并将产品成功推向了国际市场。

慈母般的关怀

对客户的关怀。公司经常与客户开展交流沟通会，及时了解客户需求，提高服务质量，增进和拓展厂商合作关系，共创互惠共赢的美好未来；给予经销商放账期，年终结算；给予经销商代理权，真正做到把合理的利润让给经销商；为进一步提高经销商的积极性，开阔眼界和拓展思路，公司组织客户、经销商海外旅游，陶冶了情操，提高了认知，也交流了感情；提供物流货代的运输，帮助客户降低运输风险和成本，提高物流效率和准确性。润泰与客户的合作，不仅是一门生意，更是一项有着长远规划、互惠共赢的事业。

对股东的关怀。公司成立了股东大会、董事会、监事会，制定了《公司章程》、议事规则和职责权利，高层领导严格约束自身行为，经营责任和权限坚持明确、透明。公司监管系统由监事会、财务部、审计部组成，监管系统的建立，目的是进一步明确组织行为中的管理者责任、财务责任，确保内、外部审计的独立性，达到保护企业、保护股东和受益者利益的目的。

对员工的关怀。为了给员工创造一个方便舒适、安全健康的工作环境，润泰在设立职工之家、职工书屋的基础上，又先后创建了职工理发室、洗衣房、中医养生保健室，同时也创建了工会、党建、妇联工作室和劳模工匠工作室等活动阵地。蚂蚁书吧是职工书屋的延伸，目前书吧藏书12000余册，所有书籍均来自于员工捐赠，书吧旨在培养员工爱学习的精神。为了提高免费工作餐的质量，公司特从五星级酒店采购平台购买无公害蔬菜，每周合理调整菜谱，确保饮食健康；每逢节假日，为员工提供汤圆、粽子、月饼、腊八粥、饺子等充满节日气息的餐食，让假日仍奋战在岗位上的员工体会到家的温暖。除此之外，还通过为员工提供免费班车、为员工配置国产顶级品牌手机、每年为员工发放行政工装等措施，不断提高员工在衣、食、住、行方面的标准，让员工切实感受到润泰之家的温暖，润泰已成为员工依赖的幸福家园。

对环境的关怀。以"创新驱动、绿色发展"为着力点，专注自身全产业链发展和循环发展，将节能降耗作为企业高质量发展的命脉，持续在节能减排和绿色环保方面加大科技创新和技改投入。科学制定"双碳"实施方案，统筹有序做好碳达峰、碳中和工作，通过技术创新驱动和绿色产业驱动，让化工企业成为绿色低碳转型和高质量发展的成功实践者，为构建人与自然生命共同体做出巨大贡献，让清洁美丽的世界福泽子孙后代。

对社会的关怀。润泰始终秉持"传承社会责任，打造暖心品牌"的理念，不仅关注产品的质量和企业创新发展，更注重践行公益事业，为社会传递正能量，在发展壮大的同时视社会公益为义不容辞的责任和义务。

2013—2023年润泰捐赠情况

序号	捐赠时间	捐赠项目或对象	捐赠金额（万元）
1	2015	姜堰区三水小学	1
2	2015	姜堰区慈善协会	10
3	2015—2017	姜堰区残联	11
4	2014—2017	泰州市乒协、姜堰区体育赛事	8

续表

序号	捐赠时间	捐赠项目或对象	捐赠金额（万元）
5	2013—2017	姜堰区困难群众	4.5
6	2013—2017	姜堰区教育局、白米镇教育励志会、白米中学、姜堰区实验小学等	18
7	2015—2017	姜堰区大伦镇运粮村、白米镇昌桥村	6
8	2015—2017	姜堰区群众娱乐活动	3.5
9	2015—2017	国际慈善机构（高尔夫赛事）	92
10	2016	东密歇根大学	7
11	2013—2017	国学文化及各种培训、消防大队、泰州市诗人协会等	98
12	2018	姜堰区跑步运动协会	1
13	2020	抗击新冠疫情救助资金	5
14	2020	政协书画义卖	5
15	2020	姜堰区第四中学外墙翻新改造	48
16	2020—2023	陕西扶贫物资	16.6
17	2021	泰兴市企业联合会	12
18	2021—2023	泰兴桥牌协会、江苏桥牌俱乐部	20
19	2021—2023	残联、残疾人艺术团	12.5
20	2022—2023	涂料行业圆桌会	50
21	2023	泰州学院助学金	300
22	2023	"百企帮百村"帮扶广福村	5
23	2023	"百企帮百村"帮扶白米镇吴堡村	15

在自我发展过程中，润泰主动承担起回报社会的责任。通过助力教育、回馈地方等开展社会公益活动，为当地的福利、教育等方面做出贡献，积极为地区创造价值，促进地区繁荣及可持续发展。

03　行为文化

● 行为文化

润泰行为准则：
（1）精神素养。
员工形象：整洁、大方、真诚、阳光。
员工特质：激情、大气、好学、高效、完美。
感恩观：爱国家、爱父母、爱家庭、爱企业、爱自者，方可成就事业。
（2）为人之道。
为人处世法则：先做人后做事，先付出后回报。
"四不"法则：不自见、不自是、不自我、不自矜。
（3）服务之道。
阳光法则：微笑写在脸上，真诚刻在心中。
办事法则：立即执行，办就办好。
（4）共事之道。
"四无"法则：无家族、无派系、无等级、无礼宴。
团队协作法则：独树不成林，独行快，众行远。
行为文化是精神文化与物质文化的外在表现，是企业精神和物质文化的表达形式。

企业家行为

　　董事长张世元是树立企业行为文化的典范。企业文化从一定意义上讲是企业家文化，企业行为文化就是企业家行为。对于润泰董事长张世元，外界评价是"民族工业的勇士"，员工称他为"永不熄火的引擎"，而他称自己为涂料界的"工匠"。在长达30年的拼搏中，张世元力挽狂澜，以过人的勇气和智慧处理了企业质量危机，使企业渡过危机，获得新生。在此后短短七年中，张世元把舵润泰，让其驶向大海、驶向世界，由业界一叶小舟成为旗舰，在涂料工业市场细分领域的业绩在中国排第一名、在世界排第二名，产品畅销100多个国家和地区。在张世元的把控下，永无休止的目标更新、管理创新和技术创新，润泰时刻在蜕变，在否定过去，刷新自我，创造着崭新的润泰文化。他把企业看成一个活的生命体，是心智、躯体、精神一应俱全的生物法人，在成长各阶段的特点也大有不同。企业成长永远是一个重新规划、重建组织架构、重振活力和重获新生的过程。张世元以工匠精神，带领润泰从一个胜利走向另一个胜利，从一个高度攀登另一个高度！

润泰十年
从默默无闻到隐形冠军，一个小企业的成长轨迹

先锋人物行为

十年来，润泰坚持企业文化建设与经济效益同频共振、同心而行的文化管理理念，探索以文化管理与发展管理双轨并驱的管理思路，获得了良好的效果。在文化管理中，公司充分发挥文化建设的作用，全面提升职工整体文化素养，致力打造学习型职工队伍，以"书香致远"承载"润泽未来"之使命。无论是高管、中层还是基层员工，都奋勇争先，努力在自己的岗位上做出优异成绩，这成为润泰应对竞争、快速发展的新常态。为了提升员工技术水平，公司经常组织管理团队及业务骨干参加各种各样的培训，每年内、外部培训达40多项。实现了覆盖全员化、学科多样化，范围多元化，有效地提升了公司的管理水平和员工的技术水平。公司文化墙设有润泰劳模专栏，颂扬最美润泰人的先进事迹，展示了最美润泰人踏实工作的良好风貌。30余个党员示范岗，充分发挥党员干部的先锋模范作用，号召党员干部紧扣润泰的发展之年、建设之年、腾飞之年的主题，重点围绕以企业发展壮大为己任的重要任务，弘扬"团结、严谨、创新"的企业精神，营造和谐的发展氛围，凝心聚力，跨越发展，再度腾飞。

家文化滋润下的员工行为

公司秉承广招天下英才的宗旨，大力挖掘人才并鼓励人才在企业机构内部的稳定发展。对于外省职工，提供优越便利的住宿条件，关心外省员工生活，让其更快地适应环境，更好地为公司效力；对于对公司有突出贡献的外省员工，公司鼓励其在本市落户安家，并为购买住房的外省员工支付购房首付金，解决子女上学问题，让员工感到家的温暖。

公司工会以关心员工生活、为职工办好事办实事为己任，努力为员工排忧解难，做到既维护企业的整体利益，又维护了员工的具体利益。工会工作人员经常深入生产一线，认真了解员工的家庭生活、工作状况；员工

生病住院，工会及时到医院慰问，这增强了企业的凝聚力；工会为家庭困难的职工申请资金帮助，给予员工来自润泰家庭的温暖。

建章立制，找准"书香企业"建设的着力点。蚂蚁书吧是职工书屋的延伸，是公司文化发展的精神支柱，公司所有体系文化的开展都源于蚂蚁书吧的宝贵资源，利用这一精神财富发挥巨大的能量，助力于企业文化建设，为企业文化建设服务，在三个文化建设方面发挥不可估量的作用。目前书吧藏书9000余册，所有书籍均来自员工捐赠，书吧由董事长张世元命名，旨在为了培养员工爱学习的精神，像只勤劳的蚂蚁一样，做知识的搬运工。员工平时读到好的书籍，就会带到书吧进行分享，共同享受学习的乐趣，通过互动与分享，让企业成为学习延伸的阵地，为员工提供更多服务。推行全民阅读，为打造书香润泰、文化润泰助力。蚂蚁书吧的建设成为丰富职工业余文化生活、提升职业技能、提高综合素质、开阔视野、拓宽员工知识面的良好平台，为广大职工提供了学习和交流的机会、营造了浓厚的学习氛围，为创建学习型企业的重要阵地，奠定了坚实的文化基础。

常态运作，在阅读活动上找准"书香企业"建设切入点。以实施职工教育、提升队伍素质、建设书香企业为抓手，广泛开展"送书下基层""书香润泰，惠泽后学""读好一本书，练好一项技能"和撰写读书体会、征集读书感言等丰富多彩活动。公司成立读书俱乐部和文化学习小

润泰十年
从默默无闻到隐形冠军，一个小企业的成长轨迹

组，公司期刊《润泰新材》定期刊登员工佳作，促使员工在博览群书中拓宽视野、在相互交流中分享读书的快乐。

浓郁书香，培养了润泰员工爱读书、会读书、读好书、好读书的良好习惯。润泰员工将读书当作生活中密不可分的一部分，从"思想成长、身心成长、技能成长、自身成长"的各方面提升综合素质，为中国民营企业走向世界奉献智慧与力量。在企业文化的感召下，荣获"江苏省民营企业文化建设示范单位"、泰州市"三个文化"建设示范点等称号。

坚持"创新力"，大力弘扬工匠精神。润泰大力弘扬企业家爱国敬业、艰苦奋斗的精神。随着企业规模的扩大，企业间性价比竞争更加激烈。为此，润泰继承和弘扬遵纪守法艰苦奋斗的精神，从粗放式管理走向精益化运营，积极推行阿米巴经营管理模式，让利润"增肌"，费用"减脂"，营造人人参与成本管理，人人对经营结果负责的氛围，使投出去的每一分钱都能产生最大的回报，为用户负责、为团队负责、为股东负责、为企业负责、为社会负责。公司从各项制度、流程入手，把"工匠精神"作为追求的目标。用"匠心"和"创新"不懈地提升产品质量和营销服务，让工匠精神成为推进润泰发展的精神动力和力量源泉。

一方面与上级政府携手，着力产业发展、企业成长、产品创新指导思想的提升，另一方面在吸纳新精神、新思路的同时，植入资本市场的优越发展趋势，大力倡导与政府加强经贸联络，广泛参与各类经济合作交流，不断提升公司产品的品牌地位与知名度。

当今社会，信息化已是企业经营管理的常规手段。润泰牢固树立"发展现代产业体系，大力推进信息化与工业化融合"的战略思想，以信息化

带动工业化,以工业化促进信息化,成立了专门的项目小组并持续推进两化融合管理体系,不断提升企业两化融合管理体系的理论水平,加深企业对两化融合管理体系的认知,主动利用信息技术。通过对流程优化、组织优化、数据的开发和利用来促进企业由大到强的转变,以逐步适应未来工业4.0的生产模式,实现智能化和智慧化。

科技与E化的发展为企业文化建设提供了更为高效便捷的工具,给企业文化宣传教育等方面开辟了新的途径,为促进公司文化发展提供了强大的驱动力。

形象、旗帜与个性

润泰CIS:把自己设计成别人一看就知道的样子。

所谓成长,就是逼着一个人,跟跟跄跄地受伤,跌跌撞撞地坚强。痛苦才是成长该有的体验,做公司亦是如此,在经历了痛苦的蜕变后,张世元下定决心,一定要让这个年轻的企业快速成长起来,方法唯有加强管理。

看着身边陪伴自己一起创业的伙伴们,学历、技术、思想认知度参差不齐,该怎么凝聚大家的精神,用头脑工作?现在的公司就如同一个涉世之初的孩童,很多"本领"可以学,但是文化必须是前提,就好比一个孩子的成长过程中会学到很多东西,但是要先学识字一样,这也是润泰文化发展的真正溯源。

几次外出考察交流,很多企业谈及文化,什么是文化?什么是赋能?怎样打造文化?怎样做到赋能?企业发展也是拼命奋斗的过程。

总感觉对,又总感觉哪里不太对,总感觉有力,又总感觉哪里发不了力。所以做成一个管理体系一时成了张世元的第一短期目标。

提起公司推行CIS管理,不得不提到张志斌(已故),他是润泰第一任办公室主任,有着多年国企的管理经验。在朋友的推荐下,他结识了满心抱负的润泰创始人,经过交流沟通,他提出公司做强管理的第一步一定是要统一宣传、树立形象,这与张世元的想法一拍即合。一个高屋建瓴地

润泰十年
从默默无闻到隐形冠军，一个小企业的成长轨迹

决策，一个雷厉风行地执行，润泰首个形象设计体系就这样诞生了。

张志斌一人多次往返上海、扬州等地，通过对设计方案和理念反复了解和比对，最终确定了第一套为润泰量身定制的企业宣传体系。

企业形象是企业的门面，也是企业给社会和公众留下的第一印象。润泰CIS设计体系将企业文化与经营理念统一，利用整体表达体系传给内部和公众符合市场潮流和企业自身特色的企业文化形象；运用视觉设计技术，将企业的理念和特点进行视觉化、规范化和系统化梳理。在视觉识别系统、行为识别系统和理念识别系统三个板块中分为基本设计、关系应用、辅助应用三个部分。基本设计包括企业名称、品牌标志、标准字、标准色、企业造型、企业象征图案、企业宣传标语、口号等。关系应用包括办公器具、设备、招牌、标识牌、旗帜、建筑外观、橱窗、衣着制服、交通工具、包装用品、广告传播、展示、陈列等。辅助应用包括样本使用法、物样使用规格及其他附加使用等。着重阐述了公司理念、价值观、使命、愿景、精神、服务、品牌设计形象、制度流程、行为规范和宣传用语等系统框架，用于规范公司形象管理和对外宣传。

CIS形象系统落地，润泰有了自己的第一面司旗、第一枚商标、第一个统一的工作牌、第一张名片、第一套工装……CIS系统改良了公司LOGO，"RT"是"润泰"两个字拼音的首字母，一个新的市场意识、一个新的运营意识、一个新的服务意识都是新的文化。CIS形象识别系统落

地,张世元更加坚定了做强企业文化的信心。润泰的《CIS手册》是润泰规范管理、统一宣传的教科书,彰显出润泰品牌的形象。

● 制度文化

　　优秀的企业家都是擅长讲故事的,张世元就经常给员工讲故事。讲古今中外企业家的故事,激发员工的斗志,鼓舞人心;讲《孙子兵法》的故事,让员工明晰管理之道。他的故事深入浅出,浓缩了他的商业思想和管理哲学,成为给润泰人"赋能"的一种独特方式,也形成了他独特的领导魅力。

　　一次例会上,张世元讲了一个"粥的分配制度"的故事。

　　七个人住在一起,每天分一大桶粥,但是每天粥都不够分。一开始,他们抓阄决定谁来分粥,每天轮一个。于是,每周下来,他们只有一天是吃饱的,就是自己分粥的那一天。后来他们开始推选出一个口口声声道德高尚的人出来分粥。

　　大权独揽,没有制约,也就会产生腐败。大家开始挖空心思去讨好他,互相勾结,搞得整个小团体乌烟瘴气。后来大家开始组成三人的分粥委员会及四人的评选委员会,互相攻击扯皮下来,粥吃到嘴里全是凉的。

　　最后,他们想出来一个方法:轮流分粥,但分粥的人要等其他人都挑完后拿剩下的最后一碗。为了不让自己吃到最少的,每人都尽量分得平均,就算不平均,也只能认了。这样一来,大家变得快快乐乐,和和气气,日子越过越好。

　　"这就是制度的力量。"一个简短的故事,让大家深刻理解了制度文化的重要性。同样的人、不同的制度,可以产生不同的文化、氛围以及差距巨大的结果。

　　在企业中,企业制度文化是人与物、人与企业运营制度的结合部分,它既是人的意识与观念形态的反映,又是由一定物质的形式所构成。同时,企业制度文化的中介性,还表现在它是精神和物质的中介。制度文化既是适应物质文化的固定形式,又是塑造精神文化的主要机制和载体。正是由于制度文化的这种中介的固定、传递功能，它对企业文化的建设具有重要作用。

润泰是一家以"勤劳、尚德、学习"为核心价值观的公司，其确定的是以"勤劳、尚德、学习"为主题的文化。因此，润泰所有制度和政策都是以"勤劳、尚德、学习"来定位的。

润泰通过制度来引导员工的工作规范、行为方式、价值观念等，将润泰的思想和文化具体体现在企业制度和行为准则上，逐步完善对润泰企业文化形体的塑造，让润泰的精神文化和制度文化达到统一，从而培养整体良好的氛围。

张世元认为制度培养是润泰优秀企业文化形成的基础，也是润泰通向未来的重要阶梯。公司的文化传递不是来自某个人，而是来自整个制度。一个人的力量是有限的，但制度是没有边界的，通过完善的制度才能更好地使企业文化落地。

公司制度文化主要有《公司章程》、经营管理制度、部门规章、岗位操作规定、流程和授权、信息化办公管理制度。

● 文化软实力

文化是一个国家、一个民族的灵魂，更是一个企业的软实力。企业文化建设就是和谐企业的粘合剂、润滑剂，赋能企业的蓬勃发展。"文化软实力"是相对于"物质硬实力"而言的。所谓"物质硬实力"是指一切看得见、摸得着、可以量化的，表现为物质性和实体性的力量，例如企业高端的设备、宽裕规整的厂房和办公环境、先进的工艺技术、卓越的产品质量等。"文化软实力"则是指一切看不见、摸不着、难以计量，可以发挥柔性亲和作用的力量，例如文化的吸引力、语言的说服力、理想的感召力、精神的鼓舞力、智慧的创造力、道德的教化力、理论的指导力、舆论的引导力、艺术的感染征服力等。

十多年来，润泰始终把企业发展与文化建设相融合，积极探索富有润泰特色的文化建设之路，聚焦"三心"工作法，奏响产改最强音。以文化"软实力"助推企业"硬发展"。

初心引领，筑牢产改工作政治根基

坚持以正确的政治方向为产改把舵定航。一是强化党建引领。着力把党的建设融入现代企业管理制度，融入生产经营、人才培养和社会责任等各个方面。企业耗资 100 多万元打造润泰党员生活馆，融合建设高技能人才工作室和"蚂蚁书屋"，以阵地建设为企业党建和党员组织生活提供坚实保障。二是强化活动引领。定期组织开展"蚂蚁分享会"等主题活动，以演讲、竞赛、学习等多种形式，助推习近平新时代中国特色社会主义思想和习近平总书记关于产业工人的重要论述入脑入心入行，自觉用党的创新理论丰富自身的理论素养，提升思想政治水平。三是强化过程引领。优先把高技能人才、技术能手、优秀职工吸引到党组织中来，每年从各个车间、班组和条线中发展 3~5 名职工入党。坚持用"红色文化"教育培训职工，引导职工心怀感恩，不断深化爱党、爱企、爱家的思想觉悟和行为自觉，通过各种活动，有效推动工人队伍信仰体系建设，筑牢产改工作政治根基。

润泰十年
从默默无闻到隐形冠军，一个小企业的成长轨迹

匠心传承，促进产业工人技能提升

为不断增强产业工人队伍的先进性，提升产业工人的整体素质，润泰实施职工赋能成长"三大工程"。一是实施教育提升工程。创立"润泰大讲堂"，张世元被聘为江苏工商联讲师团成员之一。组建以科研院所、技能大师、劳模工匠和优秀职工为主要成员的讲师团，围绕时政热点、职业礼仪、业务技能、职业规划等内容，每周举办一次大讲堂，全年参与职工达 800 余人次；激励职工在职学历提升，企业每年组织集中报名、自学拿证，对在职取得大专、本科和研究生的职工给予不同的学历提升奖励，平均每年拿出奖励资金八十万余元。二是实施技能提升工程。每年根据企业发展需要和职工岗位实际，组织开展化学分析工（检验员）、安全知识、办公软件应用等职业技能竞赛。目前，2 人获得泰州市"劳动模范"，2 人获得泰州市"五一劳动奖章"，1 人获得"泰州工匠"，1 人获得泰州市"五一创新能手"，2 人获得泰兴市"金牌工人"。组织职工技能等级提升，每年 8~10 名职工获得中、高级工技能等级，以赛促学的良好氛围不断浓厚。三是实施帮带提升工程。通过"名师带徒""揭榜挂帅""五小"等活动载体，发挥高技能人才示范带头作用，每年结对师徒 10 余对，解决技术难题 20 余个。

宋文国，现任润泰运营总监，共产党员，曾获得"泰州工匠""泰州市五一劳动奖章"等荣誉称号。殊不知，他曾是一名在一线做维保作业的电焊工，作为润泰的第一代建设者，非科班出身的他虚心请教、刻苦钻研，从最基础的知识学起，借助大量的书籍和资料，很快掌握了设备特性和工艺参数，在原有的安装工艺上提出了新颖的想法，在公司领导的支持下，他组建团队对公司生产工艺的优化调整进行了大胆实践。通过不断摸索、改装，他们团队不仅改进了设备的利用效率，还由此总结出了一套完整的技术应用体系，极大地提高了生产力，在给公司每年带来百万元的经济效益的同时，也为环保尽了一份绵薄之力。润泰破除一线人员晋升壁垒，让每位产业工人都能找到适合自己的发展路径，在产业工人的黄金时

代，他凭借自身的努力，由"工"变"匠"，从一名电焊工成长为公司核心管理人员，为产业工人赋予重任，也赋予无上荣光。

2020年，公司开展"匠心传承——名师带高徒"活动。刚加入公司不久的宋信被分配到宋文国团队工作，刚刚进入化工行业的他显得格外迷茫。在宋总监的悉心安排和鼓励之下，他慢慢适应了化工行业的工作环境，并熟悉掌握了安全生产的工作制度。

很快，他成为师傅宋文国的得力助手。在宋文国的耐心指导下，宋信个人能力得到了提升。从简单的设备管道安装维护作业开始，他跟着宋总监在一线对公司的设备进行熟悉，按照公司的要求对设备进行有序维护和改进。期间，宋文国认真、细心讲解公司的设备性能和工艺流程，然后手把手传授如何合理安装设备以及设备正常维修技能。

师傅用心教，徒弟努力学，对于宋信这样一个刚刚进入化工行业的小白来说，对师傅宋文国的崇拜油然而生。平日的工作中，他时时刻刻以师傅宋文国为榜样，兢兢业业，主动学习，并在宋文国的鼓励下大胆尝试新的工作技能，取得了相关的技能证书。宋信严谨的工作作风和工作态度受到了公司领导和同事的肯定和一致好评，曾多次被评为公司的"优秀员工"。

润泰十年
从默默无闻到隐形冠军，一个小企业的成长轨迹

同时，师傅宋文国谦和的为人也潜移默化地感染着这个积极进步的徒弟。师徒二人默契合作，在平凡的岗位上不断挖掘闪光点，成为大家学习的榜样，师徒二人也获得了"泰州市师带徒优秀个人"称号。

"学然后知不足，教然后知困"，通过"师带徒"活动的开展，达到师徒相互学习、共同进步的目的，实现了一加一大于二的效果。

贴心服务，提升产业工人幸福指数

公司制定了《幸福润泰实施计划》，从职业发展、薪资提升、福利待遇、奖励激励、荣誉晋升、人文关怀、工作环境、业余生活等各方面为职工"定制幸福"。一是维护职工幸福权益。坚持以人为本，持续改善职工的工作环境、生活条件和身心健康，设立职工之家、职工书屋、职工理发室、洗衣房和中医养生保健室；每年组织一次职工健康体检；免费为职工定制工作服，提供免费工作餐，职工幸福感不断提升。二是维护职工民主权益。实施"能级工资"体系，制定奖励激励政策，设立优秀员工、先进集体（班组）、功勋标兵、优秀党员、董事长特别奖（提名奖）等奖项，每年评定并给予奖励达150万元；对职工取得专业技术资格证书（职称）、国家职业资格证书的员工，根据等级高低发放激励津贴，对代表公司参加政府主管部门组织的各项职业技能大赛、劳动竞赛取得名次的员工，给予一次性奖励，职工获得感不断提升。三是维护职工安康权益。每年开展"安全隐患随手拍"、"安康杯"竞赛、"安全达人"评选、消防应急演练等形式多样的活动，职工参与率保持在98%以上。通过不断强化安全意识，提高防护水平，职工安全感不断提升。

润泰将继续坚持以初心引领、匠心传承、贴心服务的"三心"工作法，持续推动产业工人队伍建设改革落地落实，深耕产业工人队伍培育"试验田"，打造一支"拉得出、打得响、过得硬"的产业工人队伍，为企业高质量发展提供不竭动力和源泉。

文化软实力建设事关企业发展、民族品牌自信，润泰不断提升文化软实力丰富企业文化的生机活力，以企业文化为引领，朝着百年企业奋勇前进，书写新的荣光。

● 润泰文化作用

企业文化是一种力量，是凝聚力、是导向力，也是约束力。企业文化就像黏合剂一样，使在困境中人心涣散的企业能够振奋起精神，共渡难关；使顺境中蒸蒸日上的企业能够戒骄戒躁，做大做强。浓厚的企业文化气息不仅能端正员工对本职工作的态度，而且还能提高职工对企业的忠诚度。企业文化的另一种力量就在于，它能够将各种不同类别的人才整合为一个整体，将珍珠串联成项链。没有企业文化，企业就如同一盘散沙，让职工失去归属感，丧失前进的动力，从而失去增强职工凝聚力的重要阵地。

润泰将浅层、中层和深层文化建立和健全起来，充分发挥文化在企业发展中的引领创效作用。

润泰文化具有导向作用。公司有了明确的企业文化，就能够对企业整体和每一个成员的价值取向以及行为取向起引导作用，使得每一个企业成员的言行和思想都能够符合公司所确定的标准。

润泰文化具有约束作用。优秀的企业文化不但有很好的导向功能，还有非常明显的约束功能。这种约束不是靠文字，不是靠管卡压，不是靠处罚，优秀管理文化的约束功能是对每一个员工的思想、心理和行为具有约束和规范作用。这种文化的约束是软约束，软约束会影响整个企业的文化氛围及群体行为准则和道德规范。

润泰文化具有凝聚作用。当一种价值观被企业员工认同后就会成为一种黏合剂，从各方面把企业成员凝聚和团结起来，这是企业文化形成的一种强大力量。企业所有成员由此产生一种认同感，一方面为企业作贡献，另一方面在展现自我价值，从而产生巨大的向心力和凝聚力，这是企业文化能给企业带来的一种强大力量。

润泰文化具有激励作用。企业文化一旦建立起来后，它可起到强大的激励作用，激励员工奋发向上。一个优秀的企业文化具有使企业团队成员从内心深处产生高昂工作情绪和发奋进取精神的效应。对人的激励不是靠外在推动，比如拿奖金去激励，主要靠内在牵引，内在牵引力比外在推动力强大得多。通过企业文化塑造，使员工从内心深处愿意为企业拼搏奉献。

润泰文化具有辐射作用。所谓辐射功能，指的是企业文化一旦形成较固定的模式时，它不仅在企业内部发挥作用，对本企业员工产生影响，且还会通过各种渠道对整个社会产生深远影响，这种辐射功能非常强大。

润泰文化具有差异化作用。企业制胜的根本在于创造差异化，只有深度差异化才能成为真正打动顾客欲望、阻击竞争对手的战略利器，文化正是企业深度差异化的根脉。独具特色的企业文化塑造了润泰非凡魅力和旺盛的生命力。

● 润泰文化落地

企业文化落地的基本逻辑简单来说就是知、信、行、优。知，即知晓、认知，是基础；信，即相信、信念，是动力；行，即践行，是目标；

优，即优化，是发展。建设企业文化要从理念认知、制度规范、行为塑造三方面开展。企业文化的落地离不开不断地宣贯，大会小会不断地将口号予以贯彻落实，并通过全方位的展示，让全员了解公司要做什么、要去往哪里，达到管理者精通、员工熟悉、客户及相关利益者知晓的程度。企业文化传播的核心环节是将企业理念变成企业中所有员工都知道并理解的理念。一般通过内部传播、外部传播、物质文化传播、精神文化传播等方式，将企业文化传播给员工、顾客、政府、股东、供应商、合作伙伴及其他相关方。企业文化除了不断宣贯，还需要关注如何执行，其执行的核心点落脚于各级管理者的关注与示范、制度的修订与完善、氛围的营造与强化。"一年企业靠产品，十年企业靠品牌，百年企业靠文化。"塑造到落地，企业文化的建设是一个由内而外的过程，它是组织能力提升的核心抓手，能增强企业员工的向心力、凝聚力和创造力，推动公司持续健康地发展，为客户、员工和社会创造更多的价值。

千锤百炼而成的文化软实力是润泰真正的核心竞争力。构建了行为文化、物质文化、精神文化三层级企业文化体系，着力打造温馨和谐的"润泰家文化"。用看得到、摸得着的"硬文化"结合道德意识、价值观发展的"软文化"，能够提升群体意识、职工素养，培育优良传统。

通过新员工入职培训、各类专题培训，使员工深入理解企业文化内涵；在公司的绩效指标中体现核心理念的要求，通过绩效导向落实公司核心理念，将核心理念落实到具体的制度、各项业务、管理和服务标准、程序和规范，让核心价值观逐渐成为全员提升自我修养的自觉行为；以三观与公司文化保持一致作为提拔任用干部的基本标准，通过周例会、月度经管会、日常会议沟通交流，从而了解员工的意见和建议，确定并实施调整和改进；通过员工满意度调查、顾客满意测评以及与相关方座谈、拜访，了解员工、顾客和其他相关方的反馈，对文化进行改进和创新。

以润泰志愿者服务队开展服务社会的志愿活动，推行志愿文化；平均每月开展一次文化活动，如元旦迎新运动会、年度总结表彰大会、润泰春晚、厂庆活动、新春茶话会、读书月活动、安全月活动等，以团建、竞赛等文体活动增强公司员工的凝聚力和归属感，营造家文化氛围。通过三册(《员工手册》《安全文化手册》《CIS手册》)、三号(公众号、视频号、抖音号)、两刊(《润泰新材》半年刊、《润泽未来》文化读本)、二活动(文化月活动和安全月活动)、一歌(《润泰之歌》)和党建带群建机制进行企业文化的宣贯、践行。

公司领导率先垂范、以身作则,以实际行动践行企业文化,将确定的价值观和发展目标在全体员工会议上进行宣传和解读,为企业目标一致、形成合力打下了良好的基础。通过战略目标、绩效管理、过程策划及流程优化的有效推进,确保使命、愿景、核心价值观的贯彻和长短期发展方向、目标得到落实。

企业的发展问题,归根到底都是人的问题。一个企业能不能走得远、走得久,关键要靠优秀的企业文化来统一思想,凝聚力量。企业文化是企业生存、竞争、发展的灵魂,良好的文化能够培育和创造良好和谐的企业氛围,而和谐的企业氛围又是队伍稳定和思想统一的基础。思想统一了,团队的活力和凝聚力必将是无穷的。

第五篇

"将"——团队人才

《孙子兵法》认为成功的要素是"道、天、地、将、法"。将，指将领足智多谋，赏罚有信，对部下真心关爱，勇敢果断，军纪严明。企业之"将"泛指企业团队建设和人才培养。

润泰十年
从默默无闻到隐形冠军,一个小企业的成长轨迹

将者,智、信、仁、勇、严也。进不求名,退不避罪,唯民是保,而利于主,国之宝也。

——孙武

集结具有非凡能力的才智之士是润泰的第一财富。

——张世元

人才,自古以来都是稀缺的资源,进入21世纪,人才更是最强大的生产力。

《资治通鉴》把人分成四种:第一种是圣人,品德才能都达到了很高的层次;第二种是君子,品德好,且有才能,相较之下,德大于才;第三种是愚人,无德又无才;第四种是小人,有一定才能甚至有较高才能,但是品德很差,才大于德。

张世元认为,企业家一定要有开阔的视野,善于识人,大胆用人,不拘一格用人才,也不拘小节选人才。

在润泰,你会发现员工来自各种渠道,有的是通过亲戚介绍进来的,有的是朋友推荐而来,有的是离开了又被"请"回来的,有的是通过网络招聘进来的,还有的是机缘巧合进来的……

润泰广纳贤才,对于优秀人才不设限,不设门槛,是真正的人才"大熔炉"。一百多名员工来自十多个省市和地区,有着不同的背景和个性。他们学历不同,从高中毕业生到博士;他们的性格不一,有偏执的技术狂人,有追求完美的客服代表,有沉默寡言的基层员工,有性格开朗的销售精英,有脾气古怪的科研专家……人才与文化相融、与岗位相融、与制度相融,润泰奏响了和谐的"人才发展"交融曲。

01　创业元老：润泰最宝贵的财富

近年来，一些企业裁掉老员工的新闻见诸报端。壮士断腕的背后，是企业家的铁血"无情"，是因循守旧企业"老人"的退场，也是市场的严酷和无奈。

而张世元却认为，创业元老为公司成长立下了汗马功劳，是企业的宝贵财富。形势变化了，企业成长了，有些人不适应在所难免，公司有责任帮助他们改变提升，对他们应"善用""再塑"，帮助创业元老们"与公司一道成长"。

如何善用？企业要学习先进的管理模式，制定出一套符合公司的管理体系和流程，制定公司的战略目标、远景规划、企业理念等，让有能力的同志施展舞台，发挥长处。

如何再塑？通过组织规模不等、层次多样的培训，包括从外部聘请资深的专家"走进来"交流经验，搭建公司内部组织的员工交流平台，促进创业元老与新员工交流互助。同时，积极"走出去"学习，去世界范围的优秀企业学习、出国游学等。在工作之余，开展多种多样的文体活动，让员工"快乐工作、快乐生活"，扎根在"润泰大家庭"。

我们看看，润泰的创业元老们是如何成长的？

润泰十年

从默默无闻到隐形冠军，一个小企业的成长轨迹

● 崔茜：能文能武的"女汉子"

2007年春，崔茜第一次坐上火车，离开故乡黑龙江省齐齐哈尔市。崔茜的爱人在齐齐哈尔大学的校办工厂工作。作为技术骨干，他于2005年来到了江苏省姜堰市，参与了泰州齐大项目的建设。崔茜这次是跟丈夫一起南下。

为此，崔茜付出了不小的代价。她辞去了收入稳定的工作，并撇下刚满七个月嗷嗷待哺的女儿。

鱼和熊掌不可兼得，这就是生活的无奈。到了工厂，崔茜发现丈夫的住所十分糟糕。两张窄小的单人木板床拼成双人床，墙角一张自制方桌、一个小板凳，便是全部家当。南方冬天室内没有暖气，北方人很不习惯。半夜，她被冻醒了，随手一摸，枕头上竟然爬着一只蜈蚣！更可怕的是，房脊上老鼠吱吱乱叫。望着酣睡中的丈夫，崔茜压抑着恐惧……

刚起步的齐大效益不是很好，工人经常做半天歇半天。崔茜属于随迁家属，又没有化工专业特长，被安置到食堂帮厨。这着实打击到了她，与她的想象有不小的距离。早上，她很早起床，骑着自行车去菜场买菜，一

回来便忙着准备。忙碌的生活倒也充实，唯一让她痛苦的是看不到孩子，夜里她抱着孩子的相册入睡，醒来后发现枕头被泪水打湿了一片。从那时候起，她就养成了写随笔的习惯。写作是她的特长，什么都写，片刻的感触、深切的思念、难忘的回忆……从笔尖流泻而出，成了精短的诗歌、优美的文字。

后来，齐大工厂扩大了生产规模，崔茜进入了基层的包装车间，主要是成品的包装和装卸。起初的工厂设施简单，计量和装卸货全部要靠员工自己。崔茜从来不把自己当成女人，装卸货时也舍得力气，灌装速度快于常人。随着业务越来越多，工厂很快给她涨了工资。每当给家乡的父母汇钱时，她都倍感欣慰。那年春节，因厂里设备改造，她和爱人没能回乡与家人团聚。转年春天，母亲带着孩子来探亲，看到女儿轻松抱起胖嘟嘟的外孙女，25公斤的料桶轻轻地一拎就起来，女儿娇嫩白皙的双手变得粗糙有力，母亲心疼地哭了。她理解女儿放弃在老家体面的工作、放弃被父母当掌上明珠的宠溺生活、放弃漂亮的裙子和爱打扮的习惯，就是为了跳出生活的圈子，奋斗出一个新世界。所以，作为母亲的她给了女儿莫大的支持和鼓励。

崔茜有感而发，写下了一首小诗，但是不敢给母亲看，怕她哭得更凶。

最早叫崔茜"女汉子"的是张世元。那时，张世元还是齐大的总经理时期，经常深入一线。有次看到崔茜认真地工作，脸上全是汗也不擦一下，那忘我投入的劲头让人感动。他欣赏地说："小崔，你是女中豪杰！我要给你竖大拇指！"

崔茜发出一阵爽朗的笑声，说道："张总，我不是女中豪杰，我是女汉子！"

2010年初春，润泰化学有限公司隆重奠基，基建破土动工。长满野草的荒蛮之地一天一变样。这时，张世元找到了在齐大工作的崔茜夫妇，真诚地邀请他们加入润泰。想都没想，他们就答应了下来，他们坚信，跟着张总一定会好。

同年7月，崔茜正式加入润泰，开启了新的职业生涯。由于生产刚刚启动，边调试边生产。公司员工少，管理人员包含张世元在内仅有七个人，生产工人也只有十多个人。崔茜身兼多职，既要做销售内勤，又要兼采购、仓管和行政。虽然组织架构还不够完善，但是每个人都在各尽所能，默默奉献力量。

在崔茜的印象中，张世元是一个既能挂帅出征，又能亲临一线的好领导。他没有端架子，摆姿态，跟着车间一起排桶、装货，经常带头干活，一干就是通宵。下了班后，跟他们一起聊聊家长里短，那段日子虽然艰苦，但苦中有乐。

更让崔茜惊喜的是公司日新月异的变化。张世元善于学习先进企业的优秀管理模式，并学以致用，制定出一套符合公司的管理体系和流程，公司向着正规化迈进：各种行业内的学术交流，国内、国际涂料展会以及会议的冠名、承办、协办，在央视财经频道循环播放广告，策划大型的经销商活动……这一切举措，让"润泰化学"这个响亮的名字在涂料行业日渐崛起。

可是好景不长，2012年，齐大涂料质量事故爆发。基于对创业公司的不舍，张世元毅然背负起全部的责任。从6月—10月，张世元与总工於宁一直在奔波，处理施工现场出现的问题，协商赔偿事宜。

一荣俱荣，一损俱损。崔茜希望公司能渡过难关，她和宋文娟留守公司，搭档处理棘手的客户投诉和补偿发货。回首那段日子，似乎没了昼夜：随时会响起的电话铃声，各种责难、催促、发火，甚至是咒骂……她知道客户内心焦急万分，理解他们出言不逊。她和宋文娟两人每日详细地做好投诉记录，一边安抚客户情绪，一遍遍解释公司的告知和赔款方案；另一边，协调好生产、仓库和物流，尽快将符合要求的优质产品发到客户那里。

崔茜只有一个念头：尽快让公司渡过难关！

宋文娟的喉咙哑了，每日离不润喉含片，说不出话来；崔茜因压力过大生病了，但依旧坚守岗位。慢慢地，在诚恳的态度和积极应对下，客户放下了抱怨，主动配合赔偿方案的执行。公司不仅没有丢掉一个客户，反而收获了业界良好的口碑。

她和宋文娟一时间被公司上下誉为"黄金搭档"！

随着润泰的不断发展壮大，客服队伍也在逐渐完善。崔茜成了客服主管。在公司的指导下，她一步步带领客服团队，完善工作流程，明确岗位职责，同时她的工作也向业务口延伸，负责公司经销商的维护和业务对接。

2015年，公司新三板挂牌，多数员工成为公司的股东，崔茜也幸福地位列其中。想想这十年，从"一无所有"到在工作所在地买了房、买了车、小孩能够顺利地在当地重点学校读书，这一切都归功于润泰的发展。

2017年，因工作需要，崔茜被调入公司的行政部门，负责行政中心的管理兼办公室的工作。对从未接触此类工作的崔茜来说，这无疑又是一次新的尝试。她喜欢学习新事物，从点及面，边学习边工作，重点负责公司宣传和企业文化的落地实施。现如今，她已经从一名一线普通的包装工成长为公司的管理人员，多项荣誉也接踵而至，她还获得了"泰州市五一劳动奖章"。

崔茜喜欢阅读、写诗、写文章，文风细腻，笔触直抵人心，她发表的文章常常被报社等新闻媒体刊载。在《润泰新材》的企业内刊上，人们领略到了她深厚的文化功底。崔茜常常自豪地说："我很骄傲，因为润泰是我的家！"

● 颜应秋：我的会计成长之路（自述）

润泰十年
从默默无闻到隐形冠军，一个小企业的成长轨迹

自 2011 年进入润泰起，我从公司的一名出纳员成长为公司的总账会计，到现在的财务部主管，这一路走来，会计这个职业与我相知相伴，风雨同行。旅途中，有拼搏的汗水，有失败的泪水，也有成功的喜悦，既欣赏了沿途的风景，也品尝了甜美的果实。

职场上"惊险的一跳"

我大学选择的是食品工程专业，大学毕业后顺理成章地应聘到泰州姜堰的一家医药企业做质检，当时的我怎么也不会想到日后会与会计工作结下不解之缘。对于财务工作，我从一开始就对其充满了好奇与期待，我喜欢跟数字打交道，董事长给了我接触财务的机会，我毫不犹豫地做了决定，做自己喜欢做的事，总归能事半功倍的。2011 年恰逢润泰招聘人才，机缘巧合之下，我便接触了会计工作。作为一名财务"小白"，工作伊始，心中难免忐忑不安，毕竟自己不是财务专业出身，之前的工作与出纳岗位也根本无法联系起来，对于财务知识掌握更是接近一张白纸。但我没有气馁，当时有部门资深前辈的耐心引导，加上董事长的鼓舞，我从基础开始学，开始做，越做越顺手，越做越有信心，在不断学习、自我提升的过程中，对会计行业有了更深入的理解。于是我信心百倍，工作中除了诚心向领导请教学习外，我更是夜以继日地从会计学原理、会计与经济法等学起，有了领导的悉心指导加上自身的勤奋，我很快便胜任了出纳岗位，也在最短的时间内顺利拿到了会计上岗证。

热爱岗位，学无止境

出于对会计工作的热爱，也为了让自己能有更好的发展，2013 年我开始了会计考证，用以考促学的方式提升自己的业务水平，2014 年我轻松通过考试拿到了会计初级职称证书。2015 年公司筹备新三板挂牌前那段时间，各种财务数据、报表要提供，这使我突然感觉自己的业务能力非常局限，内心里中级职称的备考计划已然提上日程，然而对于一个上有老下有

小的"80"后而言,时间和精力总感觉不够用。上班时极其忙碌,基本没法看书,下班回到家后总会被各种琐事牵绊,真正无人打扰的时间只有晚上了。领导的鼓励、家人的支持给了我莫大动力。为了能提高复习效率,下班后我留在办公室复习,多少个夜晚,空旷无人的办公室里都留下了我复习的身影,仿佛又回到了上晚自习的学生时代。通过精心复习,我把教材都了然于胸,对网校所有课程都全部学习完毕,对练习册题目都逐一掌握。功夫不负有心人,我在2018年顺利拿到了中级职称证书。学海无涯,中级职称并不是学习的终点,注册会计师是我今后的奋斗目标。

职场进阶之路

几年的会计考证学习,磨炼了我的意志,提高了我的理论水平,同时,我注重学以致用、用以促学、学用相长,我先后把出纳、报表、分析、预算、营收、税务、成本费用、资产岗位都做过一遍,对单位财务工作了如指掌。随后,经过一段时间的考察,我晋升为公司的财务主管,工作上了一个台阶。

前进的路没有尽头

十年润泰,成绩斐然,曾经名不见经传的小企业已发展成为国内市场占有率领先的民族标杆企业。作为一名财务工作者,我也从懵懵懂懂到业务精通,从润泰的一名小会计到财务部主管,这是我这十余年与财务工作"相识相知"的故事,有收获,有遗憾,有欢颜,也有泪水。一路与润泰携手走来,我可以肯定地告诉十年前的自己,是金子到哪里都会发光,你的选择没错,你也没有辜负对会计工作的这份热爱。

润泰十年

从默默无闻到隐形冠军，一个小企业的成长轨迹

● 张云峰：润泰员工的贴心人（自述）

2012年1月28日，我怀着无比兴奋的心情来到润泰报到上班，开启了我人生第二次工作历程。我刚刚从教育战线退休，应董事长邀请又有了一份理想的工作，实现再就业，心里甭说有多高兴了。

从行政主管到工会主席，干一行，爱一行，精一行

公司创办伊始，行政部门缺少领头人，董事长让我担任行政部负责人，我愉快地接受了这份工作并努力好好干。这一年里，我主持制定了公司《员工手册》，协助各部门制定规章制度，初步实现了制度管人、流程做事。开启企业文化建设工作，邀请专业人士为公司做CIS策划，初步拟定"润泰使命""润泰愿景""润泰经营宗旨""润泰核心价值观"等公司文化理念，设计厂歌《润泰之歌》、司旗，并进行公司文化环境布置，出

版第一期厂刊《润泰新材》。企业文化建设成了润泰化学一道亮丽的风景线。生产区域及办公区域的环境整治、绿化维护、基建跟踪监管等工作一一跟进。在公司全体员工的共同努力下，一个环境优美、文化气息浓厚、工作秩序井然的现代企业在姜堰经济开发区独树一帜。

2013年1月，公司成立工会，职工代表大会选举我为工会主席，我深感责任重大，既要当好职工的总代表，维护职工的利益，又要考虑公司的方方面面，当好职工和公司领导沟通的桥梁。我不辜负领导和员工对我的信任，坚持在干中学、学中干，努力掌握服务本领。担任工会主席以来，我始终把为职工服务、为公司服务作为工作的宗旨，在上级工会的领导下，在全体职工的大力支持与配合下，紧紧围绕公司发展目标，开拓进取，积极推进企业民主管理与职工维权服务，推进职工素质提升工程，推进企业文化建设，助推公司高质量发展，增强企业凝聚力和战斗力。可能工会工作与我有缘，我一干就是八年，连任三届工会主席，我得感谢领导和员工对我的信任和支持。

在大家的共同努力下，公司工会工作搞得有声有色，成了泰州市和姜堰区的先进工会组织，并收获了许多荣誉与社会赞誉。主要荣誉有：江苏省总工会"书香企业建设示范点""江苏省厂务公开民主管理先进单位"；泰州市总工会"泰州市三个文化建设示范点""泰州市企业文化建设示范单位""泰州市模范职工之家""泰州市和谐劳动关系企业"；公司董事长张世元同志获泰州市"劳动模范"称号；宋文国同志被评为"泰州市工匠"，同时获"泰州市五一劳动奖章"；我本人被评为"泰州市优秀工会工作者"和"泰州市集体协商优秀谈判员"；崔茜同志在职工素质提升工程中成效显著，被评为泰州市"知识型职工"和"泰州市三个文化建设先进个人"；张海飞同志在"我为节能减排献一计"合理化建议活动中，为公司节能减排献计献策，积极撰写合理化建议，获得泰州市总工会、泰州市经信委、泰州市生态环境局优秀合理化建议。在企业书香文化建设中，工会职工书屋建设得到了姜堰区总工会的关注，总工会宣教科和电视台来我公司专题采访，并在电视台工会之窗栏目中对我公司书香企业建设进行了专题报道，《泰州日报》也进行了专题报道。

工会工作的开展

按照上级工会组织的工作要求和公司实际，我将提高服务质量、建设合格"职工之家"和当好"工会娘家人"作为工会工作的中心和立足点，重点从以下几个方面开展工作。

维护职工合法权益，建设民主之家

维护职工合法权益是工会义不容辞的职责，工会利用服务中心平台经常与公司领导、职工沟通，发挥桥梁作用，减少矛盾和纠纷，把苗头性问题解决在萌芽状态。工会每年召开两次职工大会，报告工会工作，报告公司重大决策、年度工作目标、经营状况，讨论修改《员工手册》，工资集体协商等。工会每年都要对全体员工进行一次问卷调研，调查员工对岗位、工资、生活的满意度，了解职工对公司发展的合理化建议，充分体现了公司的民主意识。为进一步规范劳动监督检查工作，工会成立了以工会主席为主任的工会劳动保护监督检查委员会，参与公司督查劳动安全和劳动保护工作。公司与职工利益相关的劳动合同100%签订，职工工资按时足额发放，且逐年按20%上升，工人加班工资月月清，劳动保护用品、职工福利及时到位，一线职工每月300元安全奖当月考核发放。职工合理化建议已成为公司的常态化工作，公司设立"总经理信箱"，职工有好的建议，工会及时跟踪落实到位，年终对质量较高的合理化建议给予奖励。领导的重视、全体会员的努力，营造了公司和谐、安全的氛围，调动了全员参与公司管理的积极性。

抓好职工素质提升工程，建设学习之家

提高职工素质，对于公司的发展有着举足轻重的作用，工会职工服务中心和公司行政中心联手共抓，从多方面为员工搭建提升素质服务的平台。2016年，我们与姜堰区委党校联办大专、本科学历提升班，经报名和入学考试，公司有47名职工参加了大专和本科学历提升班，经过两年的学习，他们已经全部完成学习任务，经考试成绩合格，拿到毕业证书。内涵发展是提升职工素质的重要渠道，工会每年协同公司内部、外部培训近40项，受培人员达800多人次。走出去、请进来是公司实施培训的又一创新模式。公司组织部分高层领导和技术人员出国考察学习，组织中层以上领导以及部分职工到知名企业参观学习，取人之长，补己之短，组织职工开展"爱岗敬业、创六好员工""工人先锋岗""党员示范岗""安康杯""创六型班组"等竞赛活动，调动激发员工的积极性、创造性，引领员工提升素质，推进企业文化建设。

开展文体活动，建设文化之家

为活跃职工文化生活，工会大力营造文化环境，加强"四室一中心"建设（党员活动室、劳模创新工作室、工会活动室、职工书屋、文体活动中心），"四室一中心"成为公司文化的传播点、职工素质提升的教育点，成为润泰文化建设和工会工作的一道亮丽的风景线。

工会以职工书屋为阵地，引领职工多读书，读好书，每年组织职工撰写读书心得体会征文竞赛和读书报告会，把职工的兴趣引导到学习中来，建设学习型企业。为进一步繁荣企业文化，邀请泰州市诗人协会来我公司采风，公司诗歌爱好者一同参加学习、交流。诗人们通过实地参观、听介绍、交流学习等方式，对我公司企业文化建设给予了高度评价。活动中，诗人们兴致勃勃，即席吟诗，留下了一百多首清新亮丽的诗篇，为公司文化建设增添了一道亮丽的风景线。《润泰新材》《钟声余韵》《欧洲之旅》等公司内刊无不彰显公司文化特色。"迎新春"文艺晚会一年一特色，乒乓球比赛扩大到社会层面，起到了体育竞赛和宣传公司的双赢效果。桥牌比赛、掼蛋比赛、桌球比赛、拔河比赛、书法字画摄影比赛等各项文体活动的开展使润泰企业文化建设锦上添花。

关心员工生活，建设温暖之家

关心员工生活，努力办好职工食堂，每天为职工无偿提供工作餐，饭菜清洁卫生，荤素搭配，厨师掌勺。公司投资500多万元新建职工餐厅和公寓式职工宿舍。在公司内部新加理发室，聘请专业理发师定期每周二到公司为职工理发，让员工足不出户就能解决从"头"开始的生活服务。员工生日送上价值100元的生日蛋糕或鲜花。三八妇女节、中秋节、春节发放福利礼品。夏季高温季节，工会开展为一线职工送清凉活动。每天为一线工人送清凉饮料、矿泉水，发放毛巾、肥皂、驱蚊剂等日用品，并按规定发放防暑降温费。员工生病住院，工会携带慰问品组织探望，如有员工亲人逝世，工会及时赶往吊唁安慰。困难职工的申报、扶贫救济工作、工会在第一时间予以完成。工会协同公司每年为全体职工体检和预防职业病培训，保证员工以健康的体质参加劳动。

多年来的工会工作之所以能够得心应手，主要是因为董事长张世元对工会工作的重视，对员工的关心和爱护。八年来的工会工作，让我有更多的机会接触员工，不断加深了我对员工的感情。在公司"家文化"的熏陶下，润泰家人们在润泰这个大家庭中和谐相处，努力工作，让我看到了润泰的未来和希望，更增添了我工作的热情。我将以满腔热情进一步做好工会工作，建设员工满意的"职工之家"，当好员工的"娘家人"。

● 侯刚：与润泰共同成长的日子（自述）

初见。 我与张董相见于2008年。当年我只有26岁，还在前任公司工作，公司的产品为齐大的原料。张世元就职于齐大公司，是我的客户。第一次拜访，让我认识了这个帅帅的、脾气有点大的老总。由于自己还是新手，难以独立完成此项工作，特地请了自己的师傅——杨华共同来参与开发维护，也与师傅一起结识了年轻的张世元。从此，张董的魅力在我们心中播下了种子。

缘起。2010年，张董创立了自己的公司：江苏润泰化学有限公司，我师傅杨华任第一任总经理。我自己也于次年3月份满怀希望地来到了润泰，并开启了我这一段不平常的旅程。

创业。2011年，公司起初以生产邻苯二甲酸二甲酯（DMP）为主要产品，自第一釜料于当年7月份走下产线，至2012年年底，约一年的时间，我完成了阿克苏等几个大型公司的开发，并成功与他们建立了战略合作关系。

学习。2015年，为了满足公司产品开发的需要，我坚决服从公司领导的安排，毅然离开熟悉的DMP的销售岗位，工作重心转到成膜助剂的销售上，并不断地努力学习相关涂料知识，迅速成长。先是服务公司长江以南现有的经销商客户，并得到了广大客户的认可，2016年，又转战至大客户的开发，并辅助公司开发了三棵树、STO、KCC等大客户。

成长。2018年，公司新厂区（泰兴）开始生产，各个产品的产能都得到了释放。根据公司的战略布局，我再次回到DMP及其他增塑剂的销售岗位上，义无反顾地重新捡起了该领域的销售工作，业绩稳步攀升。

蜕变。2020年，虽然疫情严重，但是我仍立足于公司的生产平台，大力推广公司产品RTC®-16在非涂料领域的应用，并完成了广东、浙江两地的大体布局，打开了RTC®-16在增塑剂领域销售的新局面。

助力。在当时的涂料市场上，立邦公司是市场领导者，它的产品在消费者中有着很高的知名度和口碑。而它的涂料中恰好用到润泰的产品作为原材料。将立邦变成我们的客户，与立邦这样的品牌合作有助于提高公司的市场影响力和品牌认可度。然而如何打开立邦的市场一度让我犯了难，于是我向董事长求助，董事长采取一种非常有魄力的方式，他赋予了我特权，让我送100吨产品给立邦公司，由此作为一块打开销路的敲门砖。

回顾。弹指一挥间，我已不是曾经那个青年，在润泰成长的十年中，我个人也在润泰的润泽下，在张董的教诲、帮助下，娶妻、生子、买车、买房,可以说,我人生中每一件大事,都有董事长和润泰人的参与、见证,无以表达,唯有"感恩"二字!

征程。未来,张董明确了五年、十年以及长期发展目标,无论目标多么艰巨,我都会一如既往地朝着一个个宏伟的目标奋勇前进。我很自豪:因为我参与了一项"润泽世界,润泽未来"的伟大事业!

● 王永成:十二碳醇酯的开山鼻祖

王永成,一位身材魁梧的北方汉子。他2005年就从吉林来到泰州,带着他的科研项目,一干就是15年。

张世元逢人就介绍:"王总工是润泰的功臣。"王永成听了总是淡然笑道:"算不上功臣。"

王永成早年是化工部吉林化工研究院的工程师。20世纪80年代末,在化工领域,国际上流行异丁醛综合开发利用项目。羰基合成生产丁辛醇,在高压法中丁醛的正异构比例为4∶1,正丁醛用于后步缩合加氢制辛醇,而异丁醛尚未得到合理利用。作为废料,起初采用燃烧法加以废弃。

当时，王永成参加了这个化工部项目的研究。经过几年的研究摸索，王永成所在团队采取多种制备方法，可以将异丁醛加工成十二碳醇酯、异丁酸和戊二醇等化学产品，研究获得了成功，1990年开始试制，1997年将技术转让给湖北新华化工公司，获得比较好的经济和社会效益。作为一种水性涂料成膜助剂，十二碳醇酯成膜效率高，水溶性低，与乳胶粒子相溶性好，挥发速度比水慢，是环保非VOC产品，符合了成膜助剂的所有优点。

与此同时，齐齐哈尔大学的校办工厂"齐大"也生产十二碳醇酯，并在涂料领域得以运用。

谈及自己与润泰的不解之缘，王永成回忆道："最初十二碳醇酯在齐齐哈尔的校办厂里生产，20世纪90年代中期，开始校企脱钩。当时由于我国北方改革开放的思想认识不到位而产生的种种原因，生产经营也很不正常，团队的一些人打麻将消磨时间。当时跟姜堰白米的日出有业务往来，我就提出将'齐大'迁往江苏，后来在姜堰落脚了（即齐大涂料助剂有限公司，简称齐大），几经辗转，我从'齐大'到了润泰。2012年，随着质量事故的发生，十二碳醇酯到了生死存亡的边缘。张世元董事长以常人无法想象的魄力挽救了齐大和十二碳醇酯。在润泰的滋润下，我们的十二碳醇酯产量上达到国内第一，世界第二；在质量上，我们与世界500强企业不分上下，有指标甚至超过他们。15年来，我与技术部的伙伴们一道，围绕提升质量、提高效益而展开技术攻关，将十二碳醇酯做到了极致。"

如何把产品品质做到极致？这是王永成一直研发的方向。在工艺方面，为了提高收率，首先是改变催化剂。经过大量的试验，他们改变催化剂中钠、钡、钙、锌的比例，使得收率从85%提高到90%。同时，以一步法替代两步法合成反应，使得收率进一步提高，排放物降低。

另一项重要的工艺改革是以精馏设备替代粗馏设备，以连续法替代间歇法，又可以进一步提高收率和减少排放。2015年以前，十二碳醇酯的制备反应过程是以间歇法进行的。目前常规生产十二碳醇酯的工艺，均采用间歇式反应釜生产十二碳醇酯，每台反应釜的生产能力有限，扩大生产能力，需要增加更多的反应釜来满足生产的需要，占用场地大，生产成本高，生产效率低；采用连续法精馏生产十二碳醇酯新工艺，可以降低设备投资，减少生产场地，降低生产成本，大大提高生产效率。

通过不断改进工艺，他们使得润泰十二碳醇酯的产能达到 10 万吨，纯度达到了 99.5%，达到世界领先水平。

作为老一代的工程技术人员，王永成感到很满足，在润泰他实现了自己的梦想：为中国人的美丽居家、为中国涂料工业在世界上有了一席之地做出了自己的贡献。

王永成说："润泰是我的第二个家，姜堰是我的第二故乡，我要为走向世界的润泰继续努力，再立新功！"

● 姜明秋：破解藏在实验室里的"莫尔斯密码"

寒来暑往，春去秋来，日复一日，姜明秋浸泡在实验室里。在浩瀚的时空里、在枯燥艰涩的技术领域里苦苦钻研。最让他刻骨铭心的，是从时间的边缘抢救回来的"十二碳醇酯"。

"十二碳醇酯",是润泰盈利的技术源头,也是科研工作者姜明秋的"摩斯密码"。

往往一个化学方程式、一个不经意捕捉的叠加程式,就蕴藏着无数的可能和组合,"十二碳醇酯"就有可能潜藏其中。

为此,姜明秋和技术团队不知道熬了多少个通宵,才一点一点琢磨出十二碳醇酯的"身世"。

"干研发这种事,翻手天堂,覆手地狱。"姜明秋苦笑道。

当初,齐大成立之初,先是模仿外资品牌产品。怎么能找出这个产品的"配方"呢?

在天堂地狱之间徘徊,姜明秋花了好几年才摸索到了"十二碳醇酯"的光明之路。

"姜工,真是有你的!"张世元高兴地拍着姜明秋的肩膀,为他竖起大拇指。

姜明秋淡然地笑笑。常年钻研科研,他已经练就了处事不惊、云淡风轻的人生态度了。

十二碳醇酯有个缺点,沸点相对较低,刚刚达国家标准线。姜明秋有点不甘心,为了升级产品,姜明秋和团队想把它打造得更完美。

唯有一个办法——优化配方!

姜明秋和技术团队发现,由于十二碳醇酯本身它是两种物质构成的,就是叫同分异构体,同一个分子但是它结构不一样。想要改造十二碳醇酯,就得先扫除两个"拦路虎"。

一是,如果将十二碳醇酯改性,把产生比例调整了,提高沸点,那么就不属于VOC(沸点在250℃以下)的范畴。

二是,一些大公司同分异构体是要有比例的,尤其一些国际化公司,比方说立邦公司。

因此,改造十二碳醇酯还必须符合国家环保政策及市场的要求。

莫尔斯密码的"密钥",可能是千差万别的音符构成的,也可能是随着时间移动的某种规则下数字组合。

到底碳十二醇酯的"密钥"在哪里呢?

润泰十年
从默默无闻到隐形冠军，一个小企业的成长轨迹

解铃还须系铃人，姜明秋先好好研究了一番十二碳醇酯。他发现，十二碳醇酯经过水洗后，里面有一种三羟基戊酸物质提取出来，但是三羟基戊酸需要加入催化剂，才能发挥作用。

就像初中课本里的化学方程式。盐酸滴入碳酸钠溶液中，如果盐酸少量：$Na_2CO_3+HCl=NaCl+NaHCO_3$，无气体产生；如果盐酸足量：$Na_2CO_3+2HCl=2NaCl+H_2O+CO_2\uparrow$，有气体产生。

光有三羟基戊酸，没有办法组合完成的方程式。催化剂是什么？加多少？什么比例？这些问题深深萦绕在姜明秋的心头。只有试验，没有别的出路。

老天就像是跟姜明秋开玩笑似的。他始终找不到那个催化剂。每当他快到找到了，接近真相时，又发现是竹篮打水一场空，无功而返。

做科研的，有时需要运气。这个运气可能来自天外，也可能来自手边。有时候，终其一生，一个科研人员也未获得重大的发明创造，而有的人则"轻而易举"地俘获了巨大的收获。

鱼在水里，他只有竹竿。每天，姜明秋都在实验室里待得很晚。妻子已经不怎么打电话喊他回去吃饭了，索性放任自由，因为喊了也是白喊。他一进入实验室，根本听不到任何电话的声音。此刻，他听不到任何声音。

将近一年的时间，姜明秋都是这样的状态。他不停地实验，不停地尝试。有些是盲目的探索，有些是对抗绝望的孤注一掷，有些是参考过去的经验，更多的他靠的是一种直觉——一种化工出身的人与生俱来的敏锐与直觉。

在梦里，鱼在澄澈明净的水下遨游。波光粼粼的水面，鱼看上去触手可及。他慢吞吞地走过去，光着脚丫往水深处走去。每走一步，都感到一股寒意。

距离真相越近就越恐惧，他一阵鸡皮疙瘩。猛地下手，鱼倏然溜了。姜明秋再次惊醒。孤零零的实验室，只有长灯为伴。一摞厚厚的稿纸，零乱地散落在案台上。

这一年，他已经记不清多少次梦到这样的场景了。每次醒来都是怅然

若失。他茫然地望着那些化学方程式，空气安静得出奇，压迫着耳鼓。

尝试了多少次呢？有十几次？上百次？记不清了，太多了。这些纸张被他涂涂改改，又被其他研究人员拿去推敲，最终一一否定，变成了一堆写满字的废纸。

姜明秋耸耸肩，出神地想起一件儿时的趣事。那时候，家后面有条小溪，溪水潺潺，叮咚有声，春天来了，他跟几个小伙伴下去捕鱼。

多么快乐的童年啊！一去不复返。现在的自己，每天都在深渊挣扎一般，身心俱疲。他想回去看看了。

忽然，姜明秋打了个冷战，脊背汗毛直竖。他想起了同村的老王叔叔说的一句话："光线有折射，看到的鱼不是真的鱼，但是离真的不远了。"

为什么不尝试一下另外一种思路呢？姜明秋一下子打开了思路。这次，他决定加入再试试。经过一番调整和尝试，他成功找到了"异丁醇"。

一下子解开了"莫尔斯密码"。行云流水，一气呵成。

十二碳醇酯生成一种新的产品——十六碳醇酯（简称C-16）。原来，十二碳醇酯沸点250℃，而十六碳醇酯却在280℃以上。

当时，姜明秋有点错乱。因为这个产品完全是"新生代"。

是骡子是马，只能拉出来遛遛了。经过介绍，一些大客户指名道姓地要购买这种产品。

"好极了！"姜明秋击掌大笑道。

通过废水深加工，不仅减少了废水的化学需氧量（COD）排放量，将三羟基戊酸和异丁醇混合，还能将其变成新的销售品。可谓一箭双雕！

"不，是一举三得！"张世元说，"以前催化剂不能处理，就变成固废，而固废转移就要增加成本。这样一来，我们转移成本也降低了！"

姜明秋眨巴着眼睛，头脑里正在飞速地计算成本。

到了2016年，十六碳醇酯开始实现量产了。但是姜明秋苦恼地发现，虽然十六碳醇酯沸点高，但是不像十二碳醇酯相容性这么好。但是十六碳能够做增速应用，例如生产环保型增塑剂、塑料桶、奶嘴、化妆品等等。

由于国际贸易现在都有第三方平台，类似于阿里巴巴，品质有保障，安全性也大大提高。

"在国际市场上，十六碳醇酯的卖点很大，销路畅通。"一向处变不惊的姜明秋难以抑制自豪的情绪，激动地说。

就这样，一种品质优于十二碳醇酯的新产品十六碳醇酯产生了，这是润泰的原创！

02 中流砥柱

● 杨华：首任总经理

润泰十年，先后聘任了四任总经理。为什么短短十年任用四位总经理？因为润泰发展太快了！张世元说，企业处于不同的阶段，企业工作的侧重点不同，总经理这个岗位的角色定位也就不同。选择杨华，一是他熟悉这个领域，擅长营销，是最合适的人选了，张世元让他总经理与销售经理一肩挑。而杨华也觉得，快速发展的润泰似乎就属于自己的跑道。个体户做久了，也希望加入正规公司练练身手。

杨华的加入使得张世元的事业更加"顺风顺水"。从生产区域布置到设备的确定，杨华给予了不少的建议。在产品营销方面，杨华凭借多年的市场经验，迅速打开市场，为润泰的"第一桶金"立下了汗马功劳。

刚刚成立的润泰，设备运行与员工操作都需要磨合，这段日子是痛苦的也是欣慰的，痛苦的是，要不断应对设备突发的状况，不断调试和分析；欣慰的是，那时虽然只有五名操作工，但他们都能够虚心好学、埋头苦干。在杨华的指导下，硬是"用土菜刀切成了文思豆腐"，很快，生产线实现了满负荷运转，产品质量也达到设计标准。

投产初期，杨华吃住在公司，每天只睡三四个小时，大部分时间泡在车间里，看着眼前这个庞然大物轰隆隆作响，纵横交错的管线在输送过程中完美反应。转动出料阀门，透明液体缓缓泻下。取样装进试管，摇晃，

润泰十年
从默默无闻到隐形冠军，一个小企业的成长轨迹

色号小于 15，各项指标正常！杨华心里是多么满足和激动。

他喜欢和员工打成一片，丝毫没有总经理的架子，即使在离任后仍然与公司保持着紧密的沟通。

● 於宁：第二任总经理

伴随润泰的快速成长，市场迅速扩大，与上下游合作空间更大。大客户的开发需要更大格局的企业领导形象。这时，长期在涂料行业国有大企业担任领导工作的於宁进入张世元的视野。於宁与润泰工作中有过交集，也目睹了润泰企业的成长，对张世元的为人也十分认可。张世元邀请於宁加入的诚意也感动了他，为了民族涂料工业的发展，於宁决定放弃国有企业高管位置，加盟润泰。

於宁毕业于复旦大学精细化学专业，研究生学历，主要从事产品的技

术应用与研发、科技创新项目研究，多次在学术杂志上发表论文。

2012年的质量事故，他作为第一技术负责人和张世元董事长亲临"一线"，开始了不寻常的技术指导，也就是这段经历让他与润泰紧紧地捆绑在了一起。面对很棘手的质量问题，为了能第一时间为客户提供最佳的解决方案，他与客户吃住在施工工地。7月的夏天，他不惧白天火辣辣的太阳和晚上蚊虫的叮咬，始终坚持在现场，因为他要观测涂料施工过程中不同时间和气候出现的不同问题，才能尽快找到解决问题的最佳方法。而那时，他心中也是要给润泰一个交代，给张世元一个交代，因为凭借在涂料圈这么多年，他亲眼看见无数个企业从辉煌走向衰败，他不忍心看见润泰这样一个很有前途的企业，在这样一场无情的遭遇过后陨落。

功夫不负有心人，通过不断观测和数据平衡，一个很有效的解决方案产生了。当这个消息通过电波传到了张世元耳中时，他一直紧绷的弦终于放松了。随后指令通过传真到达公司技术部和售后服务部，在为客户补发优质产品的同时，一套完整的施工解决方案也安抚了客户的情绪，给客户吃上了"定心丸"，而於宁更加收获了业界的赞誉。

在总经理任职期间，他将技术定位不断地向生产一线倾斜，要求生产车间的一线工人不仅会生产还要懂技术。他不断开办技术讲座，重新整合销售队伍，从此润泰的营销团队不再是只会接订单发货的"小贩"，而是懂得营销战术、懂得技术服务的综合性团队。

受行业的邀请，他每年参加技术性的交流会议若干场，擎起了"技术润泰"的大旗，并积极参与了行业产品技术标准修订。

他最常说的一句话是"办法总比困难多"。这也是他对于自身修炼的真实写照。於宁是土生土长的上海人，更是个顾家的好男人。为了不再与妻子分居两地，他辞去了总经理的职务。张世元惜才不舍，邀请於宁继续担任公司技术总工程师和高级顾问，先后参与了公司全部的项目建设和技术改革，成为润泰发展的奠基人。

润泰十年

从默默无闻到隐形冠军，一个小企业的成长轨迹

● 薛和太：第三任总经理（自述）

逝者如斯夫，一晃时间过去了七年。这七年我感到工作很充实，公司的发展过程中也留下了我们的辛劳。

组建团队，搭台唱戏

润泰外贸起步于 2012 年。据董事长回忆，一次偶然的机会，一位土耳其客商说在哪里遇见过润泰公司的董事长，他联想到：既然企业能被老外关注到，为什么不把产品卖到海外市场？机遇的可行性探索，让他萌发了公司要做外贸的念头，并从社会上招聘了两位年轻人来公司进行业务操作。外贸业务也开始了，但由于对外贸领域的认识不足，也交了不少的学费。一个看似简单的 HS 编码，却受到了海关的严厉处罚。

公司需要一位有外贸运作经验的人操盘外贸，我就是在这一背景下有幸与润泰结缘的。加盟公司后，得知海关的遗留问题并没有解决。如果这一问题得不到妥善处理，顺利操作外贸业务将变得十分艰难。所以来了之后，我摸清了问题的根源，着手处理这一拦路虎，多次跑海关，一个人开车去上海海关处理，经过近两个月的加急跟踪处理，最终将此事了结，为外贸业务的正常开展扫清了障碍。

做好外贸，关键是人才。一开始，不知道公司产品在海外究竟有没有市场，心中没底。另一方面，有了市场，没有人怎么开展？我一直思考着这两个问题。2013年9月，我们第一次参加了亚太涂料展，这让我看到了海外市场的希望。在此次展会上，我们认识了几位客户，这使我心中有了底气。我们将业务做起来，随着业务量的增长，人手显得不够。在公司的支持下，进行网络招聘，将从高校毕业的英语专业人才招进来，进行业务培训。组成了五人的外贸小团队，当时也是谁接到单子谁负责跟踪，也没有进行任何区域划分。在当时不大的公司内，外贸小团队显示了强大的动力，无论从业务水平、知识水准都优于其他部门，也成为公司对外窗口的一大亮点。我们可以接待外商，也可以走出去拜访客户。公司国际贸易部是一个对外独立的部门，可以单独对外开展工作。

打通出口，开展加工贸易

有了出口业务，针对国内原料紧张的情形，我们就考虑从国外进口。当时找到了SABIC，但与这样的大公司打交道可不是件易事。首先没有得到他们的认可，在SABIC总部就没有润泰的记录及痕迹。2014年5月8日，我和董事长有机会参加了由SABIC邀请参加的亚太石化论坛。我们在泰国曼谷与他们的全球销售老总见了面，并且就他们有问题的产品提出了解决方案。虽然当时双方就价格未达成一致意见，但为一个月后更加广泛的接触打下了良好的基础。6月，我们来到了沙特总部，表面上说帮他们处理消化不良产品，实际上是去寻求常年业务合作的。同样的谈判代表，不同的地点，取得了非常好的效果。我们的诚心深深地感动了他们，他们爽快地答应了我们此前的递盘底价，而且愿意与我们签订年度合约。这次沙特之行，奠定了我们与 SABIC 长期合作的基础和根基，并且与海企签署了长年的租罐协议，保证了我们散水进口原料的存放问题。

原料问题解决了，为了参与市场竞争，我们仍要想办法降低销售成本，经了解，选择进料加工贸易是一个不错的选择。但液体化工口进料加工模式，在公司内部没有形成一致的意见。很多人说不可能做成，而且说他们也做了几年的调查，根本行不通。但我就是想通过自身的努力，想办法将此事做成，就想做别人做不了的事，并派业务员朱雯文专门跑海外办理进料加工手册的相关事务。一年多的努力，付出了汗水和泪水，却没有成功。是退还是继续跑？经过思考后，我们选择继续跑海关，主动与海关接触，学习和了解进料加工的手续和流程。功夫不负有心人，我们的努力没有白费，最终得到了泰州海关的支持，使得我们的进料加工业务得以开展。

分区作战，"攻城略地"

随着业务的增长、队伍的壮大，我们必须进行销售重新定位。对全球市场进行划分，将业务员分配负责全球各洲的业务，每位业务员负责一个洲，这样能确保全球业务的渗透。我们的目标就是不求有多大的销量，但求覆盖率。这也就是后来出台的更庞大的营销"4 个 100"计划。其中 3 个 100 计划就是针对国际贸易部的。为了实现"4 个 100"计划，我们做到全球参展不错过每次机会。全球展会都有我们的展位，使得全球用户知晓中国有一家润泰企业，无形中增强了品牌和影响力。全球各洲都有润泰业务员活动的身影。我们最远跑到南美洲开拓市场和客户。

没有直航，我们选择从欧洲中转，所以在那几年里，我们都对外销充满了无限激情。

到了 2014 年年底，我们的业务已发展到 54 个国家。截至目前，我们的业务已覆盖了全球 100 多个国家和地区。业务量也从最初的几百吨，发展到现在的 15000 吨。现在已成为全球成膜助剂名副其实的第二大供应商，全球排名靠前的 10 多家大公司选择我们的直销模式，这也使得我们的海外业务更加稳固。

海外办厂，拓展全球业务

外贸业务的销量递增，不是我们的终极目标。我们的目标是在海外能有我们的生产基地。2017 年，我在非洲开拓市场时，也做好了去沙特了解市场和建厂的前期调研工作。因为 2016 年年底我曾参加了沙特在中国上海举办的 2030 沙特远景规划，他们欢迎全球的客户去沙特投资开发。巧合的是，我在网络上看到江苏省常务副省长在迪拜参加中阿产业示范园的签约仪式，对我们来说是另外的一个机会。但我怎么联系他们呢。我不断搜索更多的信息，最终我联系到了江苏海投的缪菲部长。就是在这种一根根线索中，我认识了缪部长。联系好了之后，我从沙特飞往阿联酋迪拜，并且与江苏海投的领导进行了接触。他们了解了我们公司相关的情况后，对此项目也很感兴趣。经过充分了解，我收集了更多的信息，并汇报公司后，得到了公司的积极响应和全力支持。在此情况下，润泰开始了海外工厂的布局，将触角延伸到国外，也是润泰走出国门海外办厂的第一次尝试。在公司的正确指引下，未来的海外工厂一定不负众望，会有更好的收成和美好的未来。

润泰十年
从默默无闻到隐形冠军，一个小企业的成长轨迹

● **王继云：泰兴润泰总经理**

王继云，润泰化学（泰兴）有限公司（简称泰兴润泰）总经理，他有着数十年丰富的外资大型化工企业生产、管理工作经验。安全管理能力在江苏省和化工行业内享有盛誉，他曾作为江苏省专家组成员之一，第一时间赶赴事故现场，亲临指导应急处置。

自加盟润泰后，他重视人才引进与组织架构优化，建章立制不断提升管理团队工作效率，注重优化生产工艺及改善废水处理。

几个月来，他带领着新组建的团队，用科学管理方法，扎实推进具体事务的管理与流程优化。他以务实求真的工作态度，从点点滴滴做起，从每件具体的小事做起，从细微处潜移默化，改善着工厂的角角落落，一个个、一步步解决各类难题，逐步将泰兴润泰打造成一个高效、规范的现代化工厂。

任何事物的变化，都需要一个过程，现代化企业管理更需要一步一个脚印，扎扎实实、从细微处开始做好基础工作。他的工作作风求真务实、

追根究底，敢于发现问题、暴露问题、研究问题、解决问题。他重视安全、环保管理工作，牢记安全、环保是企业的生命红线、生存基础。他在带领团队逐步提升企业日常管理水平的同时，狠抓现场安全环保工作，重点组织攻克了废水处理难题。

公司废水装置自开车以来一直处于不稳定运行状态，原水池、排放池化学需氧量居高不下，导致车间产能受限。面对如此窘境，他迅速组建了废水处理改善小组，亲自带队开展工作，从全面质量管理理论中的五个维度"人机料法环"着手调查研究，运用故障树分析法对异常现象进行深层剖析。

他亲力亲为，扎根现场，寻找问题根源，详细了解生产各阶段的异常废水指标，查阅图纸，带队现场进行逐项比对，发现原设计与现场存在的待改善项目，并与现场员工进行频繁沟通，了解一线工人操作的实际情况。通过与各位主管沟通，探究安全环保工艺管理员的职业责任和底线。

通过一系列的调查、研究、分析，改善小组不分昼夜、加班加点多次组织会议，讨论优化改进思路，跟踪数据比对。结合现场及工艺情况，改善小组通过一个月的群策群力，编制出了质量控制工程表、一车间、二车间、废水、废气岗位操作规程，自此，水处理工作终于有了自己的作业"圣经"。操作规程中详细说明了相关参数控制标准及超标异常的规范处置程序。在改善过程中，多次以《工艺指令单》的书面形式下达至班组，让班组每一位成员都熟知如何操作，详细列明废水处理系统需要重点监控的工艺项目和指标（如温度、pH酸碱度、溶解氧等）。

经过工艺改进，公司废水处理装置目前处于稳定运行状态，各项关键指标趋于正常，废水出厂量得到合理控制。另外，在本次改善中，经优化调整后停运了部分设备，仅年节约电费就可达十多万元。

一家规范的有竞争力的现代化工厂，需要一个有执行力、懂得科学管理方法的管理团队。一个优秀团队的高效运作，需要团队中的每一名成员从点滴做起、从基础做起，务实求真、追根究底、踏实工作，交出"粮食"。

2019年，对公司来说是承前启后具有里程碑意义的一年。全体员工全力以赴确保三、四车间如期投产。此外,在解决能耗问题的基础上,保证现有装置安、稳、长、满、优运行。

经过数次开会检讨,王继云反复强调2019年下半年要严防死守落实好安全环保工作、要合法合规推动落实员工培训工作、要节能降耗全面增强成本意识、要循循善诱推动全员参与7S管理工作。具体工作体现在以下方面。

(1)安全管理常抓不懈,保驾企业新发展。

安全管理的着力点在"预防",而不在"善后"。参照海因里希法则,排除13244项隐患就意味着避免了1163起小事故的发生,进而避免了40起重大事故。自8月份开始,公司开展隐患发现活动,从源头控制事故发生。

所以要培养第一时间发现隐患、第一时间排除隐患的家人们,希望广大员工积极参与到公司安全管理活动中,时刻关注安全,积极建言献策,为营造一个安全美好的工作环境贡献力量。

(2)抓环境管理,呵护企业生命线。

继江苏省天嘉宜化工有限公司"3·21"特别重大爆炸事故后,连云港堆沟化工园区、连云港燕尾港化工园区、滨海化工园区大面积停产。2019年至今,在如此空前的环保严查下,企业的环保工作只有合法、合规,才能经受住各种检查和考验。

(3)抓能耗管理,降低公司成本。

在节能减排方面,将启动水回用项目,将排空蒸汽、排入清下水的冷凝水、循环水装置排水进行收集,处理达工业用水指标后回用,一方面可以提高水、蒸汽的回用率节约资源,另一方面也是能耗管理的大势所趋。

环保工作永无止境,要向国际标准和同行最佳实践看齐,不断提升环保设施水平和能力,提高公司环保绩效,成为同行业的典范。

(4)抓针对性培训,提升员工技能。

一个稳定、高素质的员工队伍是化工生产安全稳定最有力的保障,一个企业持续稳定的发展过程中,需要许许多多专业精英,需要一批批适应新形势发展的高技能员工。2019年7月至今,公司迎来了20多名新同事,只有进行针对性训练，才能真正提升员工技能。在王总的要求下，生产部制订针对性培训计划，通过《上岗证作业细则》实施、《培训月报》管理跟踪，将PDCA（Plan, Do, Check, Act, 计划、执行、检查、处理）方法运用到培训工作中，由"结果管控"改善为"过程管控"，通过培训奖金激励优秀老人员的传帮带绩效，全面提升员工的专业技能。

● 张春江：从"刑后人"到副总（自述）

2012年的严冬过后，我走出了看守所大门，踏向人生第二次生命的道路。十八个月前，我因交通肇事罪（酒驾）先后被罢免了人大代表，撤销了党内外职务，开除了党籍和公职，被判刑入狱。我一度失去了生活的信念和精神支柱，时值知天命之年的我，在压抑和迷茫中思考着下半辈子的人生，并着手寻找新的谋生之路。

润泰十年
从默默无闻到隐形冠军，一个小企业的成长轨迹

经朋友介绍，我得知姜堰司法部门与润泰共建了一个"刑后人"再就业的自强服务中心。通过引荐，我走进了润泰的大门，从此结下润泽之缘。那天，我认识了年轻的企业家——润泰的董事长张世元先生，并且得到了张董事长的亲切会见，了解到润泰迅猛的发展趋势。更可贵的是，张董事长知晓了我过失获罪的过程，深表同情、耐心引导、帮助我规划未来的人生，要求我放下思想包袱，放弃原机关部门负责人的架子，振奋精神从头开始。从此，我开始了人生中的创业之途。我，一名"刑后人"，通过润泰文化的润泽熏陶，从一线生产员工，一步一步走向总公司副总裁的人生成功之路。

深受酷寒的人最知太阳的温暖，经过了十几个月的牢狱生活的痛苦后，回到社会，融入润泰大家庭，深受润泰的温暖。入职后，我被分配到生产车间学习普通机械设备操作技术，从未涉及过化工，畏难情绪让我茶饭不思、彻夜难眠。张董事长、工会主席等领导看到我的眉头紧锁、心事重重，就主动找我谈心，鼓励我不要心急。从原料的熟悉到操作流程的逐步学习，我信心倍增。从此我静下心来，全身心投入生产车间的学习，用下班后学习的理论知识，结合上班后的实际操作，虚心向车间师傅们学习，向公司的工程师请教自己不懂的问题，从原料进釜、温度控制、辅料滴加、定时观察反应效果、水洗转釜、中端取样化验、半成品蒸馏、检测标准到冷却进罐等等，一步一步，在师傅们的指导下，进行实践操作。经过两个多月的认真学习，我初步掌握了水性涂料成膜助剂十二碳醇酯的生产制作过程和工艺流程，具备了独立操作的能力，同时与车间的同事和师傅们也结下了深厚的友情，当时也不知道，正是这种友情，为以后管理生产车间奠定了良好的工作基础。

在实习期间，我既学习了生产技术，同时也发现了生产过程中一系列问题，诸如经常性溢料、漏料、跑料、管泵滴料、空泵运转、机泵频繁故障而停产修复、喷料造成产品流失和环保问题及安全隐患等。对这些问题，我进行了认真观察，并向车间领导和技术人员请教，寻求解决的方

法，认真分析后认为，既有管理上的不到位，也有设备装置不够合理的原因。后来我通过认真思考，发现造成这些问题的主要原因是：车间管理制度不完善，操作人员责任心不强，设备安置不科学等。要彻底解决这一系列问题不是一朝一夕的，只有通过领导的重视、车间干部的决心和员工们的共同努力方能解决。

转眼一年过去了，这是我人生中学习收获最丰富的一年，改行后学到了新的知识。回顾总结令我信心倍增，三百多个日日夜夜，我对我的岗位、对润泰有了深厚的感情，内心立志勤奋工作，以报效润泰大家庭给我这个过失者的温暖和关爱。

第二年的春天，生产部长因调任而缺位，公司主要领导找我谈话，拟任我补缺生产部长。我当时想，企业管理与政府机关部门管理截然不同，政府部门大的方面是服务型，小的方面是服从型，而企业管理大的方面是效益型，小的方面是实用型。生产车间是企业运营中的重中之重，决定着企业的生产和发展之命脉。虽然只是中层干部，所涉及产品质量、产值效率、环保和安全，责任重大，难以胜任。但领导认为我有多年的工作经验，能吃苦钻研，应该勇于担当，用张董事长的话说，"知道责任重大，晓得怕是好事，只要用心脚踏实地去做，就一定会做好。我们做你的后盾，生产交给你，我们放心。"就这样，我临危受命当上了生产部长。到岗后，我认真收集企业管理的有关书刊，不脱产参加党校举办的企业管理业务学习辅导班，认真学习理论知识，同时把在车间工作一年来掌握的各种信息和存在的问题进行梳理，探讨分析，重新制定了车间管理细则及各个岗位的工作流程，我完善修改各项规章制度和奖惩措施，分步实施，通过班前会、周会和培训会向生产员工进行灌输，直到解决问题，使生产秩序逐步走上正轨。同时，我主持编制了培训计划，定期组织生产员工进行技能培训和安全环保法律法规的教育，并在每次培训结束前进行理论考试，检验培训效果。我对学习认真、积极上进的员工进行奖励，调整任用班组长等等，激发了全体生产人员的积极性和主人翁意识。通过一系列举

润泰十年
从默默无闻到隐形冠军，一个小企业的成长轨迹

措，生产车间的劳动秩序、生产现场的跑冒滴漏现象有了明显改观，劳动成本大大降低，减少了能耗，产品合格率和收率有了明显的提高。

生产面貌的改变，受到了公司主要领导的关注和肯定，我站在年终表彰会领奖台，心情十分激动，自己的努力得到了领导和同事们的认可。领导们时刻关心和帮助我，润泰家人们没有歧视我，还给予我先进工作者的荣誉，这使我从阴影中走出来，让我仿佛又恢复了二十年前那种青年干部奋发向上的劲头，也为我今后更加努力迈进增添了信心和勇气。

润泰在激烈的市场竞争中激流勇进，迅速发展壮大。公司领导对领导班子进行充实，在公司经管会组织的民主选举中，我以高票当选为经管会成员，同时被推荐为管理者代表。领导的培养、员工的拥戴，我被公司董事会任命为分管生产安全环保的副总经理。职务的晋升，无形中让我产生了巨大的压力。但由于领导的信任和员工们的支持，我再大的压力也要用心将其变成动力。怀着这种心情我走马上任，我静心去思考，向董事长、总经理请教，怎样去完成公司副总的使命，怎么去尽职做好分管的工作，怎么做好公司对外的形象。从生产部长到副总经理，职责不同，工作的面扩大了，工作的标准、自身的要求也就不一样了，为此我在向领导学习的同时，认真制订工作计划，列出分管工作的各项指标，为了让自己的工作忙而不乱，有序开展，就给自己立下了一个规矩：每天提前半小时上班，根据工作范围及主要领导布置的新的工作任务，认真梳理好每天每个时间段所需做的工作，并写在工作日记上，逐条逐项去完成；晚上下班时再逐项核实完成情况，还有哪些未尽事宜；列出明天的工作计划后，到全厂区特别是生产重点区巡查一遍，与在岗员工叮嘱安全事项后，方可下班离厂。几年来，除了外出公差，每天上班都会这么做，慢慢形成了习惯。只要偶尔疏忽了，回去睡觉就不安稳，即使外出开会不能回厂，也通过电话询问值班人员，才宽心休息，也就是这样，确保了润泰（姜堰）自建厂到迁移，连续八年安全无事故，从而确保了润泰平安快速发展。

几年来，在张世元董事长的带领下，润泰的发展迅猛，连续实现了

产值翻番。我这个"刑后人",在润泰大家庭温润下,受益匪浅,实现了人生第二次飞跃,也实现了从机关部门负责人到企业主管负责人的成功转变。在担任公司常务副总期间,我尽职尽力,亲力亲为,解决了公司的一系列突出问题,协助董事长从初始生产环保验收、企业升级、安全文化示范企业,至润泰(姜堰)成功不间断生产的搬迁,新的泰兴公司的建设,竣工验收投产,收购的新命名的润泰化学南通有限公司的改建、扩建、新项目的基建等。这些重大事项的圆满完成是公司董事长为核心的集体智慧,作为主要实地操作的我所亲身体会的艰难曲折的经历,历历在目,本人也通过这些过程的磨炼,进一步知道了:"世态的炎凉,润泰的温暖",同时也积累了丰富的工作阅历和工作经验。

融入润泰大家庭已有八个春秋,在润泰这个舞台和学校,作为"刑后人"的我,从未受到任何人的歧视与冷眼,家人们都以真诚温暖的心,孕育我的成长。在这期间,我在担任总公司副总的同时,先后兼任泰兴分公司总经理和南通分公司总经理,被同事们笑称为"救火大队长",哪里需要我就愉快地服从董事会的调动,到那里脚踏实地、勤勤恳恳地工作。诚实待人,诚心办事,低调做人,高调做事,给润泰家人、给政府部门、给社会均留下了良好深刻的印象。

如今的润泰蓬勃发展,正在向科学化、管理集团化方向发展,三大分公司日新月异,效益倍增。五年战略目标成绩喜人,十年发展目标和"百、千、亿"目标基础扎实,措施有力,通过努力,润泰成为全球化工行业百年百强企业的长期目标必定会实现。我这名"刑后人"将会伴随着"抱诚守壹、与时俯仰、居安思危、温润而泽、泰而不骄"的家文化的发展理念,不忘初心,牢记使命,不负韶华,铆足干劲,以优异的业绩回报润泰,为润泰更好更快的发展做出积极的贡献。

润泰十年
从默默无闻到隐形冠军，一个小企业的成长轨迹

● 宋文国：从电焊工到运营总监

公司高管是张世元的"小舅子"，换到其他公司，这就犯了一大"忌"。很多企业家碍于人情，让亲戚进了公司，然后用不动，管不了。

张世元早就打了"预防针"，多次在各种场合表态："上班时间，只有同事关系！下了班，大家是朋友、是亲戚，怎么相处都行。"界限清晰，铁面无私。

宋文国从来没有仗着"小舅子"的身份"为所欲为"。作为第一代建设者，他完全是用汗水攻下了生产技术难关，那是一段不分昼夜、追赶进度的岁月。

一开始，生产车间安装设备，需要技术员和懂一点技术的工人。电焊工出身的宋文国成为公司的"土专家"，他积极申请到泰兴生产工地工作，在他的影响下，有十几个工人积极报名。新生产基地的工作环境是艰苦的，住在工棚，寒冷夏热，不定时的一日三餐。这样的情况一般人是难以承受的，但他们顶住了。白天，抗高温战严寒；夜晚，在简陋的工棚将就一宿。在他们的努力下，原定10个月的工期，6个月就顺利完成，让工期

提前了4个月。2018年年初,泰兴生产基地顺利投产,为公司扩大生产产能,保障市场供应做出了很大的贡献。

年终大会上,董事长为他们颁发贡献奖,现场采访宋文国同志,他说:"董事长把我们当作家人看待,关心、善待员工,再苦再累我们都能承受,为公司多做点事,吃点苦,应该的。"

那些日子,他在繁重的设备安装现场,一边亲力亲为地跟踪进度、反复调试,一边根据以往的经验,不断改进、探索、总结。他不计较时间、不计较待遇,而是将工作当作自己的使命,乐在其中。

生产技术部的同事说:"宋工丰富的实践操作经验和扎实的专业技能,带领我们团队攻克了一个又一个技术难关,使公司生产运行和设备管理达到精细化的标准。他是当之无愧的好领导!"

其实,宋文国并不是学化工出身。进入了润泰之后,先进的技术工艺流程和自动化设备是他面对的第一个挑战。他并没有特殊化自己,而是从最基础的知识学习,借助书籍和资料,掌握不同设备的特性和操作原理,对于现场的每一台设备、每一个阀门、每一个管道都"摸索"清楚,做到了然于心。

凭着刻苦钻研的精神,宋文国发现,设备的使用效率较低,利用率不高,自动化较为落后。短期看来,成本不高,但如果日积月累算下来,也是非常大的一笔开销。宋文国立刻请缨:"张总,我想大胆尝试一下,看看有没有办法改进设备。"张世元当即同意了。

话不多说,宋文国组建了技术团队,进行了漫长的摸索过程。从生产催化剂的调整到间歇反应的生产自动化,再到最后废物废气的综合治理和再利用,宋文国每天都戴着安全帽,拿着图纸,跟着工程师一起看,一起比照,一起规划,常常是忙到忘记吃饭。

在生产车间,金属管道错综复杂,像是一个庞大错乱的迷宫。要在这个迷宫里找到最佳的"出口",宋文国经常晚上加班加点,在脑袋里模拟和还原迷宫的画面。

"这里要是增加反应速度,会不会好点?"当他灵感一来,不顾三七二十一,先在图纸上标注下来。第二天到了公司,就立马进行商讨,再实际尝试。如此反复，宋文国总结出了一套完整的技术应用体系，极大提高了生产率，大幅度降低了成本。

有了突出贡献，润泰岂会视而不见？

在润泰，有这样的激励制度：实行技术工人、技能人才与对应的助理工程师、工程师和高级工程师同等的工资待遇，根据工作岗位要求的技能水平、责任大小和贡献等要素，确定岗位工资标准。对成效突出、业绩显著的高技能人才，实行物质奖励。对解决重大技术难题、在技术革新创造方面取得较高效益的员工，实行奖励政策，可采取一次性奖励。

每次公司有评级评选的时候，宋文国都是被其他人硬推上去的。"我推荐某某某，我觉得他更当之无愧。"宋文国总是谦让道。他担心别人会误会他是靠关系才得到的荣誉。

宋文国工作期间努力攻克技术难关，先后参与了多项技术攻关项目和发明专利的研发，并拿到专利证书。

在当今化工行业提倡环保的大环境下，他主持研发制作了废气喷淋解析装置，改变了公司原有喷淋塔会产生大量废水的状况。这项成果有助于废气、废水减排，直接给公司带来100万元的经济效益，并获得"我为节能减排献一计"合理化建议奖。

在生产过程中，他带领团队积极摸索，改良生产工艺，采用DCS自动控制，实现操作自动化、程序化，大大改变了原有的操作环境。他利用公司产品头尾废料成功开发出新产品，并在工艺工程上取得突破性进展，这项工艺的改进比之前的工艺收率上升了20%，为公司新工程节约设备投资达千万元。

03　大业根基

● 刘继中：军人出身的班长

在众多工人中，有一位与众不同的人，他就是军人出身的车间班长——刘继中。他以军人的严谨和纪律，带领着班组成员一起奋斗在生产一线，用实际行动诠释着荣耀与责任。

刘继中曾是一名出色的军人，严谨的工作态度和强烈的责任心是他身上最为鲜明的特点。退役后，他来到润泰。在这个全新的环境中，他依然秉持着军人的严谨和纪律，以高标准要求自己。面对陌生的领域，刘继中深知要想尽快胜任工作就要不断学习，于是利用业余时间学习化工专业和

润泰十年
从默默无闻到隐形冠军，一个小企业的成长轨迹

设备的相关知识。他从同事那借来各种关于化工设备的书籍，每天晚上都会认真阅读。他还主动搜集各种专业资料，关注行业动态。为了熟练掌握岗位流程，他常常不厌其烦地一根管线、一个阀门地查流程；为了详细了解设备结构，他总是在设备检修时仔细观摩。一年下来，光学习笔记就记了三大本，他也成功地完成了从军营士官到车间骨干的转变。

12年间，刘继中从一名普通工人逐渐成长为一名车间班长。在这个过程中，刘继中不断地思考和总结，他深刻认识到，车间管理和军队指挥有着异曲同工之妙。他对待工作如同对待军队使命，始终保持高度警惕，不容半点马虎。他运用在军队中学到的沟通技巧和领导能力，与班组成员建立了紧密的关系。他鼓励班组成员团结协作，共同应对工作中的困难。同时，他还积极向其他班长和车间主任请教，学习专业的知识和先进的管理方法，不断提升自己的综合能力。

在一次生产任务中，刘继中发现了一个潜在的安全隐患。他立刻停下了生产线，阻止了可能发生的安全事故。他细致入微的检查让每个班组成员都深感佩服。在他的带领下，班组安全高效地完成了生产任务，赢得了领导和同事们的赞扬。

为了更好地进行职业健康管理，刘继中带领班组员工一起学习《中华人民共和国职业病防治法》《职业健康管理办法》《江苏省职业病防治条例》等职业卫生相关法律法规，组织班组员工开展热烈的讨论，增强员工的自我防护意识。在一次职业健康达人竞赛中，刘继中凭借着丰富的知识和实践经验获得了竞赛一等奖，充分彰显了润泰"职业健康达人"的精神面貌和健康素养。

2023年，泰州市民营企业文艺节目展演在姜堰文体中心举行。刘继中以亲身经历自编自导自演相声节目《幸福润泰这些年》，生动地演绎了与润泰共同成长的经历，叙述在润泰的幸福感、自豪感和荣誉感，情感真挚而幽默的节目赢得了现场观众的热烈掌声。

面对荣誉和赞扬，刘继中总是憨憨一笑，保持着谦逊和低调："这都是我应该做的，我将以更高的标准要求自己和班组成员，为公司的发展贡献自己的力量。"

● 张理文：技术权威第一人

科技是科技型企业的发展之本。"不搞技术革命就会被市场淘汰，不竞争企业没有出路。"这是润泰上下所有人的共识。

从20世纪90年代初期，国内整个涂料市场牢牢被美国伊士曼公司垄断。张世元始终不敢懈怠，大力投入科研经费，促进科研成果的转化。直到那次质量问题，张世元不仅面临着巨额的赔偿，还有行业内的信誉危机。

公司例会上，张世元说："现在，只有科技能拯救我们。润泰能不能二次重生，就看技术了！"此时，所有人的目光都转向了角落里的那个位置。

时任润泰技术总监的张理文感到巨石临顶一般的压力。科技创新不是一朝一夕的事情，眼下十二碳醇酯正在如火如荼地研发中，逐步完善和投入市场。唯有将现有的产品更新换代，才能打开新的市场。

会后，张理文先发制人，第一枪打在了邻苯二甲酸二甲酯上。

作为一款公司主营的产品，邻苯二甲酸二甲酯应用范围很广。由于它自身是无色透明的油状液体，具有芳香气味，广泛应用塑料增塑剂、驱蚊剂，特别是能与多种纤维素树脂、橡胶、乙烯基树脂相溶，具有相溶能力强、成模性好、黏着性好和防水性好等特点，一直受到市场的欢迎。但是，经常有销售反馈一些厂家的诉求：

"邻苯二甲酸二甲酯不够纯，能不能做得再纯点？"

"水分太多了，水分质量指标能精确到1%吗？"

"酸值能按照我们的要求来吗？"

……

太多太多关于产品的意见不绝于耳，有善意的提醒，有无奈的抗议，还有充满希冀的期待，张理文感到了问题的迫切性。

在跨部门合作专题小组上，张理文忧心忡忡地说："现在市场上对于邻苯二甲酸二甲酯的要求越来越高了，可以说是火烧眉毛般紧急了。这次我们先测试生产装置的实际性能，再调整出能适应市场要求的参数。"其实，能不能成功，张理文心里一点把握都没有。这次由技术部牵头，生产部、检验部的相关人员组成的跨部门合作小组到底能有什么样的作为？坦白说，他心里没有底。

经过分析，专题小组将邻苯二甲酸二甲酯产品问题聚焦在四个方面：催化剂、酸值、水分、纯度。这四点涵盖了客户的要求，也对照着国家标准和行业标准，进行试验和比对。

当时，润泰的邻苯二甲酸二甲酯纯度在98%左右。张世元提出了高要求："再纯一度！""只能硬着头皮上了！"张理文内心独白道。

在化工领域，硫酸是一种令人喜忧参半、又爱又恨的产品。一方面，它具有强酸性、强腐蚀性、强氧化性，容易腐蚀设备；另一方面，由于它的酸性很强，产品的酸值很高，颜色重，副产物多，后期处理非常困难等问题。业界看法不一。

就在所有人左右为难的时候，张理文决定大胆一试，不试怎么知道好坏？爱迪生发明灯泡前还尝试了上百次，更何况是他们呢？

张理文说："其实，硫酸并不是最好的催化剂，但是得看反应体系，得具体问题具体分析。到底怎么个用法，用什么工艺，怎么控制好才是关键。"

在试验中，他们选用了磺酸催化剂和硫酸进行对比试验。结果发现，磺酸催化剂的反应速度比硫酸的反应速度慢些，而且添加量还要比硫酸的量多三至五倍。

这时候，张理文赶紧观察和记录产品的变化。产品颜色确实好多了，但是产品的副产物多，颜色深的问题依然存在。对照使用硫酸作催化剂的试验看，只要控制得当，对产品质量的影响还是可以控制在合理范围之内的。

一快一慢，一多一少，张理文心中高下立判。

解决了催化剂的问题，下面酸值的控制就相对简单了。邻苯二甲酸二甲酯的酸值的控制主要体现在中和与脱水过程。

实验室里，所有的设备整装待发，等待张理文发号施令。"必须严格控制水量，这里所有的用水最后都将变成废水，成为污水治理的负担，一定要高度重视。"张理文对生产部和检验部的同事说。

但是，水量过少也不行。如果水量减少，很容易使中和过程不完全，导致中和效果不彻底，会留有少量的残余酸性物质。同时，会使中间产品含有的无机盐增加，有可能在后续生产过程中引起返酸。

凡事都讲究一个度，水量多少的把握正是关键。张理文协同技术部，一起跟班生产，及时检测生产过程，积累第一手有关数据。

几番下来，张理文对生产状态、过程控制、产品适时物性状态这个完整的信息链，形成深刻的认识。他不停地记录数据，又提出新的想法，进行逐步尝试。一天，他在跟踪生产过程、记录数据时，顿时有了灵感。

那是天外之物忽然降临身边的感觉。张理文几乎跳起来说："加水的时间和碱水的浓度是关键，调整水和物料充分接触和彻底分离的时间，掌握好这个火候，相信酸值就很容易控制了！"

按照张理文的方法，技术部一下子掌握了酸值的控制方法。

接下来，就进入最难啃下的"硬骨头"了——水分问题。

一般而言，对于邻苯二甲酸二甲酯这样极性很小的产品，控制水分质量指标小于 0.1%，并不麻烦。但是，现场客户要求达到 500PPM 以下，这不是简单的一个量的问题了。对于设备、工艺操作都提出了很高的要求。

张理文陷入了苦思冥想中，他抓破脑袋，挖空心思，就是想不出什么法子能把水分控制好。他在脑海里浮现出这样的画面：

喧闹的生产车间，正在紧张有序地进行邻苯二甲酸二甲酯的生产工作。在产品的合成过程中，是严重偏酸性的。所以，在生产的后续过程中有了中和甚至水洗的过程。这样，脱水成了生产过程中的重要环节。一般控制脱水釜的温度在 130℃左右，真空度控制在 0.095MPa 左右。但是为了进一步减少水分，就得进一步提高脱水釜的温度和真空度。这些要求很难实现，而且还会对产品的其他指标产生很不好的影响。

想着想着，张理文双脚就不听使唤地走进了车间，他盯着司空见惯的每一个生产设备和工序看，手指在膝盖上打转。

通过反复对比试验，张理文发现，具体的操作过程对水分的影响远比想象中大。例如，脱水结束后，将温度和真空度稍作提高，脱除低沸物，控制产品较少地跟出，会产生截然不同的两种情况，水分的含量相差了好几倍。

张理文长舒一口气，在技术部协商后，经过反复测试，最终组合了一组最佳的、最方便操作的工艺操作法，比较好地解决了水分控制的问题。

攻克了三大难题，张理文一口气不歇地继续钻进了实验室。有了前面的经验，他相信这次在纯度方面一定会有所突破。

其实，从总体上看，目前公司生产的邻苯二甲酸二甲酯，在纯度上已经能满足普通客户的需求。但是，如果能将邻苯二甲酸二甲酯的纯度提高到 99.9%，将会打造更多的可能性。

因此，张理文认为，邻苯二甲酸二甲酯也必须有多个生产工艺来满足这个需求。

"产品经过合成，中和水洗之后，纯度一般在 95% 到 98% 之间，其中主要的杂质是甲醛、邻苯二甲酸单酯以及酯化的低沸点副产物。进入脱水釜之后，虽有少量的低沸点物会在脱水时随水蒸气脱去，但终因各组分的极性以及量的关系，大部分仍在邻苯二甲酸二甲酯中。"技术部小刘苦恼地说。张理文鼓励他说："没事，你先多脱水几次，看看脱水后什么时期水分多，什么时期水分少。"

就这样，在反复的试验中，他们逐渐发现，在脱水结束之后，邻苯二甲酸二甲酯有一个相对的安定期，此时的挥发量比较少。张理文认为，在此阶段，水分已经基本脱除，而此时产品邻苯二甲酸二甲酯又不容易挥发，这是一个很好的脱除低沸物、提高产品纯度的工艺。

正所谓："山重水复疑无路，柳暗花明又一村。"原本不温不火的市场，到了 2013 年年底，由于产品纯度提升，市场上需求量大幅提高。客户纷纷反馈产品的性能好、纯度高，一时间邻苯二甲酸二甲酯成了脱销状态。

"张董，我没给您丢脸吧。"张理文笑眯眯地说。

"当然没有！"张世元拍拍他的肩膀，两人相视一笑。

● 朱雯文：外销团队第一人

润泰十年

从默默无闻到隐形冠军，一个小企业的成长轨迹

2014年正月初八，润泰新春后开工的第一个工作日，朱雯文怀着无比激动的心情走进润泰大门。润泰门厅张灯结彩一派节日祥和氛围。新春茶话会让还未正式入职的她就感受到润泰大家庭的温暖。

在董事长办公室，她见到了这个传说般的润泰创始人。张世元在看到她的自荐表时，亲切地说："回去好好把英语练练，多看看英文电影，把基础功打好，先过来试试吧。"

直到后来，朱雯文才得知，公司急招"英语专业八级"的员工，自己是张世元瞌睡时送来的"枕头"！

朱雯文所在的办公室里，共四个人，分别来自不同部门。朱雯文这才知道，原来自己是润泰国际部第一人。

对化工企业的外贸，朱雯文脑子里一片空白，无人教无人带，只能自己摸着石头过河。她先去办了海关商检注册这一类的行政手续，开始认真研究产品的应用市场。

参加海外展会是打入"敌军"的好机会。朱雯文跟着张世元辗转于海外涂料展台。朱雯文的主要任务是介绍产品、与客户洽谈、留下联系方式。不管是非洲人、中东人、美国人，还是俄罗斯人，朱雯文都能用一口流利的英语流畅交谈，面对客户的提问也能对答如流。

除了有客户在场，需要拍板以外，张世元都放权给朱雯文。更多的时候，他会满会场溜达，东张西望，还问问其他展台的产品。通过对市场的感知，洞察全球行业的发展趋势。

正所谓"知己知彼，百战不殆"，他喜欢找人聊天，聊产品信息，聊市场行情，从而对海外市场有更深刻的判断，这些都给朱雯文留下了深刻的印象，也给她做了榜样。

参加完展会，朱雯文将成膜助剂的样品寄给客户，定期做好回访。后面的一整年，朱雯文满世界飞，把润泰的成膜助剂也满世界"散发"出去。

功夫不负有心人。发广告，做介绍，广撒"渔网"，终于赢来了第一笔国际生意。土耳其客户订购了一整柜的产品。虽然货值仅有20万元，但毕竟这是润泰的第一笔业务啊！

收到了土耳其方面的打款后，朱雯文第一时间向张世元汇报了这一重大进展。张世元激动地说："谢谢！"

朱雯文心里一暖。只有她自己清楚，从一个懵懂入行的"菜鸟"，变成统领国际部的"悍将"，她经历了多么艰辛的努力、苦苦的等待啊。

而这时候，一句肯定的话，有多么重要！

张世元经常对员工说的一句话是："一个好的销售，就是客户的采购员。用真诚的态度、专业的素养征服客户，让客户把你看成公司的采购，是在帮他们用最好的价格、最省心的服务，买到性价比最高的产品。"这句话引起了朱雯文的深思。如何能让客户把自己当"采购员"呢？

通过长期海外参展的经验，朱雯文分析，国外的大客户一般存在两个极端：一种是稳定成型的大公司，采购多年不换人，这种公司应当建立长期稳定的关系网络；另外一种是管控严格的大公司，例如亚洲涂料，能在世界涂料排名前五的公司。采购人员往往不到半年就换人，根本无法通过人情世故来把关系做透。

朱雯文认为，对于后者，所要做的就是展现自己的专业深度。通过各项系统评分，例如工厂资质、交货期评分、品质评分、跟踪服务及时性等评分指标，用产品说话，让客户信赖。

除此之外，让客户感受到自己为他们着想。举个例子，如果预测到下一阶段市场行情上浮，原材料价格会上涨，朱雯文会第一时间告知客户。一来客户如果需要产品，最好提前备货，以防出现供应紧张，供不应求；二来是提醒客户及时增加采购成本，以防出现资金链断裂。出现市场行情下滑的时候，朱雯文同样第一时间告知客户，提醒客户要放多少库存量最合适。朱雯文常说："我既是润泰的销售员，又是客户的采购员！"

时间一长，客户都离不开她这个"天气预报"了。

"可别小看我这个'天气预报'，及时给客户一个市场反馈信息，等于把人家看成自己人，省心省力，时间长了，客户想不合作都难。"朱雯文自豪地说。

从2012年开始到2018年年底，国际部实现成膜助剂从0到150万吨的销量，朱雯文粗略一算，卖出去的助剂做的涂料可以绕着地球涂三

润泰十年
从默默无闻到隐形冠军，一个小企业的成长轨迹

圈了！

如今，身为管理层的她，收获了润泰这个大家庭的幸福感，同样也感到身上责任之重大。朱雯文说："作为一名创业元老，我要时刻保持学习的激情和动力，居安思危，永远往前冲！"

● 崔海波：倔强老头

在润泰，员工80%以上是本地人，20%员工来自天南地北、五湖四海。

怎么才能让大家心往一处想、劲往一处使呢？

张世元认为："最实在的就是搞好员工福利，员工的切身利益保证了，没有了后顾之忧，人心自然也收齐了，想不团结都难。"

这可不是一句空口的承诺。在润泰，职工平均工资远远超过本地区同行业工资水平，并且公司保障每年工资增长15%左右。由于润泰优渥的员工福利，公司涌现出很多"知恩图报"的事例。

公司运营中心机修班班长兼电工崔海波，黑龙江省齐齐哈尔市人，五十多

岁了，高个儿，因长期室外工作，皮肤黝黑，看上去有点苍老。

崔海波和妻子2012年双双入职润泰，可以算是润泰的老职工了，人们遇见崔海波都亲切地尊称他为"老崔"。

为了让两口子能够安心工作，公司为其安排了套间宿舍，一日三餐由公司免费提供，生活上公司关怀备至。

老崔两口子特别知足。他们深知背井离乡在外打工的艰辛与不易，从来没有想到，在他乡也能体会到故乡般的亲切和温暖。

他们一年回一次东北老家，本来是极其难得的与亲人团圆的机会，但是如果公司生产任务忙，走不开，他们就留在公司不走了，大年初一也在公司上班。为了公司这个大家，放弃小家的春节团圆。

有人问："老崔，今年又不回去啊。不想家吗？"

"都一样嘛，这里也是我们的家。想家里人，可以给家里视频，现在微信多方便！"老崔黝黑的脸上露出了憨厚的笑容。

老崔一心扑在工作上，白天奔走于每个车间，哪里设备有问题了，哪里就有老崔。老崔还是个"多面手"，水、电、小电器、小设备安装等等，他都能得心应手。因此，老崔在公司成了"闲不住的人"，公司不管是谁，有请老崔帮助的，老崔总是第一时间内帮他完成，老崔也就成了公司不可缺少的人物。

每次帮了别人，老崔从不求回报。他大大咧咧地说："大家都是一个公司的，就得要团结嘛！"

2018年3月，公司组织员工体检，老崔不幸查出了肝部血管瘤，需要手术治疗。医生要他休息治疗，可是他说："公司那么多事情需要我，我怎能离开岗位呢！"

虽然老崔一再坚持回岗位，但是身体是大事，同事都劝他休息治疗，他磨磨蹭蹭地拖了近三个月，才提出了休息。就这样，老崔坐上了一趟去东北的火车。铁轨顺着大地蜿蜒前进，老崔开始想公司了。

住院治疗期间，老崔惦记着公司的事情，时常打电话问问公司的工作情况，生怕他的助手在工作上出现差错，影响生产任务的完成。按常规，这种病手术治疗后最少要休息两三个月，可他只休息了一个多月就来公司上班了。

公司领导、员工都劝老崔再休息一段时间工作。"不急，老崔，身体最重要。你好好歇着。"

可老崔的犟脾气犯了，坚决不同意，并且说："这点病算什么！我身体恢复得很好！再说，休息了那么长时间，公司那么多工作要去做，别人都在忙，我能坐在家里看着吗？"

大伙也不好再说什么，只能劝他边做边休息，在现场多多指挥，可他闲不住，任谁劝，他都不肯丢下活。没办法，老崔就是这样一个很"倔强"的人。

老崔凭着诚实做人、踏实做事，连续五年被评为公司"优秀员工"，2018年被评为公司"勤劳标兵"。领了表彰的老崔，摇着脑袋，连声说："我只是做了我应该做的事嘛！公司给了我们老两口无微不至的关怀，应当感恩润泰，受人之恩，当涌泉相报，我为在这样的公司里工作感到自豪、快乐！"

● 五朵金花：绽放在基层

在润泰，提起"五朵金花"，可谓无人不知，无人不晓。

她们年纪相仿，都是四十左右的中年妇女。她们扎根基层，冲锋一线，将最美好的奉献留在幕后、最动人的身影定格在车间，用汗水孕育劳动之花。

她们从来不会畏缩谈起自己的职业：仓储、卸料、包装、打包、叉车，她们的脸上写满了自信。

她们很自豪，自己是一名基层的工人，能够靠着劳动得到报酬，获得公司的表彰，收获他人的尊重。

虽然她们的学历不高，没有青春靓丽的外表，没有高雅的言谈举止，但她们撑起了生产一线的半边天，是五朵朴素而低调的"金花"。

仓储之花——王爱萍

建厂初期，学历不高的王爱萍来到润泰，进入了仓储部成品库。她的工作很简单，每天跟各式各样的产品打交道，清点货物、及时登记和检查、做好报备和派货。

一开始，仓库管理不是很完善，全是靠手写登记。大热天，仓库的温度很高，纸张上沾了汗渍，字迹容易潮湿、模糊，影响判断。

宋文娟经常在车间一线，有时候和员工一起盘点物资。她发现，这位大姐心很细，自己还另外弄了个记录本，记录得非常认真。大到30吨的集装箱，小到几百公斤的小桶，无一差错。

宋文娟就会夸她："王大姐，你的岗位很重要啊！要是发错了货，那岂不是给客户带来了麻烦，也影响企业的信誉。你做得很好！"

王爱萍不好意思地笑了："宋总，这不是我应该做的吗？"

王爱萍的严谨和一丝不苟，让润泰的产品带着客户的期盼，被装上一辆辆奔向四面八方的卡车。

卸料之花——李晓梅

当暮色悄悄来临，润泰的车道上又停下一辆巨大的槽罐车。

这天，由于原料车在路上晚点，快要下班时才到，为保证生产供应，原料急需入库。

突然，对讲机里响起来："注意！车马上要进来了！准备卸料！"

"收到，收到！"刚刚脱下工作服的她，又匆匆换了回去。

伴着晚霞，这个身影渐渐出现。她个头不高，戴着一顶安全帽，穿着深蓝色的工作服。她就是李晓梅。

由于车辆路上堵塞导致卸料员晚点下班这样的事是家常便饭，可不管原料到得多晚，只要接到通知，她都第一时间回到岗位。

由于原料闪点低、易挥发，每次卸料都要求卸料员全程现场跟踪，查看有没有安全隐患、气味泄漏。时间长了，她练就了灵敏的嗅觉和超常的观察力。

尽管肚子咕咕叫着在抗议，但李晓梅都要挨个检查，直到确认原料没有问题，才指挥放行。

"怎么还没查完？差不多就得了。"有同事小声咕哝道。

"为了安全起见，请你再等一下。"李晓梅的声音很轻，但坚定有力。她始终认为，虽然自己的工作岗位平凡，但责任重于泰山。让原料安全进仓，为生产保驾护航，这是她的工作使命。

包装之花——王丽萍

每次走进润泰的包装车间，总会看到一个忙碌的身影，她的身上贴着许多标签。

只见她眼疾手快，一双有力的手从胳膊位置瞬间撕下一个标签，又如"佛山无影手"一般，飞快地将标签贴在包装桶上。她的速度精确到秒。待发出的成品就这样悄无声息地被她打上"标签"。她就是润泰普普通通的一员，包装工王丽萍。

王丽萍贴标签不光速度快，而且贴得工整美观。无论是大桶小桶，都没有一点偏差，包装好的产品准确地进入成品发货区，整齐得像一个个待命的士兵，时刻准备走向地球的四面八方。

润泰十年
从默默无闻到隐形冠军，一个小企业的成长轨迹

一身标签的王丽萍说："我这个工作很重要，如果包装得不好，会显得我们企业不认真、不严谨。"

打包之花——张立梅

上夜班的人都知道，包装车间的灯亮着，那是苏卫民和张立梅在为出口的产品打包装。

虽说夫妻搭档，干活"不累"，但其实这个工作并不轻松。出口发货时间紧、任务重，如果白天没有完成打包，晚上就需要加班才能确保第二天早上产品顺利装上集装箱。加班就成了两口子的家常便饭。

打不完包，他们谁都不会走。两人默契配合，毫无一句怨言，只有一个目标：高标准地完成工作，赶上第二天发货。

望着打包好的产品开出仓库的那一刻，张立梅的幸福感也油然而生。

第五篇 "将"——团队人才

叉车之花——堵秋林

润泰的生产一线，有一道别致的风景。在开叉车的人里面竟然有个女叉车工。她就是堵秋林。

无论是装货下货，还是产品倒库，堵秋林巾帼不让须眉，每次都是冲锋在前，安全地把货物送到存放地点。

论车技，没有几个男同事敢跳出来单挑的。

堵秋林靠的是一股子韧劲，不服输的劲头。尤其是夏天，酷暑难耐，集装箱里密不透风，她顶着烈日不叫苦叫累，把叉车平稳地开进集装箱，精准地把成品放置在集装箱里，浑身汗如雨下，衣服像是重铅一样紧紧裹着她的双腿。

"小堵，歇一歇吧！"

"还有货呢！"堵秋林随手抹了下额头上的汗珠，又继续运下一趟货了……

● 张志斌（已故）：首任办公室主任

提起张志斌，还得从一盘象棋说起。张世元在日出工作期间，与张志斌是同事，象棋也是他俩的共同爱好，没事儿的时候总喜欢"杀"上两盘儿。张世元敬重他是个前辈，虽然那时是张志斌的上级，见到他时总亲切地喊他"老主任"（张志斌曾任日出办公室主任）。后来，张志斌离开日出，将一副象棋送给了张世元，两人的感情越发浓厚。

2013年，润泰闯过了赔偿的"危险期"，张世元也更清醒地认识到了管理的重要性。齐大造假事件给公司带来的负面影响深深地撞击着他的心，做产品要做品牌，离不开管理！"润泰要有自己的品牌形象，要有自己的商标宣传，要有更精细的制度和流程，要找到一个这样的人来做这个事情。"张世元扶肘沉思，一个电话进来，他顿时眼睛一亮。"世元，好久没切磋棋艺了，有空杀两盘儿吗？"对，老主任不就是我正要找的人吗！"好，这次我们必须好好地研究下棋局。"

经过张世元真诚的邀请，张志斌加入了润泰，成为润泰第一任办公室主任。他从制度流程入手，根据公司现状和发展需要，设定了一系列的行政管理办法，同时着力润泰驰名商标的申请。他主持编订的润泰《CIS手册》详细地规范了公司品牌宣传流程和形象设计。《润泰新材》（公司内刊）也在他手中诞生。

很不幸的是，因身体突发状况，张志斌在上海离世。在葬礼上，时任总经理於宁代表公司做了悼词，公司全体员工一同前去送别"老主任"。而后逢年过节，张世元仍挂念着"老主任"的亲人，一次不落地派公司工会进行慰问，并每年发放抚恤金三万元。

● 王长英：润泰采购创新模式的缔造者

王长英是张世元在日出的同事，对营销管理和采购流程有丰富的经验。润泰熬过了"冬天"，事业蒸蒸日上，但采购成本直接关系到生产成本和企业的直接利润，公司要以尽可能低的价格和合适的量来购买高质量的原材料。如何优化采购管理，让润泰的发展步步"踩到点儿上"，经过思考，张世元觉得王长英最能胜任这个工作。王长英当时因身体在家中调养。张世元亲自登门拜访，诚恳邀请王长英坐镇采购部，员工们亲切地喊她王部长。

凭借多年的采购管理经验，她改变了电话采购下订单的模式，规范合同和审批流程，借助卓创网的信息，及时跟进市场行情分析和价格评估，再根据价格、质量、选择、服务、支持、可获得性、可靠性、生产和分配能力以及供应商的信用和历史来研究和评价供应商的资质，分析报价、财务报告和其他数据及信息来确定合理的价格。

有了王长英的加入，润泰采购体系得以改善和优化，发挥了从源头创效益的管理效能。在临退休前，王长英培养了成熟的采购团队，可以说是润泰采购模式创新的缔造者。

第六篇

"法"——流程制度

《孙子兵法》认为成功的要素是"道、天、地、将、法"。法,指组织结构,责权划分,人员编制,管理制度,资源保障,物资调配。企业之"法"泛指企业流程优化与制度执行。

将之以任，不可不察也。

———孙武

不做当事者，只做担当者！

———张世元

01　温情与枷锁

● 能者上，促发展

从润泰创立之初，张世元就用"以制度塑形，以文化塑魂"的理念，为润泰套上了缰绳，但并没有束缚住脚步，反而跑得更快。那么他是怎样巧妙地套上缰绳的呢？

首先，将学习作为一项常态化制度，让员工在学习中成长，降低犯错的概率。所有员工都要从最基础的《员工手册》学起，确保各项工作有章可循；规范员工日常行为，讲究行礼，进行现代礼仪常识讲座和培训，促使全体员工懂礼、知礼、用礼、善礼。

接下来，各种高水准的专业化培训随之而来。"创新思维与组织执行力提升""4R执行力系统""企业标准化管理体系""安全标准化""团队管理""营销管理""合同管理""法律法规""礼仪规范"等方面，术业专攻，也有侧重。

只要有培训，张世元没有特殊事情都会到场参加。每次培训，他都会带着一本厚厚的笔记簿、一支笔，认真地记录讲师讲授的内容，并写下自己反思的话语。

在他的笔记上，不时能爆出一些"金句"：

（1）不做当事者，只做担当者。

（2）诚实地做事，正直地做人。

（3）达成共识是沟通的开始。

（4）办法总比困难多，发现问题是本能，解决问题是能力。

（5）常怀感恩之心，感谢公司给你平台，感谢同事跟你配合。

（6）跟对领导很重要。愿意教你的、放手让你做的领导，绝对要珍惜。

（7）不要总是想着做得不顺就放弃，哪个公司都有优点，哪个公司都有问题。

（8）公司的问题就是你脱颖而出的机会，抱怨和埋怨是无能，更是在放弃机会。

……

每次培训会上，张世元都会分享一下自己听课的心得体会。听完他的分享，员工们都有种醍醐灌顶的感觉。

其次，张世元发现，润泰创立时间不久，因此企业管理制度不够完善，流程也烦琐冗杂。也就是说，完善管理制度、简化流程刻不容缓！

2012年，张世元打造的以企业资源管理信息系统为应用基础的工业流程初级数字化系统，仅仅两年时间已经"OUT"了！不少管理干部向他反映：

财务核对票据，一项项审批特别麻烦！

成膜助剂的库存量看不到，下个月的需求量现在也没有统计上来！

营销部营销数据传送不及时，严重影响工作效率！

彼时，润泰刚刚转危为安，再不完善管理制度，又要回到起跑线了！为此，张世元召开了ERP项目启动会，他要求公司主要领导及财务部、采购部、营销部、技术部、行政部等部门的人员全部到场！

在这次会议上，张世元一脸严肃，他郑重地强调：ERP是企业管理信息化的基础，是润泰二次腾飞的必要保障！每个人都要好好学！认真学！

并不是每个人都喜欢接受新事物。面对这样的员工，性情温和的张世元立刻切换成了"黑脸"，雷霆震怒，铁面无私地批评了一顿："必须做好 ERP！如果我们做不到，做不好，而别人做好了，那等于我们就在退步！我不允许任何人不求上进！"

引用了 ERP 系统后，员工们明显感觉到了工作中的变化，不仅部门之间交流起来没有障碍和壁垒，部门内部的供应链及生产信息系统也能得到实时管理。就拿生产部来说，所有的生产车间库存量、生产量、目标差距数字一目了然，每个工作都变得"透明"起来。

张世元很满意这样的效果。后来公司又根据发展的需要，建立了润泰 OA 协同管理平台和 SAP MES 智能化管理平台。

企业的中高层管理者作为企业的核心力量，承担着推动企业发展、实现企业战略目标的重要职责。为明确中高层管理者各自的职责和义务，提高中高层管理者对自身岗位的认知和定位，强化他们的责任感和使命感，公司与每位中高层管理者都签订了岗位承诺书。通过签订岗位承诺书，更加明确了中高层管理者的目标和任务，激发了他们为企业的长远发展而努力的动力，提高了中高层管理者的工作积极性和主动性。岗位承诺书不仅要求中高层管理者在职责范围内完成任务，还要求他们在行为准则、职业操守、团队合作等方面做出承诺。这有助于强化中高层管理者的自我约束和管理能力，也有利于塑造企业良好的形象和氛围。中高层管理者作为企业文化的倡导者和执行者，他们的凝聚力和文化理念对于企业的长远发展至关重要。岗位承诺书有助于促进中高层管理者之间的沟通交流，增强团队凝聚力和文化建设。通过共同签订岗位承诺书，中高层管理者可以更好地达成共识，形成合力，共同推动企业的发展。

● 制度管人，铁面无私

翻开润泰的《员工手册》，里面罗列了安全管理条例、纪律管理条例、现场管理条例等，每一种情况都有对应的奖惩措施。例如"三大纪律"。

第一大纪律：懂得服从——有规则的组织才能打胜仗，守规矩的人才有成功的机会。

（1）规则是现代文明的标志。红绿灯和斑马线是用来服从和遵守的，而不是用来谈判的。

（2）决策前群策群力，决定后百分百服从，将军之路从服从开始。

（3）明确位置，完成任务。知道该干什么、怎么干、干到什么标准。

第二大纪律：结果说话——有结果就是有能力，没结果就是没能力。

（1）茶壶里煮饺子，倒不出来就不是饺子。

（2）行动创造结果。有行动有结果，没行动就没结果。

（3）行百里者半九十，90%的失败在于没有坚持到底。

第三大纪律：公私分明——不侵占公司财物，不损害公司利益。

（1）会干事，更要手脚干净地做事：不动钱，不动物，不动人。

（2）不在上班时间做私事。做事有原则，做人有底线。

制度是冰冷、冷漠的，没有一丝人情味，这和"家文化"截然不同。如果用"红脸"形容让人觉得友善、温情的"家文化"，那么用"黑脸"来形容润泰的制度则一点不为过。将二者并存，如果无法处理和平衡好它们之间的关系，无异于将水火相容，简直是挑起内讧，制造麻烦。

制度是冰冷的，但公司又是温情的。张世元知道，公司一直追求极致，但有时候无法避免每个人都不犯错误。犯错误并不可怕，可怕的是在面对错误时没有采取正确的态度和措施，没有吸取教训，从而在同一类问题上重复犯错。张世元关爱和重视每一个员工，他将公司过去的员工处罚变为三部曲，给予了员工改正错误的机会，帮助员工提升和成长，也极大地规避了风险，使员工避免以后出现同类问题。

第一次犯错：管理者能力问题。

在初次出现错误的情况下，将其归咎于管理者的能力问题。管理者对其团队成员的培训和指导负有责任，如果员工在执行任务时出错，那么管理者应该首先审查自己的培训和指导过程，确定是否有任何不足之处。

这种归因方式可以激励管理者更加负责地培训和指导团队，提高团队的整体效率和准确性。同时，也给管理者提供了一个机会去修复他们的错误，以避免再次发生同样的问题。

第二次犯错：员工自身失误。

在员工犯下第二次错误时，将其归因于员工自身的失误。这表明员工可能没有完全理解任务或者没有足够的技能来完成任务。在这个阶段，对员工的错误进行纠正和提供额外的培训很有必要。

这种归因方式可以让员工认识到他们自身的责任和对于工作的投入程度，同时也可以提高他们的工作技能和效率。

第三次犯错：故意而为之。

如果员工在连续两次犯错之后再次犯同样的错误，那么将其归因于故意行为。这表明员工可能没有充分重视他们的工作或者他们有意违反规定。在这种情况下，更严厉的处罚是必要的。

这种归因方式可以帮助公司保持纪律严明和工作的高标准。对故意犯错误的员工采取更严厉的措施，避免其他员工在遇到问题时逃避责任或反复犯同样的错误。

● 不拘一格，精简高效

"将合适的人请上车，将不适合的人请下车。"管理学学者詹姆斯·柯林斯这样说道。

2012年，润泰驶入了一条车辆汹涌、追逐激烈的车道，张世元一面紧紧抓着方向盘，一面要观察到底谁能和自己同行，和润泰同行。

在"请上车"方面，张世元可谓"三顾茅庐"，不惜重金，挖掘了很多优秀的人才。用人不唯学历，不唯职称，放手放胆，大力引进人才和发展人才，让人才得到最大的施展空间。为了留住好的员工，张世元坚持"用事业留人、用感情留人、用待遇留人"。润泰每年在人才培养及研发方面的投入平均在3000万元以上，平均占总销售的3%。

在他的用人策略上，还有不为人知的一面——那就是将人"请下车"。

张世元无法忘记2013年的那个冰冷绝望的时刻，连带赔偿追责的重压下，他几乎彻夜难眠。他不由自主地走向了生产车间，此刻值班室的灯光还亮着，点亮了他心里微弱的希望。

在一车间里，不少一线工人正在辛苦加班，集中精力将手中的产品贴好标签，完成生产工序。忽然，他的脚步停住了，心也几乎同时停止跳动。在车间的门后，竟然有个工人坐在椅子上睡着了，正发出轻微的鼾声。

张世元咬着牙，愤怒地站在原地。这已经不是他第一次发现这种情况了！

前两次，他都给予提醒和劝告，这一次他再也不能容忍了！新闻上多少安全隐患、产品质量问题都是发生在夜间工作人员瞌睡时，结果酿成了人间惨案！这可不是开玩笑的事情！

张世元走过去，态度粗暴地叫醒了他。此刻张世元大发雷霆，把当天值班的组长批评了一顿。

望着员工熬得通红的双眼，张世元心软了，他严肃地说："如果再发现这种情况，一律按章从重处罚！值班干部也要受到处罚！"隔天，他召开小组会，除了要求带班干部、值班干部加大巡查力度外，继续规范公司日常行政运营管理体系，明确各部门的职能、职权、岗位责任，以《员工手册》为行为准则，严于律己，督促每个当班的员工加强责任心，遵守劳动纪律。

风波过去了没多久，有一天，张世元正在办公，忽然接到了原料泄漏的消息，头"轰"地炸了！他匆忙地赶赴现场，现场简直是一片狼藉，他的心在滴血。

他心痛地发现，这起事故是由于个别员工工作责任心不强，没有及时检查产品造成的。现场收拾残局的员工带着歉疚的目光望着他。

所幸，事态没有扩散，生产部及时处理了原料，打扫干净了现场。可张世元还是气得直哆嗦，他涨红了脸，叫喊道："原料怎么又漏了？你们这是在胡闹！把安全生产当儿戏！"

听不进任何解释，张世元专断地挥了挥手，以下结论的语气说：

润泰十年
从默默无闻到隐形冠军，一个小企业的成长轨迹

"作为一家化工企业，必须时刻绷紧安全生产的弦！一旦发生这样的事故，不仅威胁员工的人身和财产安全，还极容易造成环境污染事故。对于公司而言，也浪费了原料，降低了公司效益。"

在2014年的总结大会上，张世元全然没有了往昔的温和，变得"心狠手辣"起来，他向全体员工放话：

"如果再有类似的事故发生，除按照公司《员工手册》相关规定处理外，发生两次或两次以上责任事故的责任人立即给予辞退处理，这是对公司全体员工负责，也是对个人负责！"

有人因此灰溜溜地"下车"了。

春秋时期政治家管仲有言："制度名言事将为，其赏罚之数必先明之。"

张世元认为，只有奖罚分明，才能构成制度的完整闭环，不能让为企业尽心尽力的员工寒心，更不能无视为企业发展建功立业的人！

在2018年，尽管企业搬迁遭受重创，张世元仍然顶着压力，履行承诺，拿出100万元作为奖金！每个人的腰包都鼓起来了，脸上洋溢着抑制不住的喜悦。

张世元承诺：员工的福利待遇将继续提高，并且公司将拿出超额完成指标的50%对员工进行奖励；生产车间实行生产承包制，其中节能降耗的50%也将拿出来分配给生产人员；此外，组织管理层出国考察，全体员工进行集体外出活动。

随着润泰的稳步壮大，张世元衷心希望，老员工都能跟上快速发展的节奏，没有一个下车的人……

在润泰这样的民族化工企业，能明显感受到与互联网公司不同，没有密集的工位、拥挤的办公区、嘈杂的办公环境，每个办公室都十分宽敞、明亮、安静。

"现代管理学之父"彼得·德鲁克曾在《卓有成效的管理者》一书中提到两个重要的观点：人无完人，用人应当发挥人的长处，而不要盯着人的缺点；知识工作者的脑力劳动是否真的有效，其实是很难评估的。张世元从中找到了润泰的用人方针：不拘一格、精简高效。整个集团加起来一百多人，却能将产品远销100多个国家和地区！

第六篇 "法"——流程制度

02 润泰工作法

● 推行精益生产管理模式

实行精益管理的原因及影响

为提升管理水平，增强企业核心竞争力，促进公司高质量、高效率发展，公司成立了润泰精益管理体系推行委员会，推行精益生产管理模式。在精益管理启动会上，润泰董事长张世元作动员讲话。他从三大方面指出润泰为什么要推行精益管理，同时精准总结了推行精益管理对制造业的三大作用、五大注意事项及七大好处。

我们为什么要实行精益管理？
（1）与时俱进，赢得更多发展机会的需要。
（2）降本增效、增强竞争力的需要。
（3）流程、制度提升的需要。

关于精益管理的三大作用、五大注意事项、七大好处，具体内容如下。

推行精益管理模式，对于促进改革有非常重要的三大作用。
（1）精益管理是粗放型管理向集约型管理转变，能最大限度地减少各种形式的浪费，合理利用社会资源，提高整体效益。
（2）精益管理有利于企业运行模式的改革。

（3）精益管理有利于企业战略的实施。

推行精益管理模式中，需要注意五大事项。

（1）革新观念，树立精益意识。

（2）有效地遏制浪费，提高资金运用效率，增强竞争能力。

（3）加强对精益管理思维的学习研究。结合企业自身情况，按照精益思维原理进行改进和改造活动，精益思维是精益管理的核心。

（4）推行精益管理模式应循序渐进。精益管理不是企业管理活动的全部，它应与企业的其他管理活动相协调。

（5）不同企业适宜的管理模式也不一样，具体实施要因地制宜。

推行精益管理对于制造业而言有七大好处。

（1）库存量大幅下降。

（2）生产周期缩短。

（3）质量稳定提高，各种资源的使用效率提高。

（4）各种浪费减少，生产成本下降，企业利润增加。

（5）员工士气、企业文化、领导力、生产技术都在实施中得到提升。

（6）增强了企业的竞争力。

（7）提升企业内部流程效率，做到对顾客需求快速反应，提高顾客的满意度，从而稳定和不断扩展市场占有率。

工作六步法

为推行精益管理，提高工作效率，润泰发布了工作六步法。

（1）调研评价、成立组织（调研、评估可实施性，进行立项，成立项目小组）。

（2）培训（操作的方法和实施步骤）。

（3）事前准备（按计划做准备、责任到人）。

（4）实施（实施前：准备工作；实施中：发现异常；实施后：检讨和改善）。

（5）效果确认（经营数据分析，达成目标，效果评价）。

(6) PDCA 闭环管理及 ADLI (Approach, Deployment, Learning, and Integration，方法、展开、学习和整合)。

PDCA 闭环管理	ADLI
P：计划	A：方法
D：执行	D：展开
C：检查	L：学习
A：改进	I：整合

此工作法沿用至今，举一反三，收获了很好的效果，提升了管理团队的整体水平。

● 将文化融入执行之中

实干为先，执行为要。如果员工感觉企业文化太"虚"了，那是企业文化执行力度不够造成的。想要企业文化由"虚"到"实"，执行是关键。企业自觉按照自己所倡导的理念、准则、价值主张，认真执行，做到表里如一、言行一致，并长期坚持下去，这样的企业文化就不是"虚"的了，而是实实在在的一种风气和氛围。

天下之事，虑之贵详，行之贵力。要将文化引深入实，关键就在于不断增强执行力、提高落实力。需要将文化转化为用以开展工作的管理规范和方法，融入企业整体经营的方方面面。

将文化融入执行之中，打造优秀的执行文化。必须以思想破冰为出发点，坚持高标准学习、高质量服务、高效率创新，以久久为功的韧劲、驰而不息的劲头，不断推动文化建设常态化、长效化。

一是变"躺平"为"实干"，促进执行能力提升。牢固树立"坚决完成任务，绝不找任何借口"的理念，不互相推诿扯皮，面对安排的工作、承担的任务、定下来的事情，要盯住靠上、抓紧实施，努力营造个个尽责、人人争先的良好工作局面。

二是变"被动"为"主动"，让基层治理焕发"活力"。把"马上办、靠前办、办就办好"作为工作标准，公司实施月度考评制度，对员工进行绩效考核，对员工的工作进行量化考核，并设立了奖优罚劣制度，使员工的工作状态由"让我干"转为"我要干"，工作积极性大幅提升。

三是变"完成"为"创优"，抓实文化氛围营造。树立精益意识，增强效率观念，计划安排有预见，工作落实早准备，保持争先进位的信心和定力，以"干就干到最好、做就做到极致"的拼劲、韧劲，推动各项工作整体上台阶，遵循结果导向，数据说话，真正做到"说了就干、定了就办、办就办好"。

● 将战略贯彻行动之中

定目标

人都有惰性，而惰性恰恰是执行力的天敌。为了打掉人所固有的惰性，必须有一种牵引力，这就是目标管理。

现代管理理论之父切斯特·巴纳德说："目标管理的最大好处是，它使员工能够控制他们自己的成绩。这种自我控制可以成为更强烈的动力，推动他们尽最大的力量把工作做好。"格力总裁董明珠说："顺手就可以拿到的东西，不叫目标，一定要跳起来才能达到的东西才是目标。"

润泰制订组织和员工个人目标时，一定要依据现实，主要方向是大家能够同心协力为之努力拼搏的。

过去润泰人在执行力上存在大量问题。最典型的表现是行动迟缓、互相推诿、执行低下、流程不畅。

因此，张世元明白，战略制定以后，动作一定要快，"观念＋时间"才是真正的财富。

公司秉承"润泰新材，润泽未来"的使命和"成为行业内领衔企业及卓越品牌"的愿景，立足实际、关注顾客及相关方、贴近市场、借助外脑，通过细致的战略分析，制定战略规划和目标，进行战略部署，并配置资源予以实施，使公司在激烈的市场竞争中不断发展壮大。

公司管理层几经讨论研究，最终定下了公司的短期、中期、长期战略目标，并随着经营情况及时纠偏和修订。考虑到行业外部发展变化大的特点，以及与标杆／竞争对手绩效预测对比数据相对准确等因素，采用"1+5+10"（短期计划 1 年、中期计划 5 年、长期计划 10 年）模式设定战略时间区间，每年年底修订中期战略，确保公司战略制定与长期计划区间的适应性；每年末召开战略专题研讨会，对本年度战略实施情况进行分析和评价，制订下年度公司年度计划和目标，确保公司战略制定与短期计划相适应。公司在制订战略目标时，充分考虑并预测国际国内的形势、宏观经济环境、法律法规、行业的发展趋势等方面给公司带来的长短期挑战，制定了相应的应对措施；同时积极把握行业发展给公司带来的机遇，促进公司的发展。

润泰五年战略目标（2020—2024）：

第一，把小公司做成大公司，把大公司做成大家的公司，实现 IPO 上市。

第二，加快资本运作，深化国际合作，打造三大基地（中国泰兴、阿联酋阿布扎比、美国）。

第三，稳中央，突两翼；力争两年翻一番，五年翻两番（2021 年营收达到 10 亿元、2024 年营收达到 20 亿元）。

润泰十年战略目标（2020—2029）：

第一，实现百亿润泰"1、3、5"目标（未来十年营收目标力争从 10 亿元到 30 亿元到 50 亿元到 100 亿元）。

第二，实现"百千亿"目标（未来十年持股员工成为百万、千万、亿万富翁）。

润泰长期战略目标：

努力成为市值千亿元百年百强企业。

润泰十年
从默默无闻到隐形冠军，一个小企业的成长轨迹

定责任

一次总结会上，张世元给各位中层以上管理人员讲了一个"把信送给加西亚"的故事。当美西战争爆发后，美国必须立即跟抗击西班牙的军队首领加西亚取得联系。加西亚在古巴丛林的山里——没有人知道确切的地点，所以无法带信给他。美国总统必须尽快跟他合作，有人对总统说："有一个名叫罗文的人，有办法找到加西亚，也只有他才找得到。"

他们把罗文找来，交给他一封写给加西亚的信。罗文拿了信，把它装进一个油纸袋里，封好，吊在胸口。三个星期之后，他徒步走过一个危机四伏的国家，把那封信交给了加西亚。其中一个有意思的细节是，美国总统把信交给罗文，而罗文接过信之后，总统并没有问罗文加西亚在什么地方，该怎样去找他。当时，罗文也不知道加西亚藏身的确切地点，但是在他接过这封信的时候，他就以一个军人的高度责任感接过了这个神圣的任务。他什么也没有说，想到的只是如何把信送给加西亚。在这个故事里，罗文之所以能够出色地完成任务，一方面是源于总统对他的充分信任，另一方面也是因为他自身超强的执行力、强烈的责任感和不怕困难的品质。

任何一项工作的完成都离不开人与人之间的配合，管理者和下属之间的博弈也从未间断过。管理者必须尊重每一位员工，同时也应该信任他们，这样的态度不单单是一种礼貌的要求，更是基于这样一个理念——员工才是企业真正的主人。但是光信任是不够的，如果管理者在用人上犯了"天真""幼稚"的错误，带来的损失如何弥补？所以管理者还必须有能够降服下属的秘密武器。魏文侯留着两箱子弹劾奏章而没有烧掉，正是为了告诉乐羊，是谁给了他机会。

对此，张世元总结出：责任是一种驱动力，这对执行力非常重要。

自动自发的主动执行力固然好，但是在思想多元化的社会大背景下，被动执行力也是不可或缺的。没有责任，干与不干一个样，干好干坏一个样，谁会去干呢？

公司从职责分工、工作任务、业务流程以及沟通等方面进行定责。

(1) 明确职责分工：这件事由谁去做。

(2) 明确工作任务：包括工作内容、工作量、工作要求、目标、完成时限等。

(3) 明确业务流程：从哪里开始，执行路径，到哪里终止。

(4) 沟通时要做到五个讲清：

①指令讲清。要干什么。

②目标讲清。要干到什么程度。

③后果讲清。完不成的后果是什么。

④责任讲清。这件事谁全权负责。

⑤细节讲清。有哪些需要注意的地方。

看结果

(1) 完成任务不等于完成结果。

(2) 好的态度不等于好的结果。

(3) 履行责任不等于有好的结果。

好的结果一定要具备三要素：

(1) 可衡量。结果是量化的。

(2) 有价值。结果符合预期。

(3) 可交换。结果可以为你的劳动支付报酬。

定行为

自我管理又称为自我控制，是指利用个人内在力量改变行为的策略，即通过对自己的目标、思想、心理和行为进行管理，自己管理自己，自己约束自己，自己激励自己，自己管理自己的事务，从而实现内控式管理。

自我管理需要从关注细节和提升素养开始，为此，润泰建立了做事的八个原则：

1	要事第一	5	杜绝拖延
2	计划管理	6	分类整理
3	任务清单	7	马上行动
4	日事日毕	8	每日复盘

树心态

（1）匠心。

匠心精神，更多地强调专注和创新，即用心做一件事的心态。

任正非说："尽心与尽力是两回事。用心的干部即使技术上差一点也会赶上来，因为他会积极开动脑筋想方设法去工作。"

（2）野心。

一个员工、一个团队，都需要点野心。野心是成功的欲望，更是一种强劲的自驱力。

员工没有野心，就会产生小富即安的思想，整天想着躺在功劳簿上数钱。团队没有野心，就会目光短浅，失去竞争的血性。

雷军曾经说："野心和执行力，才是一个人最核心的竞争力。"

一个被巨大野心驱动的人，会极度自律、昼度夜思、殚精竭虑、不知疲倦，因为他不是想赢，而是必须赢。杰克·韦尔奇在《赢》这本书中说："有必赢的心态，执行力才是强大的。"

（3）开心。

蓝斯登定律指出：给员工快乐的工作环境，能够产生强大的执行力和凝聚力。

快乐的员工会主动积极地投入工作，发挥他们真正的潜力，而且能把自己的快乐带给客户，从而能够维护企业形象，扩大销售利润。

让员工快乐工作，需要遵循四个原则：

原则一：允许表现，即不要有官僚文化。

原则二：自发的快乐，比如尊重员工的工作意愿。

原则三：信任员工。信任产生激励。

原则四：重视快乐方式的多样化。比如改善环境，丰富团建活动等。

（4）恒心。

稻盛和夫被日本人称为经营之神，白手起家创办了两家世界500强企业：京瓷和KDDI。稻盛和夫所著《六项精进》一书中说：一切成功皆来源于付出不亚于任何人的努力。其实，这也是执行力的核心精进之一。

一个团队，执行力最大的问题是什么？并不是目标高不可攀，而是做事虎头蛇尾，甚至是半途而废。

执行过程，困难是常见的，挫折也是难免的，唯有咬定目标，坚忍不拔，全力以赴，坚持到底，最终才能拿到想要的结果。

● 把目标落实管理之中

润泰631法则

凡是能够把生意做好，并且做大的老板，都在运用一种法则，叫631法则，也就是把60%的时间用来维护10%的有价值的人，再把30%的时间拿去维护你的老客户，剩下的10%的时间用来维护60%的客户，这个631法则一般的人是研究不透的，在润泰营销部门应用得恰到好处。

（1）洞察规律。深入调研市场趋势、把握战略机会点和时机窗口，只有识别并驾驭这些规律，才能够立于不败之地。

（2）紧跟时代。当今时代，人流、物流、信息流的流动速度大大增加，推动了行业环境、竞争环境的快速变化，只有适应发展、洞悉变化，才能立于不败之地。

（3）对标一流。在新的环境下，在产品、品牌、创新、治理等方面注重对标领先，是提升企业能力的关键推手。

（4）战略下沉。要将战略工作下沉到业务层面，将业务战略做深做细。

（5）聚焦核心。将资源聚焦到核心产品、核心业务和核心能力上来，以应对经济增速趋缓、市场竞争激烈的环境变化。

（6）价值为王。在任何环境下，坚守价值至上理念，注重客户价值主张、产品性能卓越、不断塑造成本优势，让价值成为企业生存发展的基石。

润泰271法则

管理学中，有一个"271定律"。实际上，"271定律"脱胎于经济学上的二八法则，即帕累托定律（由经济学家维尔雷多·帕累托提出），就是员工可分为以下三类：最优员工，就是能力非常强的员工，这样的员工一般是企业的核心成员和骨干，占比20%；中间员工，是企业里存在的大多数，能力平庸，表现普通，占比70%；最差员工，则是企业想要淘汰的少数人，占比10%。

（1）20%员工：树标杆、立榜样，并给予物质与精神的褒奖。

对于团队里面表现最好的20%员工，管理者首先是要给予大量的褒奖，包括奖金、期权、表扬、培训以及其他各种各样的物质、精神奖励。管理者要注意的是，一定不能怠慢"明星"式员工，要让优秀的人得到最好的奖励。

（2）70%员工：做好辅导，帮助他们建立结果思维与目标意识。

"7"在"2"与"1"之间，"7"是很难管的部分，代表了业绩和价值观都不突出的员工。对于这70%的员工要采取的管理方式，更多的是技能辅导和周全的目标设定。

（3）10%员工：管理"心要慈，刀要快""不教而杀谓之虐"。

优胜劣汰是管理者对待"1"的最有效的方式。正所谓"快刀斩乱麻"，管理者要及时将这部分员工淘汰，避免造成更大的损失。就算"1"有极强的业务能力与超高的绩效水平，管理者也不能给他们发奖金、涨工资，因为他们不认同企业的价值观，如果给予他们较高的待遇会给其他员工错误的信号，会降低员工对团队的信任。

03 新时代的战斗堡垒

● 幸福润泰

经营企业就是经营人的幸福！这是董事长张世元语录中比较经典的一句。一个企业，该传承怎样的文化，才能凝聚起团结一心、众志成城的强大堡垒，润泰给出了两个字"幸福"。幸福是什么？什么才算得上是幸福？

环境优美的厂区，整齐有序的工作环境；从多维度关心员工的衣食住行；员工薪酬收入普遍增长，人均工资收入达历史最好水平；生产一线条件持续改善，员工满意度不断提高；组织开展丰富多彩的文体活动及培训，丰富员工文体生活；加大困难帮扶和服务一线员工力度，广泛开展送温暖工作。

以行动诠释大爱，把温暖带回家，公司"孝文化"源远流长。进一步助推员工孝悌感恩意识，培养员工感恩思想，加强企业与员工家庭间的互动，让员工的父母或家人感受到润泰的温暖和孝文化的传承。"孝"是中华民族的传统文化，在润泰，对"孝"赋予了更深的内涵，即企业应当感恩员工辛勤的付出，感恩客户的大力支持，感恩社会赋予的有利条件和环境。俗话说："百善孝为先。"公司为员工父母发放感恩金，一方面是为让员工的父母共同享受他们子女所创造的成果；另一方面是为了表达感恩之情。感恩金的发放是一种理念的倡导，是践行公司的孝文化，希望感恩金机制能像酵母一样，将员工的感恩心和责任心发酵出来，从而感染更多的人，让孝的传统美德得到弘扬。润泰用这个微小举动，表达对员

润泰十年
从默默无闻到隐形冠军，一个小企业的成长轨迹

工父母的拳拳敬意。

尊重和善待每一位员工，始终坚持用心关怀公司的所有员工，提升员工的幸福感，为员工搭建一个为之奋斗的平台。爱也是相互的，正因为员工们在自己的岗位上兢兢业业，为公司付出了勤劳和汗水，才成就了如今的润泰。

以为职工办好事、办实事为己任，努力为员工排忧解难，做到既维护了企业的整体利益，又维护了员工的具体利益。工会经常深入生产一线，认真了解员工家庭的生活、工作状况；了解公司职工的家庭情况，为家庭困难的职工申请资金帮助，给予员工来自润泰家庭的温暖。

2022年，公司被泰兴市总工会评为"泰兴市幸福企业"，2023年被泰州市委统战部评为"五星级幸福民企"。

幸福企业建设之路永无止境，2022年，润泰再一次加大了幸福企业建设力度，出台了"幸福润泰实施方案"，充分显示出润泰发展成果惠及员工的决心和力度，从薪资提升、福利待遇、奖励激励、荣誉晋升、人文责任、工作环境等诸多方面为员工"定制幸福"。

（1）润泰人入职满三年总收入超过10万元／年（已在籍润泰人三年

内达标)。

(2) 每年计提本年度扣非后净利润10%，作为本年度奖金计划，每年度最少发放一个月月薪作为奖金；完成上年度扣非后净利润，最少发两个月奖金；完成本年度计划目标扣非后净利润最少发三个月奖金；公司成立五年、十年等特殊纪念日，为员工父母或家属发放慰问金，最少按入职年限×1000元计算，或最少发一个月工资作为慰问金。

(3) 每年度对有突出贡献、重大贡献的员工颁发10万元以上或奖励小轿车一部，作为董事长特别奖。

(4) 增强员工爱国、爱党、爱企业的情怀，每五年为员工配置国产顶级品牌手机一部（价值5000元左右）。

(5) 提高衣、食、住、行的标准。每年为一线工人发放夏季、冬季工作服各两套；每两年为员工发放夏季工装两套；公司重大纪念日为员工发放定制西装一套。为员工提供高质量的免费工作餐，合理调整菜谱，确保饮食健康；食堂统一采购甘肃无公害大米，从五星级酒店平台采购无公害蔬菜，统一制作纯净水为员工饮用。三年内为所有员工提供免费住宿。为经管层、高管层配置专车；为员工提供大巴车接送。公司按季度给员工发放一定量的劳保用品或应时的救援物资，作为福利（包含口罩、防暑降温物资等），员工在公司工作期间可享受防暑降温费、租房补贴、年度健康体检等福利待遇；女职工享受女性专项体检的待遇；定期举办健康知识讲座。

(6) 员工生日当天，给予员工每人每年上百元的生日祝贺卡，上级主管须亲自致以祝福问候并在工作安排上适度调节其工作强度；员工生日当天上班按节假日工资计算（当月上班天数超过最低上班天数适用）。

(7) 当年被公司表彰的先进个人、标兵、党员，年终时享受一次性奖励2000元/人，次年享受激励奖励每人200元/月；组织关系在公司的党员、预备党员、发展对象、入党积极分子（经连续2年度考察期）、退伍军人（凭退伍证），发放激励奖励每人200元/月。

(8) 员工在职期间结婚、生育的，给予2000元祝贺金；员工在职期间生病住院，上级主管与工会前去看望慰问，并送上600~2000元慰问金，连续生病住院视情况慰问；员工的配偶、父母、子女、配偶的父母去世时，公司给予每人 2000 元慰问金；工会每年春节前对在职特困员工视情况给予 1000～2000 元慰问金。

（9）公司工龄满三年的员工，每年的年终奖在原有基础上增加 2000 元；工龄满五年的员工，每年的年终奖在原有基础上增加 5000 元；工龄满十年的员工，每年的年终奖在原有基础上增加 10000 元。

（10）正式员工工作满一年，与配偶或父母分居两地（300 公里以上），又不能在公休假日团聚的，可以享受探望配偶或父母的待遇，来往路程费补贴标准每人 1000 元／年。

（11）除夕夜班在岗员工和正月初一白班在岗员工，公司给予每人 200 元的新年红包，由正月初一值班领导对员工慰问；春节假期结束后上班第一天，公司给予每人 200 元开门红包；端午节、中秋节每人发放 300 元购物卡，春节发放 400 元购物卡。

（12）园区及以上主要部门表彰的先进个人（公司复核同意的）、优秀党员每人一次奖励 2000 元；年度优秀员工公司除了进行表彰以外可视情况组织一次外出游玩或者聚会，可邀请家属参加。

（13）凡有新进人员入职公司，必须由主管或经理为其介绍公司的主要领导情况及其在工作中协同工作的部门情况；由管理中心组织，按需举行新进员工的欢迎仪式，由所属中心分管领导、中心经理配合进行，对新进员工表示欢迎；新员工到岗第一个星期之内，上级主管须做不低于两次的访谈，工会须做不低于一次的访谈，了解其进入工作岗位后的状况和思想动态；新员工（上岗一个月以内的）出现工作过失的，一律以帮助教育为基本的方式；给新进员工和青年员工安排一对一的"师徒传帮带"。

（14）定期开展员工喜闻乐见的文化活动、劳动竞技比赛。根据需要，组织员工进行外出拓展训练、深造等多种形式的外训，不断提升员工队伍素质；由工会牵头，成立多种社团、文艺组织，广泛培养员工的兴趣爱好；每年组织员工观看一场爱国教育题材的电影或发放观影票；为已经达到退休年龄的人员举行荣退仪式，感谢他们的辛苦付出。

（15）凡员工或者其直系亲属发生重大意外事件，或者员工工作生活中出现重大困难的，公司（工会）核实后主动给予支持帮助；凡公司工龄满五年以上的员工，增加一天的带薪婚假、产假（或配偶生产陪护假）、直系亲属丧假。

（16）公司常备部分非处方药品供员工免费使用；每周二、周四理发室对员工免费开放；发放福利品时，对外包单位员工（如保安等）同样享受和内部员工一样的待遇。

（17）鼓励员工提出合理化建议，并对已经采纳的高质量合理化建议予以奖励和表彰。

（18）凡因工作原因加班超过23点的员工，次日可以推迟至10点上班，或第二天中午调整到15点上班，出勤按正常时间计算；高级工程师、顾问可居家办公或每周一上午、周五下午到公司办公，不参加考勤。

（19）建设花园式工厂、五星级办公环境，书吧、茶吧、乒乓球俱乐部、桥牌俱乐部等社团应有尽有。

（20）每三年给予员工免费的学历和技能提升一次。每年度评选出年度"勤劳、尚德、学习"标兵，打造"勤劳、尚德、学习"型润泰。

● 独一无二的"党员奖"

民营企业要不要建立党组织？建了党组织，如何发挥作用？

张世元坚信，只有在党的领导下，民营企业才能走上健康发展的道路。听党话，跟党走，走正道，坚持党的方针政策才能引领企业发展。

2013年7月，在庆祝中国共产党建党92周年之际，经姜堰经济开发区党工委批准，"中共润泰化学股份有限公司支部委员会"成立，张世元同志任党支部书记。从此，公司党员有了自己的组织，找到了自己的"家"。随着公司不断发展壮大，党支部积极培养发展新党员，秉承把人才培养成党员，把党员培养成人才的理念，把思想作风正派、工作积极、业务能力强的员工吸收到党组织，不断壮大党员队伍，使其成为公司发展的中坚力量。

2013年至今，培养接收30余名优秀员工成为中国共产党正式党员。其中有公司中高层管理者、中高级技术人才、各部门一线员工和有突出贡献的中青年。党支部由最初3名党员发展至如今有38名党员的队伍，入党积极分子如雨后春笋，层出不穷。积极申请入党，向党组织靠拢已经成为员工积极进取的目标。润泰的党员员工，每年都可享有一定数额的额外奖励。为了进一步提升公司党建工作的管理水平，调动党员主动性、创造性、积极性，促进党员在企业生产经营过程中积极发挥先锋模范作用，激发非公企业党建新动能，经公司党总支讨论决定，公司制定润泰党员激励办法。

物质文化激励

公司每年度开展党员评优活动，评选"优秀党员"2～3名，并给予每人每次2000元的奖励；获得区级及以上"优秀党员"荣誉称号的员工，视等级给予3000～10000元不等的奖励；在职正式党员每月给予200元激励金，鼓励党员在岗位上发挥模范带头作用，不忘初心、建功立业。

精神文化激励

对年度"优秀党员"的事迹在公司期刊、公众号、网站上发布，并在员工大会上进行宣讲，不断提升榜样的力量。精心设计"党员示范岗""润员工，泰有才"等活动载体，培养一批党员先进典型，不断激发党员创新活力，让党员在"亮身份"的过程中切身体会到光荣感、使命感和责任感。

晋升文化激励

定期开展培训，按照"党建与企业发展并重"的思路，将党员队伍与企业人才建设有机结合起来，优先在党员队伍中培养和选拔中高层管理人员、关键岗位继任者，建立一支和谐稳定、善治善能、作风正派、素质过硬的人才团队。大力开展"职工比技能，党员干部比思想"的比学赶超活动，建立了"党员技术工艺攻关小组"，公司近两年的重要攻坚克难项目80%都是在党员的牵头下完成的，帮助公司解决技术难题30余项，产生直接或间接经济效益近千万。

企业竞争根本是人才的竞争，只有一流的人才队伍，才能建成一流的企业，这在润泰已成共识。一个随时拉得出、打得响的生产经营团队，既能出精品、出人才，更能为顾客提供满意的服务。企业界，一般的人、财、物排列顺序是：赚钱—品牌—人才。而润泰是：人才—品牌—赚钱。润泰的高管来自国内华润、嘉宝莉这样的著名大公司，公司大专以上学历员工已占企业总人数的55%以上，企业高管全是大专以上学历，拥有中、高级职称的员工占80%以上。

● 创润泰品牌

在润泰，党组织和工会为企业文化建设和经营发展提供了可靠的政治

润泰十年
从默默无闻到隐形冠军，一个小企业的成长轨迹

保障，引领企业在正确道路上前行。提升组织力是实现公司"成为行业内领衔企业及卓越品牌"愿景的根本方法。

虽然润泰是一个只有十年发展经历的年轻企业，但是润泰人艰苦创业的经历积淀了优秀的企业文化。公司创始人张世元董事长从涂料厂一名普通的学徒，经过了 20 多年的艰苦磨炼与蜕变，带领润泰终成行业隐形冠军，用坚持创新的思想引导企业朝着正确的方向发展。作为一名共产党员，他以"不忘初心、牢记使命"的赤诚之心，锲而不舍，为员工不断植入企业文化的精髓。

他鼓励员工读《论语》，学做人；鼓励中层管理者读《孙子兵法》，学做将；鼓励高管读《道德经》，顺道逆势。他将国学中的"道、天、地、将、法"引入到企业文化发展中，依靠企业文化发展的落地实施，不断推进"聚五力"工程。有效促进了公司党建工会工作与企业文化共融共进，彰显公司员工与时俱进、勇攀高峰、引领标杆的奋斗精神。

润泰志愿者服务队

2020 年，一场突如其来的新冠疫情打破了国民的正常生活。在此特殊情况下，公司工会牵头成立了"润泰新材料股份有限公司志愿者服务队"。招募通告一经发出，各级员工踊跃报名，经过考核和测评，23 名来自公司党支部、工会、妇联、团支部的成员组成了第一批次志愿者服务队。公司将志愿服务工作引向深入，切实践行润泰责任，积极履行社会担当，将奉献精神融入"勤劳、尚德、学习"的核心价值观中，在付出中收获价值，在奉献中磨炼品质，在实践中建功立业。志愿者服务队的成立对加强公司党、工、妇、团品牌建设，积极履行社会责任，持续构建专业化志愿队伍，具有重要意义。

"党建润沃土,先锋领前行"党建品牌

润泰党组织自建立以来,始终坚持"脱虚向实"的发展方向,做实做强"党建润沃土,先锋领前行"党建品牌,带领公司全体员工不忘初心、牢记使命、砥砺奋进,推进公司高质量发展。党组织是企业生产经营的助手,是企业精神文明建设的主角,充分发挥党员的模范引领作用,形成党组织与企业共同发展、企业与员工和谐发展、共赢共荣的局面。

公司党总支以习近平新时代中国特色社会主义思想为指导,以党的二十大精神为指引,牢牢把握公司发展方向,弘扬伟大建党精神,运用党的百年奋斗经验,筑牢公司党建根基,把准润泰发展命脉,聚焦价值创造,突出改革创新。全面推动党建工作与公司生产经营深度融合,以高质量党建引领润泰高质量发展。

积极发挥党总支战斗堡垒作用和党员先锋模范作用,公司给党员同志们每月发放补助,鼓励每一位党员都要成为一面先锋旗帜,在担当发展的使命实战中不断创新业绩。在抗击新冠疫情时,公司全体党员积极响应号召，在做好自身防控的同时，积极配合园区做好核酸检测工作。在特殊时期，让员工看到了党员的身影，听到了党的声音。守住公司的安全，就是担当，就是对润泰巨大的贡献。

近年来，公司党支部深入实践"五融"工作法，积极推动党建融入公司管理，帮助公司提升管理水平，推动公司健康发展。

一融：制度融通，提升内控管理水平

加强内部管理和制度融合，注重公司标准化建设，投入智慧化工厂系统，提升基础管理，推动落实精益管理和卓越绩效管理，提高现场管理水平和生产效率。

二融：党群融洽，构建和谐社企关系

积极创建幸福企业，从衣食住行等多方面关爱员工。坚持"取之于社会，反哺于社会"的企业宗旨，积极参与抗灾救灾、捐资助学、扶贫济困等公益活动。

三融：人才融汇，增强核心竞争力

充分发挥党组织使用人才、培养人才、凝聚人才的优势，形成公司与人才共成长、共发展的良好局面。

四融：文化融魂，提升公司软实力

充分发挥党的政治、组织、群众优势，将党建文化与企业文化有机融入公司的日常管理中。为党员、员工建立一个展现自我、相互交流促进的平台。

五融：法纪融合，营造清新廉洁氛围

加强党员干部廉洁建设，提升廉洁风险防范能力；提高党员干部综合素质，充分发挥模范作用，进一步树立公司勤政、廉洁、务实、高效的良好形象。

"润员工，泰爱才"工会品牌

工会坚持以人为本，服务职工，增强公司凝聚力。开展创建"六型"班组活动，助推公司基层管理规范化、促进员工队伍素质不断提升（"六型"：学习型、创新型、效益型、环保型、安康型、和谐型）。坚持定期培训趋于专业化，全面提升员工服务水平和专业化程度；新入职的职工全部进行岗前培训，让大家尽快熟悉、适应和融入"润泰大家庭"的文化氛围，并迅速掌握业务技能和工作技巧，以便快速成长。通过以上一系列的举措，提升了职工的综合素质，营造了公司积极向上、你追我赶的氛围，一大批职工得到了提升和成长。

与姜堰党校、职工学校联办员工学历提升班，促进员工队伍文化素质的提升。第一期：2017年与姜堰党校联办，47名员工取得大专本科学历。第二期：2020年开始与姜堰总工会职工学校联办，84名员工参加培训学习，于2022年和2024年毕业，届时，公司全员大专以上学历将达到98%以上。学员所有学费由公司负担。开展岗位技能竞赛活动，不断提高职工业务素质，比如开展叉车技能竞赛、灭火器使用技能竞赛、安全环保实操演练等。

　　文体活动丰富多彩，丰富职工业余生活，增强职工凝聚力。年会文艺演出，各部门自编自演文艺节目，形式多样，喜闻乐见。每年举行全体职工参与的拔河、乒乓球、桌球、掼蛋、桥牌、书法、绘画比赛。润泰总部成立"润泰桥牌运动俱乐部"，并聘请专业老师培训。很多员工利用业余时间网上练兵，牌技不断提升。

　　"润员工"品牌建设，让全体员工得到了实实在在的服务和实惠，职工感恩公司，努力工作，乐于奉献。

"润润微家"妇联品牌

　　为进一步加强润泰妇女组织建设，切实加强妇女工作，2021年11月，润泰召开妇女第一次代表大会并宣布妇联成立。会上，新当选的润泰妇联主席宋文娟同志作表态发言。她表示将协同团队科学定位，恪尽职守，勤奋工作，勇毅前行，立足"服务大局、服务员工、服务妇女"的根本宗旨，带领妇女职工充分发挥"半边天"的积极作用，为润泰的高质量发展贡献"巾帼力量"！

公司建立"润润微家"妇女微家，致力于"服务大局、关爱妇女、保护妇女"。坚持重点工作抓特色，特色工作树品牌，品牌工作创效应，增强妇女工作的实效性，切实把服务工作做到女职工的心坎上。

利用企业微信等平台组建"线上微家"，常态化开展心理疏导，每日在微信群中发送暖心问候、分享正能量语录和心得，引导女职工们树立健康向上的良好心态；同时为她们提供法律咨询、心理支持、家庭咨询等服务，帮助女职工解决各种问题。

提供妇科健康知识普及和服务，每年度开展职工常规体检和疾病预防，支持女职工享受妇女专项体检，不断提高女职工健康水平，增强女职工的健康意识和自我关爱意识，提升女职工的幸福感、安全感。

为女职工提供爱心医药箱、针线盒、暖心包等。药箱里配备了速效救心丸、藿香正气水、红霉素软膏及绷带、碘伏、创可贴等应急医疗用品；暖心包里为女职工贴心准备了口罩、纸巾、卫生护理用品、护肤品等，为有需要的女职工准备女性专属用品以备急用。工具箱由专人负责管理，并定期对医药箱、针线盒、暖心包里的物品进行更新补充。

创新"微议事"，让女职工参与感满满。无论是工作中、生活中还是家庭经营中的诉求、矛盾或心结，女职工们都愿意在这个"小家"里说一说、议一议，形成有事好商量、众人事众人商的良好局面。"微家"中不乏热心且有能力的志愿者们，她们定期为姐妹们"坐诊"，说法、说理、说情，对家庭矛盾、生活困惑进行"唠叨式"调解，把矛盾纠纷化解在家门口。开展"微恳谈"，让生活幸福满满。润润微家微恳谈活动，成为大家谈心倾诉的"树洞"，畅谈工作感想，分享人生感悟，通过分享家庭生活和工作的变化，引导女职工自觉践行社会主义核心价值观，听党话、感党恩、跟党走，用勤劳和奋斗创造更加美好的生活。

组织开展茶话会、联谊会、摄影、手工插花等活动，丰富女职工精神文化生活；成立"女职工艺术团"，女职工们利用业余时间自编歌曲、舞蹈等节目，不仅陶冶了情操，更展现了润润微家女职工们"自尊、自信、自强"的精神风貌。

润泰加强妇联阵地建设，推动"润润微家"向多元化拓展，持续为女职工提供个性化特色服务，吸引妇女姐妹们有事找"微家"、活动在"微家"、聚心在"微家"，让"润润微家"成为女职工信赖放心的"贴心娘家"。

"青年示范岗"团支部品牌

"奋斗是青春最亮丽的底色，行动是青年最有效的磨砺！"青春是用来奋斗的，青春更是用来建功的。创新建功立业机制，团结广大青年立足岗位真抓实干，让青年肩上"有担当"，是企业高质量发展的重要保障。

以丁酸装置班组为示范点，党总支、团支部联合推动其他青年优秀班组团体，以"安全责任重在落实"和"安全生产，青安岗在行动"为主线，全面开展青年班组安全生产工作。通过"以点带面"的方式逐步带动、打造多个青年优秀班组团体。

经过总结和改善，制定了"1234567"的做法：

一立规矩：各级组织逐级建立严格的规章制度，班组结合现场具体情况，再细化制定适用于本班组的管理规定，并做到班组成员人人尽知、人人遵守、人人执行。制度覆盖车间作业的方方面面，职工看得懂、记得牢、做得顺。班组每月进行安全活动，通过"每日小点评""青安分享会""安全青年说"等形式进行规章制度和安全知识互评互学。在完成年度培训计划内容的基础上，开展其他主题培训，培训广覆盖，主题多样化。

二选能人："火车跑得快，全靠车头带"，班组长是工厂的兵头将尾，要求要有较高的综合素质，这不仅体现在技术素质上，也体现在个人素质上。在业务上，能挑起大梁，关键时能解决问题，在个人素质上要有威信、有能力、有正气、有凝聚力。公司大力培养和选拔青年骨干，形成基层班组骨干核心力量，定期组织知识竞赛、专业技能比拼等活动，不断提高班组长管理水平。

三抓落实：有制度就要抓落实，否则有令不行，有令不止，容易出现混乱的情况。从日常生产过程中积极总结经验教训，组织"头脑风暴"，对未培训到的内容重新总结、重新学习，保证每个员工熟练掌握安全生产知识及安全生产技能。

四治隐患：开展全面的隐患排查，让本班组所有人员在工作中排查安全隐患，一旦发现问题，要及时处理。隐患是造成事故的苗头，只有全员参与、全时段覆盖的隐患排查与治理，才能确保装置的稳定运行。

五传帮带：充分发挥"名师带徒"的作用，让青年职工与公司能力强、业务精、品行端的"师傅"结对子，并签订师徒合同。师傅们不仅要关心青年职工的业务成长，更要关心他们的生活和思想，使师徒工作中同上同下，生活上互帮互助，共同进步，共同提高。目前公司四人获得泰州市"名师带高徒"先进个人。

六有先锋：充分发挥班组中党员、团员青年骨干的作用，上标准岗，干标准活，主动做岗位监督员，同时教育大家劳保用品佩戴齐全，不做违规操作，不碰触安全红线。

七勤改善：推动班组两源改善，发现问题，解决问题。把5S（指整理、整顿、清扫、清洁和素养）工作作为一项基础性的工作，作为每日必修课。用好5S管理工具，可以对安全生产起到巨大的积极作用，只有整洁有序的工作环境才能保证工作的高效，并且使人处于最佳工作状态。

江苏省青年安全生产示范岗

（重大项目）

共青团江苏省委　　江苏省应急管理厅
二〇二一年十二月

第七篇

润之源

张世元：润泰从出生到成长，每一步都是被逼出来的。本事是被"穷"逼出来的，创业是被"野心"逼出来的，跨越是被"债"逼出来的，远征是被"情怀"逼出来的。

润泰十年
从默默无闻到隐形冠军，一个小企业的成长轨迹

01　草根基因

● 古扬州张家大院

　　白米镇位于姜堰城区东十公里，因朝贡白米而得名。这里土地肥沃，河网密布，交通便捷，是有名的"鱼米之乡"。

　　20世纪60年代农历己酉年，一名男丁降生在白米镇西北隅距离镇上有五里路程的吴堡村张姓人家。这是当地的旺族，家主张老太爷有十个子女，而这次降生的男丁是他三子的长子，是张氏家族的第四个孙子。

　　初为人父母的张云高和吴月珍，悉心地照顾着孩子。

"旺而贫"的张氏家族

　　人们说，一个人无论走到哪里，灵魂深处都带着故乡的影子，那是一生都无法抹去的烙印。

　　添丁增口是大喜事。张老太爷寻思着给孙子起一个具有寓意的名字。北宋关学学派创始人张载的名言"为天地立心，为生民立命，为往圣继绝学，为万世开太平"启发了张老太爷。他认为，好男儿就应当与时偕行，富有家国情怀，便定下了"张世元"这个富有美好希望的名字。

　　周岁时，爷爷抱着张世元抓周。看着桌上的笔、墨、纸、砚、算盘、钱币、书籍等，咿呀学语的张世元用柔嫩的小手牢牢地攥住了一枚硬币。众人嬉笑说，张世元将来一定会做生意赚钱。

"孩子能健康平安快乐地成长就好！眼下日子过得这样紧巴，肚子都吃不饱，未来的事只能到未来再说了！"母亲吴月珍打着圆场。

张世元对孩提时代最深的印象就是一个"穷"字——穿得不像样，吃得不像样。

在那个物资匮乏的年代，缺吃少穿是农村的统一"配置"。

在张世元的儿时记忆里，张家二十多口人生活在一个大院里，过着热闹又拥挤的生活，每天吃饭都有十几人排队，有时第一个盛到饭的人吃完了第一碗，而最后一个还没盛上饭……看着稀可照人的稀粥，父母都将自己碗底的米粒留给张世元。即使这样，不到饭点，他的肚子还是会咕咕作响。

吃是问题，穿自然也是问题。张世元的衣服上，常常是补丁缀着补丁。冬天的时候，他穿着堂哥穿小的棉衣，外面是一层罩衫，母亲时常将弄脏了的罩衫脱下来洗洗，再缝补一番。

有一次，年幼的张世元抗议道："这件罩衫太难看了，我不想穿！"

母亲望了他一眼，怜爱地说："孩子，你那么调皮，不穿罩衫，里面的棉袄会弄脏的。这件衣服今后还要留给其他的弟弟妹妹穿呢。"懂事的张世元便乖乖地穿上了。

张家大院给张世元留下了难忘的儿时记忆，也让他养成了合群、乐观、豁达的性格。

孩提时代的张世元在夏秋两季饥饿难耐时，也会爬到树上采摘果子吃。张世元身手敏捷、灵活，在孩子当中跑步最快，经常像箭镞一样冲在最前面。因此，爬树翻墙自然也成了他的乐趣所在。可是，树上的果子实在太少，还没成熟就被采摘一空。

至今还时常被张世元念叨的是摸鱼抓虾。俗话说：靠山吃山，靠水吃水。吴堡村后就有一条小河，张世元早早地学会了游泳。盛夏时节，他时常跳进河里摸鱼抓虾。摸鱼抓虾不仅有乐趣，还可以为家庭觅得一顿美餐。

在张家大院，爷爷就像"定海神针"。有他在，大家都会很安心，整个家庭一片祥和。

虽然家里很穷，张世元的父辈们都读过书，这与爷爷耕读传家的思想是分不开的。

张世元大伯是村干部，二伯是兽医，父亲是村里的会计，四叔是生产队长，五叔是教师。在那个年代，能让所有的孩子读书识字，学有所长，是张家很了不起的地方。

另外，张家大院里还有个家规——春节期间互相拜年不带礼品。这种情况实属罕见。

脱俗的礼尚往来

爷爷认为，礼尚往来对于贫困家庭来讲是一种压力，尤其对张家这个大家族来说，亲戚朋友多，家庭经济状况千差万别，很容易形成以"礼物"评人，形成相互攀比，容易让家族关系失去和谐。"过年只送祝福不送礼"这一习惯，如今看起来仍有重要的现实意义。

在爷爷的感染下，整个大家庭一团和气，其乐融融，夫妻之间、妯娌之间、婆媳之间都很和睦。张世元的印象中，经常会看到父母相濡以沫的样子。父亲累了，母亲递过去一块毛巾，帮他擦汗，拍掸身体。

爷爷常常挂在嘴边的一句话就是："家和万事兴。"在张世元的记忆中，奶奶从来没有跟她的五个儿媳妇吵过架、闹过矛盾。世界级难题——婆媳关系在张家却被破解了。这也应了那句"妻贤夫兴旺，母慈儿孝敬，众人拾柴火焰高，十指抱拳礼千斤"。

这样一个大家庭的独特文化，牢牢印刻在张世元的脑海里，熔铸进他的血液之中。后来，等他参加工作时，他的月薪能拿到两三千元，而普通员工一个月工资就一两千元，如果遇上红白喜事多的情况，光是随份子几乎能花掉大半工资。要是遇到领导家有喜事，还不好推辞，只能硬着头皮去。

在润泰，公司同事遇到红白喜事，员工之间不许出钱，统一由工会出资2000元以表心意，公司领导只要有空都到场参加。在这一点上，也是得益于张世元的家传。

现在，每逢传统佳节，张世元再忙都要回老家走走看看。春节期间走动有规矩，请客轮着来：初一在二伯家，初二在大伯家，初三在五叔家，初四在四叔家，初五在张世元父亲家。在这样一个其乐融融的大家族聚会中，处处都洋溢着浓浓的亲情。如果人全部到齐的话有一百多人，是非常壮观的场面。

今天的张世元从来不觉得自己生意上有点成功就高人一等，他对亲戚之间难能可贵的亲情十分重视。每当家里亲戚遇到困难，张世元总是第一时间伸出援手，即便是在自己很困难的时候。

"都是一家人嘛。"张世元总是这样说，"都是应该的。"

张世元说，张家大院留给他最为宝贵的便是善良、和睦、勤劳、长幼有序。

● 爷爷辈的生意经

有一次，天麻麻亮，爷爷便喊他起床。张世元一百个不乐意，不情不愿地起身，咕哝道："爷爷，今天怎么走那么早啊？"

爷爷说："跟赵家庄的约好了时间，去晚了不好。咱们做人得守时，这是最起码的……"在爷爷的唠叨声中，张世元穿戴整齐了。曙光照亮乡村土路，空气中夹杂着初冬的阵阵寒意。

这次，爷爷牵着一头刚从李村买下的牛。到了赵家庄，那个人冷冷地瞥了牛一眼，忽然说："不买了！"

"咦，前两日你还去我们门上说要买牛的，怎么不买了？"

"哼！上次你卖给我的牛，生下来的崽比别人家的小，一看就是孬货！"那个人脸一撇，露出一副很厌恶的表情。

总是跟着爷爷去买牛、卖牛的张世元心里很不服气，这个人摆明了就是故意刁难爷爷，想砍价又不好意思，成心这样说的。

"爷爷，我们走！"张世元伸手就去拽爷爷的衣袖，却被爷爷拂去了。"这样吧，你看我这个牛能值多少钱，你开个价牵走就是了。"

那个人伸出手来比划，爷爷很犹豫，但还是忍痛同意了。最后，张世元看到，对方付的钱还不够买牛的成本，枉费他们走那么远的路。一路上，他都气呼呼的。

"你怎么能把牛卖给他呢？"他气急了说。

爷爷捏捏口袋里的钱，无奈地说："快过年喽。爷爷想给你们这群孩子买点好吃的、好喝的，这不是急着用钱吗？再说，他能讨多大便宜？"爷爷换了一副狡黠的模样。

张世元眨眨眼，说道："爷爷，你这不是上大当了吗？"

"我买的牛，毛发都浓密，颜色很正，能卖力气干活。他不从我这里拿，从别人那儿也拿不到这么好的牛！一次吃亏算不了什么，今后有的是赚钱机会呢！"爷爷豁达地说。

小学四年级的一个暑假，天亮得很早，不到六点，聒噪的蝉声从四面八方袭来。"吵死了，睡不着。"张世元翻了个身，索性起床。

空气中，到处弥漫着溽热的暑气，张世元刚在外面站了一会儿，身上就出了一层薄汗。出去务农的大人们五点就起床，吃完饭早早去田间地头了。张世元坐在门槛上，面无表情地吃着馒头，望着院子里的鸡正踱步，头顶的鸽子扑棱着翅膀，飞去又飞来。

这时候，爷爷牵着一头牛回来了，看到张世元精神不振，就问："小世元，怎么坐在这里不去写作业啊？"

张世元噘着嘴巴说："爷爷，天太热了，我浑身是汗，热死了！"

爷爷的头上也是汗涔涔的，后背都湿透了。他系好了牛，又用毛巾湿了井水，仔细擦拭着身体。

一个上午过去后，百般无聊的张世元说："爷爷，我也想跟你一起去卖牛。"

"小世元，只要今天你把作业做好了，明天我就带你去镇上。"

"真的吗？"张世元雀跃起来。他认真地做作业，期待着第二天能跟着爷爷去镇上。

第二天，张世元还在睡梦中就被爷爷喊醒了。他委屈地张张嘴，又不愿意放弃这个难得的机会，终于还是什么话都没有说。

这次,爷爷没有牵牛,而是直接去镇上的茶馆,跟人谈生意。张世元跟着爷爷,一路上不停地问这问那。"爷爷,怎么走那么远还不到啊!""爷爷,你这次怎么不牵着牛出来了?""爷爷,什么叫谈生意啊?"……望着一直不停发问的小嘴,爷爷乐颠颠地说:"嘿嘿,爷爷先保密,一会到了茶馆,你就知道咯!"

进了茶馆,爷爷十分豪气地叫了特色的早茶。一盘烫干丝、一盘花生米、一瓶酒,平时难得一见的食物一端上桌,香气四溢,勾起了肚子里的馋虫。张世元就急不可耐地想要动筷子了。

"等等,人还没来呢。"爷爷用筷子敲了他的手。张世元缩回了手,委屈巴巴地说:"我好饿。""先喝点茶吧。"爷爷边说边观察着门口的动静。

过了一会,一个陌生的中年男人出现了。他赤脸短鼻,穿着灰麻衣服,背上挂着一个褡裢,身上散发着一种难闻的腥膻之气。

爷爷站起来,请他过来坐,边吃东西边谈事情。张世元眼里放着光,他趁着他们谈事的时候,风卷残云一般,将桌上的美食一扫而空。

虽然顾着吃,张世元也在爷爷和陌生人的交谈中了解到,原来爷爷是这个陌生人口中的"生意人",经常在不同乡镇、村舍之间倒卖牛来赚取差价。

爷爷管这个男人叫"樊大胡子",因为他在镇上贩卖牛羊肉,眼看着最近很多村里发生了瘟疫,牛肉供应不上,就跟爷爷接上头了。这也是张世元见爷爷第一次喝早茶。

张世元坐在樊大胡子对面,心想,这个人又没有长胡子,为什么叫樊大胡子呢?

怀着这样的好奇心,在回去的路上,张世元便问爷爷:"爷爷,你为什么叫那个人大胡子呢?我看他脸上没有胡子啊。"

爷爷乐得仰头大笑起来,他摸摸张世元的脑袋,说:"这个樊大胡子啊,是他的肉铺的名字。他姓樊,店又取了这个名字,时间长了,大家都忘记他本来叫什么了,都叫樊大胡子了。"爷爷定了下来,又打量着张世元问:"今天来的路上问我的那些问题,现在答案知道了吗?知道什么叫谈生意了吗?"

天真的张世元脑袋一仰，很自信地说：“知道，爷爷谈生意了，爷爷有酒喝，我也就有好吃的！”

爷爷一愣，拊掌大笑道：“对！就是这个理！”

正是这样的豁达和乐观，让张世元得到了潜移默化的熏陶和感染。

● 父辈的生财之道

在张世元最早有印象的记忆中，有这么两件事。

一件事是生产队集体劳动的场景，始终在他的脑海中挥之不去。张世元家里后门的河就是人工挑出来的。当时，所有工人都在张世元家打地铺，吃饭。令张世元兴奋的是，他可以从大锅饭中分得一杯羹，吃得饱一点，于是小孩子的逻辑就成了：“要是天天挑河就好了。”

还有一件事，则是父亲从大家族分家出来。张世元依稀记得有"抬房子"的情景。"抬房子"就是搬家。把旧屋子的土墙敲掉，把屋顶的茅草掀掉，就剩下房子主体的木架结构，然后一群人把木架结构整体抬到新址，再把墙砌起来，把房顶盖起来，搬家就这么完成了。

分家后，父亲在生产队的砖瓦厂工作。当大部分人只是出卖劳力为砖瓦厂打工的时候，父亲就有了自己的拖拉机，搞起了砖瓦运输，也就自然而然地跑在了很多人的前面。

六年级的一天，张世元刚放学回到家，就被眼前壮观的情景惊呆了。院子里，到处都堆砌着红砖，院场上、门槛前、牛棚外，没有一个地方不被砖头覆盖着。

"咋了？难道家里要盖新房子了？"张世元一脸困惑地望向母亲。母亲努努嘴，父亲正坐在水缸旁边的一摞砖头上抽烟。他听到张世元这么说，不觉笑了：“留着年后卖个好价钱咯！”

父亲故作神秘，还卖了个关子。张世元就留心这些砖头今后要运到哪里去。他知道，父亲常年是做拉砖头跑业务的，给人把砖头送到，一手交钱一手交货。

年后，快到正月十五了。一天，家里门口突然传来"突突突"的声响。循声望去，是一辆冒着黑烟的拖拉机正在缓慢地开动着。

"这是要去哪里呢？"张世元探着脑袋张望。等到拖拉机开到家门口时，忽然停下来了。车上跳下一个人，问他："张三在家吗？"

张世元知道是说自己父亲，连忙把父亲喊出来。父亲看他慌慌张张的，以为出了什么大事，结果到前一看，不觉笑了起来。

很快，张世元的父亲、母亲和那个人就开始谈价格了。父亲眯着眼睛，一直紧咬价格不放松，直到最后一刻，双方达成了交易。于是，三个人就热火朝天地把砖头搬运到了拖拉机上。

原来，节前的砖头价格便宜，父亲囤了一批在家，留着节后出手再卖。这个商品经济时代的赚钱方式给张世元留下很深的印象。

那天晚上，父亲将一摞钞票塞到母亲怀里。许久不喝酒的他也开了一瓶白酒，就着花生米，心满意足地说："人啊，还是得多勤劳一点，要不是我一口气囤了那么多砖，现在人家未必肯给我这个价哩。"

父亲成了这个家庭中当之无愧的顶梁柱。张世元总会幻想，长大以后，像父亲一样，做个又能吃苦耐劳、又有生意头脑的人。

后来，父亲凭着勤奋和敢为人先的精神，攒下了一笔积蓄。到了1985年，整个农村还是平房的时候，张世元父亲花费6000元，建造了全村最漂亮的新房。

东西厢房加个院子，十分阔气。许多村里人都跑着去看新房子，争相目睹村里第一家楼房。有人不服气，说："今后，我也赚钱盖新房！"人群中，爷爷自然很得意，他连连咂嘴道："老三的房子真是漂亮！阔气！"

一到农村里的农忙时节，张世元也要帮家里干农活。收获季，帮忙把麦子、稻子的穗放进"老虎机"脱粒；一年四季都要挑猪草，不过顽皮的张世元哪里肯认真挑啊，简直就是"偷"，把别人地里的山芋藤、青草带回来给自家的猪吃。

有时候，站在田野里，他会眺望天边。心里会想着：天的那边是什么呢？

润泰十年
从默默无闻到隐形冠军，一个小企业的成长轨迹

由于从小生活在农村，张世元在18岁之前都没有形成关于城市的记忆，不要说长江大桥、儿歌中唱的北京天安门了，统统没见过。去一次县城都是奢侈。那时候，对很多农村娃来说，能到镇上兜一圈已经很了不得了。

直到18岁那年，张世元才进了县城，当时还叫泰县。第一次骑着自行车进县城，是张世元的堂姐带他去的。结果自行车在半路爆了胎，他们费力修好后，已是中午12点，几个小青年还没真正进城，就折返了回去。

修了大半天的车，张世元脸上、手上、身上都被沾染了油污，显得十分狼狈。他失望地说："唉，真是扫兴！"

堂姐鼓励他说："没事，我们就当是出来散散步。"

正是堂姐云淡风轻的一句话，让他恢复了原先的活跃，虽然没能进城，他还是挺开心，幻想着下一次进城的情景。

进入高中后，张世元就读白米中学。这是一所有着半个世纪历史的老学校。比他大五岁的堂哥成为当时白米中学唯一一个考上清华大学的高材生。这对张家来说，是家族荣耀。可对张世元来说，无形中，多了一份压力。

后来，张世元的足迹慢慢走出了那个村庄、那个县城，最后走向了世界各地。有时候，他会感慨于年幼时期贫乏的物质条件和富足的精神生活，他还会感恩家里人对他的言传身教。

年幼时，在父母和师长严厉的管教下，张世元就知道，多学习，多读书，知识就是力量这个道理。

那时候，活泼好动的张世元经常喜欢串门，到处溜达。在田间地头，务农的亲戚面朝黄土背朝天，一天下来甚是辛苦。不论是寒潮翻涌的清晨、烈日当头的晌午，还是细雨迷蒙的傍晚，他们大部分时间都在地里忙碌着，偶尔停下，坐在田埂上扒拉两口饭，带着大饼干粮咀嚼，一脸劳累的样子。

● 顽皮的童年

  白米镇上,处处可见衣衫褴褛的人们,甚至还有一些衣不蔽体、蓬头垢面的乞丐,一路从远方流浪过来。

  而张世元生活的村庄,也是破旧衰颓,像是历经风霜的老人,正值暮年,垂垂老矣。放眼望去,尽是一间间破旧的低矮瓦房,室外地上到处是家禽的粪便,没有水泥路。有的土路是随意堆出来的,有的土路则是"走的人多了便成了路"。土路很难走,晴天一身灰,雨天两腿泥,丝毫没有乡村田园的诗意。

  孩童时代的贫穷饥饿烙在张世元心中,成为他后来立志脱贫致富的强大动力。

  在这个大家族的四合院里,因为贫穷和饥饿,让他对儿时最初的记忆印象深刻。那时候,张世元经常去二伯家玩耍,有时候还会跟大伯家的姐姐一起玩。他们在四合院后面的一大片竹园里疯跑,漫无目的地寻找着什么。有时候,张世元心血来潮,就会跟堂哥堂姐们提议:"我们去捉鱼吧!"

  "没有网怎么弄呢?"堂姐犯难了。

  "看我的!"张世元亮亮自己的拳头,很有决心地向水中走去。堂姐紧张地站在边上喊:"你小心点啊!"

  谁知道,话音未落,张世元扑通一声跌了个马趴。好在水很浅,下面还有些石块,他很快又站起来了。等他有些狼狈地看着堂姐时,两个人都忍不住笑出了声。

  回到家后,张世元被母亲狠狠揍了一顿。母亲叹了口气,和父亲交换了一个眼神。最后又望向张世元:"越来越没有规矩了,该送你上学了!"

  上学,对张世元来说是一件新鲜又刺激的事情。他以前就会羡慕堂哥堂姐们背着书包上学,回来后写字、做作业,还会经常背诵一些他看不懂的诗词。那时候,他会跟着咿咿呀呀地乱叫,肆意捣乱,气得他们脸红脖子粗的。

等真正上了一段时间，张世元又开始叫苦不迭，不想去了。父亲面色铁青，拿着根棍子，一脸凶狠地说："你到底去不去？"

"我不去，走得我累死了！"张世元嗫嚅道。但屈从于父亲的威严下，他还是不情愿地踏上了上学路。

以前，农村的路不是靠自行车轱辘来丈量的，更不是靠汽车轮胎来丈量的，都是用脚丈量的。张世元上小学的路，单程有两公里，后来上初中有三公里，上高中有五公里。他天不亮就得早早起来，匆匆吃几口母亲递来的稀饭和馒头，就开始狂奔去上学。

到了中午十一点多的时候，他又得赶回来吃午饭。每次一放下筷子，他嘴里还没吃完，就仰着头含糊地说："我走了！"立刻奔回了学校。这样两次往返，每天花在路上的时间最少有一个半小时。

有时候走在路上十分无聊，每每下雨，路上布满大大小小的水塘。张世元就很调皮地往水塘里跳。有时候，遇到一个很大的水塘，他和伙伴们就会使坏：铺一层薄薄的草在表面，制造一个陷阱，然后躲在暗处，看哪个倒霉鬼会踩到水塘里。一旦有人中了他们的圈套，张世元就嘎嘎地大笑起来，气得那个人追着他跑。

"好汉成双"，比张世元大一岁的堂哥也是个调皮鬼，两个人在一起，胆子变得更大更野了。上学之前，他们找来树杈和皮圈，两个人反复研究和琢磨后，决定做一把弹弓。张世元瞄准树上的小鸟，嗖地打出一个石子，结果小鸟扑腾着翅膀飞掉了。

堂哥胆子更大。有一次他在路上捡到一条长蛇，把它放在包里，上课的时候偷偷放在同学裤袋里，同学一摸口袋，发现一个冰凉的物体在蠕动，低头一看，竟然是一条蛇！他放声大哭起来，所有人都吓得慌乱无比，不知所措，只有堂哥在捂嘴偷偷地笑。

后来，张世元也跟着堂哥胡作非为。有一次，他们甚至欺负到了老师头上。老师住在学校里，养了一只母鸡。白花花的母鸡整天在操场上踱步，一副悠然自得的神态。

课间的时候，堂哥把张世元叫出来，戳戳他的肩膀，张世元顺着他的手指方向,看见不远处有一只低头啄食的母鸡。堂哥揉揉肚子,说:"怎么办?中午又没有吃饱,我好饿啊。""我也饿。最近几天饿得头发昏了。"

忽然,堂哥眼前一亮,计上心来。"要不,咱们把这只鸡偷偷给逮了,回家杀了吃肉喝汤?"张世元犹犹豫豫地说:"这,这恐怕不太好吧。老师知道了会说的……"

可耐不住堂哥的劝说,再加上他也被饿昏了头,两个人下课前借着上厕所偷溜出来。趁着老师还没有回来,两个人合伙把那只母鸡捉了就跑。一路上,他们又欢喜又兴奋,以为家里会表扬他们。

谁知道,母亲一问,张世元如实说出来后,她的脸色就变了。她气不打一处来,用柳条狠狠地抽了他一顿。张世元哭得嗓子都哑了。最后,母亲才说了一句:"再穷,咱们也不能没有志气!"这句话牢牢印刻在张世元的心中。后来,他主动找到老师,承认了错误,赔了钱才得到了老师的原谅。

● 幸福的张家人

弓力千钧东风劲,长空万里北斗明。丙申初春,张氏家人相聚润泰,共叙家族亲情,分享收获喜悦,畅想美好未来。每年的张氏家族聚会都由张世元发起并组织,家族聚会是一次亲情的欢聚,更是家风的传承。

张姓是中国人口过亿的大姓,张氏家族繁衍生息,名贤辈出。在"三水"深处的张氏家族如今英才荟萃:有躬耕三尺讲台,在教育战线默默奉献,桃李满天下的园丁;有在化工领域独辟蹊径,引领风骚的业界翘楚;有进入清华学府深造,献身祖国航天事业的科研精英;更有承载家族未来希望,远渡重洋海外求学的学子……

百善孝为先,处世德先行。这是张氏家族传承多年的优良家风。今天张氏家族的兴旺发达,是张氏子子孙孙把艰辛踩在脚下,把希望扛在肩上,辛苦劳累的结果。勤勤恳恳,耕耘岁月;忙忙碌碌,酿造幸福。

张世元曾在一次家族聚会上说:"积金积玉不如积书教子,宽田宽地

润泰十年
从默默无闻到隐形冠军，一个小企业的成长轨迹

莫若宽厚待人。今天的张氏后人承载了振兴家族、续写辉煌的重任。只要我们张氏后人传承好优良的家训家风，相信我们张氏家族的未来将有无限的希望！"

是的，他是这个家族的希望！

张氏家族的每一次相聚都是对美好未来的畅想。张氏家族的成员，心脉相通，血脉相连，永远是相亲相爱的一家人。

02　逐梦商海

● 书本中的"黄金"

张世元高考失利,先后做了很多工作,一直没有找到合适的。他的植物学家梦想也逐渐枯萎,另外一朵机遇女神眷顾的野花正在悄然绽放。

在日出化工,张世元从一个不懂财务、不懂化工、不懂管理的"文盲"一步步变成了经验丰富、博采众长、全面发展的管理人才。这背后,离不开他的学习动力和决心。

刚工作不久,县城兴起了一阵卡拉OK的热潮。很多人一下班就一窝蜂去唱歌。不久,迪斯科和交际舞也风靡一时,成为上班族下班后的最好娱乐方式。

张世元也曾被同事拽过去唱过几次。唱歌,他没有几首拿得出手的;跳舞,更是笨手笨脚的,经常在黑暗中踩到陌生人的脚。他感觉和那样狂热的气氛格格不入。

渐渐地,他也就不去了。下班后,一个人赶回家,看各种各样的书,财经、法律、管理、科技、文学名著。一个人看累了,就把书打开罩在脸上,呼吸着油墨散发的芬芳。那样的气息,让他想起了学生时代的试卷和课本,内心得到了片刻的宁静。

读书多了,张世元就开始在工作中总结并应用。那时候,关于情商类的书籍还比较少,尤其是怎么处理人际交往的问题,更是靠生活经验。张世元感觉到自己有必要多了解一些"说话之术"。他发现,有时候跟其他同事交涉的时候，常常会因为自己心直口快而造成对方的误解，导致不愉快发生。

在他脑海里，母亲就是一个情商很高的女人，她的口头禅就是："一句话能把人说笑，一句话能把人说跳，就看你怎么说。"

为了能改变人际交往中不必要的烦恼，张世元到了周末就骑车去县里的新华书店。新华书店没有座位，只能站着阅读，但是书籍种类最多，也是县城最全面的。张世元避开了谈恋爱约会的青年男女，专心地寻找关于人际关系的书籍。

当他的目光从书籍上一排排扫过去时，最终停留在一个绿皮书脊上。这个名字格外特立独行——《少有人走的路》，是 M. 斯科特·派特所著。尽管不是一本探讨人际关系问题的书，但张世元很快被书中营造的世界观吸引了："放弃人生的某些东西，一定会给心灵带来痛苦……失去平衡，远比放弃更痛苦。我想不管是谁，经过人生旅途的急转弯，都必须放弃某些快乐，放弃属于自己的一部分。回避放弃只有一个办法，那就是永远停在原地，不让双脚踏上旅途。"这些话令张世元如同醍醐灌顶，整个人都变得通透起来。

1994 年，张世元被日出集团派到北京工作。新婚不久的他，对妻子都万般不舍，每天下班后，他孤身一人，和寂寞相伴，思念的情绪就会冒出来，挥之不去。

周末两天的时间更是难挨，思绪不由自主回到了千里之外的家乡。

为了不再意志消沉，周日一早，张世元披衣出去，倒了三趟车，来到了长安街。他又顺着宽阔的马路四处游走，走到了南锣鼓巷。

那时候，南锣鼓巷不像如今充满了商业气息，它保留着明清建筑的特点，还沉淀了老北京的生活底蕴，走在路上，能感受到那种独特的文化。

在南锣鼓巷的胡同里，有一家二手书店。书店是旧时建筑，有两间房，里面堆满了杂书，顶头是两个对立的棕褐色柜子，书架上都放满了书。很多人在里面淘书，大的一块一本，小的五毛至八毛不等，店老板概不还价。

张世元想起在财务工作上的种种不熟练，就开始寻找关于财务方面的书籍。突然，在泛黄的书堆里，他提溜出来一本《实用财务基础》，书里详细地介绍了财务知识和一些实践操作，就连报销发票、表格制作都有案例。

张世元大喜过望，立刻要买下这本书。店老板扫了一眼就说："两块。"

"咋？别的书都一块，这个书要两块呢？"张世元脱口而出。

"不买拉倒。"说着店老板就不耐烦地把书拿走了。

"买，买。我买。"可是张世元一掏钱，发现随身携带的钱包不见了。他顿时蒙了，肯定是刚才在闹哄哄的巷口被偷了！

他欲哭无泪，把兜里翻了个遍，只剩下一张五块钱的钞票，刚好够他回去坐车。"大哥，我钱包丢了！你看我能不能写个欠条，下次再来还给你呢？"张世元垂头丧气地说："这个书对我工作确实很重要。我身上的钱只够回去了。你能不能通融一下呢？"

本以为店主会一口回绝，没想到对方爽快地说："谁出门没个难处。你写个欠条吧，下次带来就行！"

张世元感激地道谢，写下欠条后，约定下周定会按时还钱。可是下周他再来的时候，店铺关门了，只留下一张字条：家中有事。再往后，他来的时候店铺已经改头换面了，变成一家面馆。张世元心有遗憾，一直没有打听到店主的去向。

这么多年了，他始终觉得自己还欠着对方两块书钱。

- 乐观、练达

虽然生活条件很差，但是张世元总能给自己找到各种乐子。

生活在计划经济的年代，什么都要凭票购买。拿着一张票，张世元就会在手中高兴地晃悠着，兴高采烈地去白米镇赶集。可是，那样的机会不多，只有过年时候才有。张世元就盼望着过年。遇到长辈们去镇上赶集，他也会帮大人之间传递口信，告诉对方要捎带的东西。

有一次，二伯去镇上买年货，父亲让张世元去告诉伯父带一些慈姑和香烟回来。张世元怕自己忘记，从自己家到二伯家的路上嘴里反复念叨着："慈姑、烟、慈姑、烟……"

二伯见张世元上门，嘴里嘟嘟囔囔的，一问，原来是要带两样东西，不禁被张世元的认真劲给逗笑了。

那时候，张世元还很盼望着过年能去外婆家一趟，尽管外婆家有十多里路的距离，还得靠两条腿走过去。当时那儿交通不发达，得走上两个多小时才能到。

直到20世纪80年代中期，张世元18岁时，家里才添置了自行车，去外婆家的时间一下子缩短了。

张世元喜欢大家族的生活，过年的时候这种生活更是充满了热闹与闲适。他的亲戚爱打牌、喝酒，孩子们则在大人的桌牌旁边另支一张桌子，玩点小孩子的游戏。

年幼的张世元养成了一个习惯，一边观摩着大人们的牌局，一边打着自己的算盘。若是大人们赢了，说不定就会得到一两块零钱，到时候去小卖部买个零食，就是他最欢天喜地的事情了。

按那时的物价，一个烧饼5毛钱，一个弹珠1毛钱，2块钱对他来说就是巨款。

在张世元的印象中，爷爷和伯父们都爱喝酒，有时候早上一起来就小酌三杯酒，没有菜，就着咸菜即可，否则这一天就跟白过了似的，整个人浑身上下不得劲儿。

爷爷喝完酒后，经常喊孙子们跟他一起上街。有一次爷爷叫他一起上街，张世元立刻兴奋地跑到跟前，兜里还紧紧捏着上次没有花完的零钱。

爷爷走在路上，打量着他说："你这个孩子，什么都好，就是太调皮，太不爱学习了。听说你一年级留级啦。"

"是的。老师说我太调皮了，不好好学习，还要重读一年。"

20世纪70年代吴堡村的小学最高到四年级，张世元的老师兼任村里的生产队队长，两家只隔了三五户人家。老师早就知道他的"劣行"，加上不好好学，刻意把他留了一级。

到了四年级,"捣蛋鬼"张世元又被留了一级。张世元好不容易上了初中,当时他所读的初中只有初二,没有初三。这所初中每年都会让1～2名学生留级,张世元又因为调皮被留了一级,一年后换了学校读初三。张世元这时知道了学习的重要性,学习很努力。第一年初三成绩显著,数学和化学拿过白米镇竞赛第一名,当年也是班上的副班长,后来又当上了班长。临近中考时,由于当时英语成绩不好,且一个农村班一年只有2～3名学生能考上高中,张世元的五叔作为初三的老师建议他重读一年再考,结果张世元又一次重读了初三。也就是从小学到初中,张世元一共重读了4个年级。

"你为什么那么调皮呢?"有时候母亲很严厉地问他。

"我也不知道啊,我觉得这样好玩!"张世元乐呵呵地说。那时候,张世元完全是个乐天派的孩子,天真活泼,课间玩着跳皮筋、打纸片的游戏。到了春天油菜花正盛的时候,张世元和小伙伴拿着棍子,一路飞奔一路"刷"油菜花,倏忽间,满眼残花一片。"喔喔喔"他们发出胜利的欢呼。

做"坏事"一时爽,做完心里也发慌。果不其然,刚回到家,张世元就被父母罚跪搓衣板,在家堂的菩萨像面前反思。

等上了初中,张世元就懂事多了,他开始安静下来,上课认真听讲,下课后还会主动看书,了解更多的知识。虽然农村的生活依然枯燥无聊,但张世元开始转换看问题的方式。如果生活没有乐趣,那是因为自己缺乏发现美的眼睛。

小时候,张世元喜欢在农忙时去晒场上跟着大人转悠。那时候家家户户门前都是金黄的一片,大人们把麦子、稻子摊在门前的空地上晾晒,蒸发掉多余的水分,便于保存。年幼的张世元由于没有娱乐场地,这儿就成了他童年里的一片净土。

大了以后,农村的娱乐活动开始多了起来。要是遇到放映露天电影,张世元会特别兴奋,提前好几天就开始盼星星盼月亮了。放映当天,他早早吃完晚饭,便搬着小板凳在空地上占好位子,比电影放映员去得还早。

在张世元眼中,贫瘠的家乡也有美丽的地方。春天是绿色的,大地孕育着希望。炎热的夏季只能靠蒲扇和电风扇"续命",白天再热也要下地干活,晚上就在家门口支一张竹床,摇蒲扇,数星星,唠家常,风吹过来,吹走一天的困顿。到了睡觉的时候,各自散去,躲进房间的蚊帐里。而他最喜欢躺在秋天的旷野里。田里的水稻开始泛黄,一阵风吹过,仿佛能闻见成熟的米香。白果也迎来了丰收季,银杏叶子形态优美、颜色鲜亮。

那时候,张世元开始意识到,无论生活在什么样的地方,无论是贫困还是富有,大自然永远是慷慨无私的。这,或许就是他长大后喜欢旅游的原因吧。

● 树野心,立恒心

在庄子的《逍遥游》中,有"鲲鹏之志"的典故。这个典故告诉人们,人一定要志向远大,加上持之以恒的努力,志向才能得以施展。

大多数企业家都有雄心壮志,立志做成彪炳史册之伟业,张世元也不例外。

张世元说,企业家没有野心,往往沦为折戟沉沙的落寞导演。当企业家有了野心,并学会管理野心,那才能保持一个企业强劲持久的活力,润泰的生命线注定会经久不衰。如果一定要给润泰规定一个生存的期限,张世元希望是一百年。

2012年,张世元刚萌生了创立公司的想法,但是苦于没有合适的名字。

在大家庭聚会中,一位堂哥自豪地说:"我们三泰地区,在中国还是有点名气的,因为教育好,三泰地区在国外留学的人比较多。"

"哎呀,那我为何不把公司叫作三泰化学呢!"张世元灵机一动,不禁抚掌大笑,感到妙极了。

后来,有个朋友说不能叫三泰,三泰两字拼音的首字母为ST,在股票市场中,这是中国证监会为了警示投资者某只股票存在特殊风险而采取的一种标识，可见企业起名的重要性。越是朗朗上口，有韵味，越是好记。

张世元经过一番揣摩，便沉着地说："咱们做化工一定要带有水字旁，因为水是进行化学反应的一种介质。泰，三个人的水，当时公司注册的时候，正巧也是三个人一起去注册的。泰，美好、平安的意思。泰卦，阴在上、阳在下，与大自然的阳在上、阴在下互补，平衡。润，有水方成润，润物细无声，润字好。"后来就选择了"润泰"二字。

有一次泰州市在上海开招商会，泰州市市长介绍泰州时说："泰州是祥泰之州、康泰之州、富泰之州，其实就是润泰之州。"这次招商会上，润泰化学签约了泰兴化工园区。从"润泰"的寓意来说，这个名字很好，带有社会责任感。"社会责任感"这几个字深深印刻在张世元心里。

2015年过年，张世元回老家看看。漫步在乡间小路上，张世元会想起儿时的点滴过往。曾经，他是一个天真烂漫的孩童，无忧无虑，每天都是在玩乐中度过。田野里的油菜花开了，张世元会疯了一般冲过去，用柳条一顿抽打，现场只剩下一片狼藉；他因为饥饿，曾经跟堂哥一起偷了老师家的鸡，还被父亲责骂；为了抒发心中的多愁善感，他还会对着天边的残霞久久凝望……

创办了润泰的张世元感到肩膀上责任重大。一来，每个工作的背后都是许许多多个家庭单元，员工的饭碗也是家庭的殷切希望；二来，许多领导都对他委以重任，多次嘱咐他要办好企业，为家乡发展做出贡献；三来，他对自我有要求，希望能够传承好"老张家"的优良作风。

因此，当500强企业抛出6亿元收购的"橄榄枝"时，张世元并没有唯利是图、目光短浅。的确，如果被收购，他和家人这辈子完全衣食无忧了。可是，一种执着的信念告诉他：他不能这样！更不可以这样！

他在脑海中盘旋着一个问题：倘若他真的签署了公司转让协议，将润泰江山拱手相让，他高枕无忧了，手下的一百多号员工又该何去何从呢？

那时候，他心中渐渐萌生出一个答案——做一个百年企业，将润泰变成大家的公司。

纵观世界各国的企业，英国就有一个300年俱乐部，只吸收300岁以上的公司为会员。世界上不乏高寿的跨国公司。比如美国的杜邦公司、英国的皮尔金顿公司……

为了探索企业高龄长寿的秘密，美国著名的智囊公司——兰德公司花费了20年时间跟踪了世界500强大公司，发现百年不衰的企业具有一个共同的特征，就是树立了超越利润的社会目标，不以利润为唯一追求目标。包括三条原则：一是人的价值高于物的价值；二是共同的价值高于个人的价值；三是客户价值和社会价值高于企业的生产价值和利润价值。

这表明，那些能够持续成长的公司，尽管它们的经营战略和实践活动总是不断地适应着变化的外部世界，却始终保持着稳定不变的超越利润最大化的核心价值观和基本目标。

但是，成为百年企业是非常困难的。美国《财富》杂志刊登的有关数据显示，美国大约有62%的企业寿命不超过5年，只有2%的企业能存活50年，中小企业平均寿命不到7年，大企业平均寿命不足40年；一般的跨国公司平均寿命为10～12年，世界500强企业平均寿命为40～42年，世界1000强企业平均寿命为30年。

对比国内外企业的发展，张世元感叹道：企业的生命周期何其短暂！有资料显示，我国的集团公司平均寿命为7～8年，小企业的平均寿命为2.9年。似乎"富不过三代"已经成为一个自然规律。就算一个封建王朝，在中国也就只有两三百年的生命期。更何况一个企业，时刻要面对市场的淘汰和竞争对手的打击，时时刻刻都面临衰败的可能。要想做成一个百年企业，特别是大规模的企业，维持的难度可能呈几何级指数增加，越大的企业越难持久。

这几年，断崖式坠落的企业比比皆是。无论是做金融APP平台，还是明星做餐饮连锁，抑或是互联网的创业明星，企业宣告死亡的噩耗从新闻媒体上经常能够看到。张世元经常会关注各行各业的企业动态，就会跟家里人聊到网络产品。

在网上购物成为一种大众化消费方式后，张世元也经常逛淘宝和京东，了解当下流行的消费模式。他偶尔发现，以前女儿喜欢从某平台上买洗发水和化妆品，后来不买了。

他好奇地问女儿为什么不买了，女儿一脸无奈地说："我看到上面卖假货之后就不买了。"

张世元暗暗吃惊，女儿曾经喜欢的平台一转眼就被抛弃了。资本市场更是如此。这给张世元也敲了警钟。

他想起了管理课堂上，老师曾说的一句话："一个大的企业就是一个复杂的系统，复杂的系统就存在更新慢，存在巨大的脆弱性。"黑天鹅"事件可能无法击倒这样的复杂系统，但灰犀牛却可以让这种复杂的脆弱系统倒下，而且再也无法站起来。"

因此，在公司，张世元始终强调，润泰致力于成为百年企业的理念不是停在口头上，不是穿鞋戴帽套大褂子，而是作为灵魂贯穿在企业运转的各个环节上，落实在具体行动上，更深入到每个员工的骨子里，成为润泰强大的精神支柱和企业发展的永恒动力。

即便现在，每年初一，张世元都会回到老家。儿时的泥土路，早已铺成沥青水泥路，方便各种车辆停靠在村子里。成家以后，无论多忙，过年他都回来参加大家庭聚会，好好热闹一番。

在长辈们眼里，张世元同堂辈六个兄弟中，个个都是风云人物：堂哥张世名，考上了清华大学，现为某航空航天研究所总工程师，为中国航天事业发展作贡献；张世元叱咤商场，创办了民族品牌的涂料企业，还致力于回报家乡，为父老乡亲做好事；张世文是世界 500 强企业中国区商务代表；张世军是环保设备公司董事长；张世荣为一家机械公司销售总经理；张世平是润泰车间主任。

每当看到张世元的身影，乡亲们总会喜笑颜开。他们骄傲地说："这是我们白米镇的名人，润泰的董事长！"憨厚、朴实的乡亲们经常会深感到与有荣焉，为土窝里飞出了"金凤凰"而自豪。

乡亲们说话直率，有的会直言不讳地说："世元啊，今年赚了几千万元啊？"大家都笑了，互相敬酒，气氛十分热烈。张世元发自内心地说："我认为，单从赚钱的角度来讲，润泰现在盈利能力已经不错了。但是，咱们也不能仅仅盯着那两三千万元，还得有个更宏伟的目标和蓝图，能够让企业可持续下去。"

润泰十年
从默默无闻到隐形冠军，一个小企业的成长轨迹

● **将学习进行到底**

自从创办公司以来，张世元听到最多的一句评价："张总，你恐怕是最爱学习的老板了。"

很多企业家事业成功后，不乏唯我独尊、狂妄自大、目空一切之辈，他们拒绝向他人学习，很快因为思想跟不上，企业原地踏步，故步自封，因而被时代淘汰。

张世元爱向他人学习。他从来不会端着架子，不懂就是不懂，不懂就要虚心请教，这是因为张世元始终有个信念：居安思危。不论是在日出期间，还是创立了润泰，张世元在外人眼里，平步青云，步步高升，都离不开他不懈进取，主动向他人学习取经的心。

在2012年开始，张世元就制定了公司的学习制度。他规定，部门内部每周一次学习会，每个季度公司要举行一次集体性培训，每半年要举行分批次管理层、销售培训。而张世元对自己也严格要求，一手抓事业，一手抓文化，经济和文化双修。他觉得没有企业文化，很难把企业做到百年老店。对标国内的顶级企业华为，华为一直很讲究企业文化，还有海尔的文化是"砸"出来的，格力是很严格的文化。这些企业都是有文化引领的企业。

自从他和薛和太一起报名了国学课程之后，张世元就成了不折不扣的"国学控"。没事的时候，他常常钻研《道德经》《易经》《论语》《孙子兵法》。谈到《孙子兵法》，张世元总是很兴奋。几千年前，中国传统文化就已经如此博大精深，竟然能跟自己的成长经历、管理经验产生了碰撞，又迸发出新的火花。

"故经之以五事，校之以计，而索其情：一曰道，二曰天，三曰地，四曰将，五曰法。"简单的一句话，足够张世元对照着审视自己十年的经营史。在张世元眼里，道、天、地、将、法五个字会说话。

道，告诉张世元，做事业要有高瞻远瞩的战略规划。

天，告诉他，做事业要有居安思危的思想。

地，告诉他，企业文化可以引领企业发展百年。

将，告诉他，单打独斗肯定不行，要把团队人才招至麾下。

法，就是企业流程制度。没有好的流程和制度，很难管理好企业。

在平时休闲娱乐中，张世元就会阅读国学原著。他惊讶地发现，每当一个阶段他自以为悟到了精髓，过一阶段再看，还有新的收获和体验。

国学大师的课程很贵，但是能把国学奥义通俗易懂地阐述出来，这让张世元不得不佩服。他常问薛和太："薛总，你看眼下这步棋怎么走？"

张世元所说的，正是当下涂料市场遇到了国内外冰火两重天的境遇。一到了冬天，国内涂料市场就跟天气一样严寒，订单量陡然下降。

薛和太笑笑，机智地说："那咱们就来一招'声东击西'好了！"

"何解？"张世元急切地问。

"夏季，是北半球的旺季，却是南半球的淡季。相反，在北半球淡季的时候，却是南半球的旺季。咱们把市场的精力分配好，集中在该集中的时间段上，这样就能够分配均匀、有的放矢了。"薛和太一说，张世元豁然开朗。

虽然张世元是润泰的当家人，但他从没有端架子，经常虚心请教。遇到了英文上不懂的单词和语法，就会跟国际部的业务员进行探讨；对于科研上的技术问题，张世元也主动跟着技术研发人员深入一线，积极学习，争取能够尽快地掌握好相关技术知识；遇到了最新的财务政策，张世元也是第一时间请教财务总监戚云香，向她了解相关的法律法规……

正是由于他的身体力行，润泰形成了"勤劳、尚德、学习"的核心价值观，这个价值观深深扎在每一个润泰人的心中。在张世元的影响下，公司上下争做"学习型"员工。

2017年，证券部来了一个新人杨悦。面对新的工作岗位和环境，杨悦有些激动，还很兴奋，但更多的是一种担忧。要知道，做好证券事务代表的工作必须精通财务、法律、金融、证券等综合知识，此外还要有扎实的文字功底和社交能力。当时，对于杨悦而言，她的知识储备差之甚远，也没有相关的工作经验。这既是一次机遇又是一次挑战。

润泰十年
从默默无闻到隐形冠军，一个小企业的成长轨迹

　　她刚到公司，正巧赶上了公司的融资，每天还要与投资者和券商做好沟通。早上八点多，她就坐在电话前，开始酝酿情绪。由于性格内向，不善言辞，一想到跟陌生人打电话便浑身冒冷汗。

　　她颤颤巍巍地伸出手，拨打了电话。对方声音很凶，问："喂？哪个？"她一慌，立刻把电话给挂断了。

　　到了快九点，杨悦又硬着头皮给对方打了电话。好不容易把该说的说完，杨悦长舒一口气，刚放下话筒又想起来，还没有问清楚一个细节问题……

　　公司证券部每周五下午都会组织一个内部学习会，让员工之间互相学习交流，分享经验，学习和补足自身缺乏的部分。在内部学习会上，杨悦接受了很多老员工的建议：在电话沟通前，先把要沟通的内容写在本子上，认真学习和观摩其他同事打电话的基本话术和交流方法。在结束电话后，记录和总结一下这通电话的不足之处。

　　为了克服紧张和羞赧的情绪，杨悦习惯性地先拿出一面镜子，对着镜子练习微笑，通过微笑来克服紧张的情绪。时间长了，杨悦脸上总挂着甜甜的微笑，不再畏怯了。

　　闲暇之余，她开始翻阅大量的专业书籍，不断拓展知识点，并在网络上下载法务、证券相关的培训视频，并一遍遍地自我练习。

　　由于过去没有接触过信息披露、三会筹备这些工作，杨悦在这方面也不知道从何处下手，如何去做，领导便给她指点迷津。首先帮她列好基本工作框架，让她按步执行，不懂的地方再请教。很快，在业务方面，杨悦取得了突飞猛进的进步。功夫不负有心人，最终杨悦通过了考试，拿到了挂牌公司董事会秘书资格证、上海证券交易所董事会秘书资格证、深圳证券交易所董事会秘书资格证。

　　张世元知道后，就表扬了杨悦。他说："其实作为一个企业老板，很多专业的方面是不如员工的，或者说知识的更新换代没有员工那么快。能有你们这样一群爱学习、积极进取的员工，我真的感到非常欣慰！"

　　学习管理，是张世元日常的一项必修课。从经典的管理学大师德鲁克，到最近几年的流派和理论延伸，张世元不仅看书，还经常参加培训讲

座。其中之一，便是走进中国的高等学府，领略行业顶尖大师的思想精髓和风采。

在2019年12月27—28日，由中国涂料工业协会主办的清华大学涂料企业负责人高级人才研修班再次开班。张世元带领技术、营销、采购组成的经营团队参加了这次培训交流。类似于这类研修班，中国涂料工业协会开了八期，这八期培训张世元都参加了。

作为一个高考失败者，张世元与梦寐以求的大学擦肩而过，心头始终有个遗憾。他一直想圆了自己的大学梦。而清华大学是中国著名的高等学府。

有智慧碰撞和经验交流，现场充满了令人深省的思想精髓，十分震撼。聆听了专家学者的讲座后，张世元收获颇丰。他在结业仪式上表示，在清华课堂的学习，收获满满。未来，润泰将以学习为己任，期待能够为涂料行业提供更好的服务，让客户深刻感受到润泰的"好"，为涂料行业做出更大的贡献！回来路上，大家还在兴奋地交流和分享。

学习一直是张世元工作之余最快乐的事。

2016年5月，华商书院泰州公司丁小芳来到公司推荐了华商书院的国学课程，那段时间公司刚刚新三板挂牌，张世元也刚刚通过党校学习拿到了本科文凭。在此期间，他就计划报读长江商学院或中欧国际商学院。丁小芳推荐的课程体系，与工商管理的课程不同，内容包括《道德经》《孙子兵法》《论语》《韩非子》《黄帝内经》《禅宗智慧》《易经》七大国学经典，毛泽东、曾国藩两位历史人物，《史记·货殖列传》《王者之道》两部史学经典，以及《中国经济与企业机遇》金融课程和《领袖演讲智慧》课程。这些课程一下子吸引了他，张世元认为作为华夏子孙，国学是中华文化数千年的传承与升华，企业管理的方法是"术"，国学才是深刻影响企业领导人的"道"，创业多年，勤奋、笃学是他一直的工作作风，"弘扬中华传统文化，打造卓越企业"的念头在脑海中闪现，这一刻，他踏上了经营企业之"道"！

2016年6月16日，他第一次到四川青城山参加了华商书院《道德经》的课程。一年半的学习之旅，让张世元在管理之路上又上了一个台阶。通过一年半的国学学习，张世元总结了人一生必读五本国学。年轻时读《论语》，"半部《论语》治天下"。通过解读，以人为本，以德为先，以义为重，以和为贵，以中为用，确定价值基础，进而准确把握儒学为政以德的管理精神以及修身齐家治国平天下的管理路径。中年时读《道德经》，商场，即人生战场，一切商务皆反映的是人性与智慧的高度！通过品读《道德经》，企业家能够深刻体会道家"无为而治"的思想真谛，提升领导艺术，并在繁忙的管理工作中真正做到如庖丁解牛，游刃有余。晚年读《六祖坛经》，里面记录有许多修行人经常遇到的问题及相应的解答，是修行的指路明灯！一生一世都要读《易经》和《黄帝内经》，《易经》被儒家尊为五经之首，它以一套符号系统来描述状态的变易，表现了中国古典文化的哲学和宇宙观，同时它也是人类知变、应变的大法则和人生为人、谋事的大智慧。这些智慧在企业经营管理中，发挥着非常重要的作用。《黄帝内经》是我国现存最早的医学典籍，是养生必读的书目。每个人都要确保有个好身体。企业家有好身体，才有好企业，才能造福员工和社会。

张世元总结道："任何时候，咱们润泰人都要将学习进行到底！"

● 发展都是被逼出来的

说到发展，张世元说得最多的一句话是："发展都是被逼出来的。"他说："润泰从出生到成长，每一步都是被逼出来的。"

本事是被"穷"逼出来的

张世元说，青、壮年时期的努力奋斗是被"穷"逼出来的。饥饿和贫穷伴随着他的孩童和学生生涯，"穿得不像样，吃得不像样"，是他刻骨铭心的童年记忆。从高中毕业起就到企业打工，15年间，张世元学会计、搞基建、做销售、抓管理，就像一块砖，哪里需要哪里搬，通过自身的努力，他熟悉了化工企业的全部流程，对行业也有了深入的理解。

创业是被"野心"逼出来的

从做白领到做老板,创业是被张世元的"野心"逼出来的。2002年,张世元被任命到廊坊分厂担任财务负责人。此次任职,他有着不一样的感受。职场的天花板,让张世元有些郁闷,职场就职显然满足不了他日益滋长的"野心"。2005年,张世元果断选择离职创业,他要圆一个在商海飞翔的梦。

跨越是被"债"逼出来的

创业的风险远远超出张世元的预期。一次质量事故和一次协作担保,使得张世元面临高达6000万元的债务赔偿,企业面临灭顶之灾。张世元强大的心脏承受住了压力。靠诚信和智慧,通过智赔,他在业界收获了信誉,站稳了脚跟,被媒体和业界贴上了"'赔'出来的润泰"的标签,为润泰成为行业"中国第一、世界第二"打下了坚实的基础。

远征是被"情怀"逼出来的

十年间,润泰的发展可圈可点,荣誉纷然而至。年终,董事会上要汇报"去年目标完成得怎样?"员工们问:"今年工资涨多少?"乡亲们问:"世元,今年赚了几千万元?"张世元内心问:"与500强过招,润泽世界走到哪一步?""润泰下一个五年,下一个十年怎么走?"润泰成为大企业,成为"大家的企业"目标还差多远?很显然,张世元的创业观发生了颠覆:从生存创业到发展创业再到情怀创业,润泰要继续"远征",十岁的润泰离百岁差得太远了,远征是被"情怀"逼出来的。

润泰十年

从默默无闻到隐形冠军，一个小企业的成长轨迹

03　身后的那一位

宋文娟是润泰的一名普通员工。2006年进入公司，先后在财务、采购部门干过，从2019年年底，在主管的强烈推荐下，她担任了销售中心的副总。如今，她是泰兴润泰公司的总经理，泰兴润泰的"大总管"。她就是董事长张世元的妻子。

润泰十年，无论是赔款事件中的惊涛骇浪，还是创办伊始的艰难险阻，无论是搬运包装苦脏累现场，还是疫情下销售的运筹帷幄，都可见到宋文娟坚定的身影。

"她在润泰默默无闻，却是润泰的中流砥柱。"润泰职工们异口同声。

"军功章上，有我的一半，也有你的一半……"联欢会上，张世元深情地唱道。

"文娟，润泰离不开你，我也离不开你！"张世元无数次发自肺腑地诉说。

● 城市户口梦破灭

宋文娟出生在一个城镇家庭，父亲时任泰兴市黄桥镇油脂化工厂厂长。19岁时，她正在读高中。当时有一个政策，国营单位有30年工龄的职工可以提前退休，把名额让给子女，让他们接替自己上班。那时城镇户口挺吃香，父亲已经有33年工龄，考虑到女孩子家就业难，想把名额给宋文娟，可以安排她进厂里的财务科。当时，老厂长建议她父亲："女孩子早晚是别人家的人，你怎么不把名额给男孩。"一句话似乎说醒了她父亲，于是改由宋文娟的弟弟接替。班接不成了，宋文娟就跑到安徽天长一个砖瓦厂学做会计，说是会计，其实也就是计件、用工的统计而已。在安徽做了一年不到，家里人觉得一个女孩子在外面不安全，于是劝她回来。她的叔叔在运粮镇农具厂做文员，于是介绍她去厂里上班。但父亲说，去社办厂不是长久之计，俗话说"荒年饿不死手艺人"，还是学个手艺好。这时弟弟已经进厂上班了，宋文娟听父亲这么一说，火冒三丈："我才不学呢！"说着走出去，扬言要去跳河。家里人劝着把她拉回家，大伯过来说："伯父家没有女儿，到我家做我女儿去。"连拉带哄地把宋文娟拉到他家。几天后，宋文娟还是走上了学手艺的道路。运粮镇上有个女子做服装裁剪，技术不错，当时在镇上已小有名气了。

当年腊月宋文娟去了那家裁缝店，开始了学徒生涯。那时，师傅已经怀孕了，预产期在次年6月。学徒生活非常艰辛。师傅生孩子期间，买菜、做饭、洗尿布，宋文娟都得做。有一次，她冬天洗尿布时差点掉进冰冷的河里。她只能在工作间隙偷偷学艺。宋文娟学艺非常用心，每每师傅量身、裁剪，她都十分认真地看，认真思考，还托人买了裁剪书，照着书上边干边学。宋文娟的嫂子在杭州做专业的裁剪教员，也给她带来不少书籍资料。宋文娟找来许多旧报纸，根据量到的尺寸多放一点，用报纸裁剪好拿给师傅看，这时，师傅才说点技术，点点滴滴积累，也能逐步裁剪一些简单的服装了。师傅夸奖说："在你们几个学徒当中，文娟是进步最快的。"师傅生养月子期间，店就交给宋文娟来打理，她独立做了不少服装，"我心里别提有多高兴！"宋文娟说。

● "赔"出来的"艺途"

真是天有不测风云！突然间，一次重大失手使宋文娟面临人生最严峻的考验。

一天，镇上的副镇长拿来一块好裤料。出于信任，决定让她来做。宋文娟十分高兴，心想得好好把握这次机会！顾客身份高，布料档次高，如果做好了，会带来更多的客户。所以，从量身到裁剪，每道工序她都格外小心。然而，越是小心谨慎，越是危机在即！由于不了解面料的属性，熨烫过了一点点，料子就给烫坏了！见此状，宋文娟如同当头一棒，失魂落魄地坐着，久久缓不过神来。这可怎么好？加工费只有两块五毛钱，而料子可要十几块钱。宋文娟不是一个坚强的人，但是她知道，那时候除了坚强，别无选择。顾客来取衣服时，宋文娟说没做好，还要再等两天。她又问对方："你这么好的料子是从哪儿买的？来店里的人见到了也想要。"原来，镇长是在泰兴元竹乡买的料子。宋文娟没有告诉师傅，连夜回家跟妈妈借了钱，第二天一早骑车20公里去元竹乡买了料子，并以最快的速度裁剪、缝纫、锁口，做好裤子等着镇长来取。同时，她还买了一块布料替补烫坏的面料，又做了一条裤子送给父亲穿。

凭着胆识、勇气和智慧，宋文娟化解了这次危机，建立了自信和声誉，在缝纫路上越走越远！

● 逃离上海成名师

师傅的裁缝店在当地小有名气，但高端的服装比如西装却做不了。宋文娟的姨妈在上海，父亲决定送她去上海学做西服。1989年，宋文娟21

岁，只身来到上海闵行区的一家服装厂继续做学徒。老板娘得知她有点缝纫基础，会做中山装等服装，让她画格子（划版）。划版时，她能根据服装市场的销售地域做适当调整，销往农村的会放得大一点，老板娘认为她做得很好，对她刮目相看，很快把她调到排版车间。这是一家以出口为主的服装厂，排版车间技术含量高，直接决定工厂的效益。由于学得认真，宋文娟很快掌握了排版要领，深得老板娘的赏识，由学徒工升为初级工，工钱也由生活费变为工资了。一切都很顺利，宋文娟以自己的勤劳和智慧在大上海站稳了脚跟，跟许多年轻人一样，她也做着转正梦，希望能在这家工厂做下去，也希望成为上海人。

然而，命运总是捉弄人！

宋文娟后来带去上海的一名叫秦秀芳的姑娘，在工作中发生了差错，她把一条裤子的腰做得有点扭。老板娘见了大发雷霆，把那条裤子用力一摔，裤子刚好套到小秦的头上，她还破口大骂："江北佬，猪头山！"听到这里，宋文娟脸涨得通红，愣了很长时间缓不过神来。她心想："人是我带来的，我也是江北人，你骂了我们一批人啊。难道我们江北人就不是人，就注定要低人一等？"这天，她彻夜难眠。宋文娟想来想去，觉得这上海不是自己待的地方，决定不干了。第二天，宋文娟就向老板提出要请假回家。老板非但不批假，还扬言："要是想跑，叫派出所把你抓起来。"到了第三天，宋文娟偷偷整理好了行装。因为还有工资没发，工友们三次把锁扣机放到她旅行包里（抵未发的工资），宋文娟坚定地拒绝了。"老板再不仁义，我们也决不能做违法的事，不但我不能拿，今后你们也不许拿厂里一针一线！"趁着天还没亮，在工友的帮助下，宋文娟离开了工厂，离开了上海，回到了苏北的老家。

"爸爸，我想开店。"这是宋文娟到家的第一句话。"运粮不能去，第一任师傅在那里，'教会徒弟，饿死师傅'的事咱不能做。"

白米镇是一个中心镇，经济发展走在姜堰的前列。镇上乡级机构齐全，有中学，还有农具厂，集镇商业辐射周边几十个村，男女老少不了要做衣裳。经过在运粮、上海做学徒，宋文娟已经掌握了大部分裁剪、缝制技术，而且已经能做西装了。

小店一开张，上门生意有衬衫、裙裤、喇叭裤等，也有要做西装的。宋文娟记得她做的第一套西装为女式西装，衣服长短正好，肩腰合体，主人十分满意，穿上气质非凡。这无疑给小店做了活广告。

作为一个22岁的小姑娘，宋文娟深知自己的身价。当时市面上一件衣服的加工费在3元左右，而她只收2元左右。渐渐地，小服装店的生意好了起来。

"我对当时做得不好的案例反倒印象很深。"宋文娟回忆道。当时，镇上一位50多岁的女会计拿来一块布料做裤子。她的体型正如鲁迅笔下的"圆规"，肚大腿细，给这种体型的人做裤子难度极大。"尽管有思想准备，但最后还是没做好。"宋文娟说。做出来的裤子的裤缝总是有点偏。顾客试穿后一开始很满意，当发现裤缝有点偏后，就不满意了。宋文娟很耐心，细声细语地给她解释，表示给她一定改好。之后，宋文娟反复研究了她的尺寸，精确计算，用报纸反复试裁，终于找到了最佳方案，形成"圆规"体型的裁剪方式。宋文娟买来了相同的料子，重新给顾客做了一条裤子，赢得了顾客的好评。后来，她们成了好朋友，她也给宋文娟介绍了很多生意。此后，宋文娟再也不怕做"圆规"身材的服装了。

结婚后不久，张世元就被公司派往北京，宋文娟一如既往地经营着裁缝店。这时店里已经有了几位帮手，大家每天忙碌到夜里11点多才能休息。下班后，宋文娟还要把店里收拾一下，她总是最后一位离开，每天12点半才能休息。日子虽苦，但总归是自己的事业，宋文娟过得还算踏实。

奋斗几年下来，宋文娟成了镇上有名的裁缝。然而，不是所有的顾客都是好服侍的。看着做好的衣服，有人会挑衣服毛病，其实就是想少给钱。宋文娟总是心照不宣，看出顾客贪图便宜，她就会让出一些利益，结果多数是皆大欢喜，顾客总是满意而去。

慢慢地，宋文娟的小店站稳了脚跟，她也成为白米及周边有名的裁缝。

● 让师傅变成嫂子

张世元有个妹妹叫张秀芹，宋文娟开店的那段时间她在白米中学读书，18岁初中毕业后，她就想学手艺。因为宋文娟的店就在学校对面，她课余时间到店里玩过，所以初中一毕业，她就跟宋文娟说要学裁缝。宋文娟说："这哪儿行啊，我自己还是个学徒呢，怎能带徒弟？跟着我学不到东西的。"但她天天来磨，赖着不走，说："第一次见到你，我就喜欢你，要跟你学徒。"就这样，22岁的宋文娟带着个18岁的张秀芹，徒弟一米六八的个子比师傅高，外人也分不清谁师谁徒。

虽答应了下来，宋文娟心里并不把自己当成师傅，也不肯收学徒费。泰州南北差异很大，南边为高沙土地区，缺米少面，而北边为里下河地区，是鱼米之乡。张秀芹就从家中带来米面，师徒生活有了一些改善。此时，张秀芹的哥哥张世元正好在对面中学读高中，时不时地来店里吃碗面充饥，宋文娟和张世元就这样有了初步接触。

这年腊月，张家开始张罗举行拜师仪式，要双方家长见面，并写了师徒协议，一定要宋文娟收下学徒费。席间，张世元的五叔张云峰流露出让张世元和宋文娟结亲的意愿："如果我家张世元考不上大学，就把两人的亲事定下来。"说者无心，听者有意。宋文娟的父亲很生气，"你家考不上跟我家攀亲，考上了呢？"虽然宋文娟的父亲对张世元很满意，但张家的态度，让他从心底里否定了与张家结亲。

宋文娟回运粮老家过年，父亲问她："你跟张世元到底有没有谈恋爱？"她说："绝对没有。"实际上，她心里明白，此事是张秀芹在用心，由张云峰出面张罗的。

既然没有谈，就不能任其发展。宋文娟的父亲决定设法制止。他对宋文娟说："你的缝纫技术还很不过关，加之从小对油菜花、小麦过敏，不能嫁到农村，先到上海学习一段时间再说。"

就这样，宋文娟带上张秀芹，二进上海，继续学徒。这时，宋文娟与世元互有好感，但关系比较含蓄，双方都没有表露过。

然而"十一月二十六日"这个日子拉近了两人的距离。农历十一月二十六日是宋文娟的生日，也是张世元的生日，不仅如此，还是宋文娟姥姥的生日。难道这不是缘分？

在上海学习的半年期间，张世元和宋文娟经常书信往来。一次，张世元在信里写了一句："财富并非朋友，朋友才是真正的财富。"这句话就像烙在宋文娟心里，终生难忘，也使她对张世元有了新的认识，坚定了托付终身的决心。同时，她也感觉到，张世元对自己家有误会，认为他们"嫌贫爱富"。

从上海回来以后，宋文娟继续在白米开店。这时，张世元高考落榜了。宋家和张家又想起这门亲事，而宋家当时想让宋文娟嫁到城里。此间，宋家不停地让宋文娟相亲。而张秀芹在店里看着，找各种借口，千方百计阻挠宋文娟相亲。

这一天，宋家又打来电话，说男方在供销社工作，定量户口，一定要宋文娟回去一趟。宋文娟准备回家。这时张秀芹再一次找到了阻挠的机会。白米中学一帮孩子打闹，推倒了小店的外墙，土坯砖砸坏了张秀芹的缝纫机，她乘机大哭大闹起来。宋文娟说："不要紧，先用我的。"但是她就是不干，一定要马上拉出去修理。宋文娟无奈，只好打电话告诉家里，店里围墙倒了，不能回家。一场相亲就这样被搅黄了。张秀芹就是这样为哥哥与嫂子的姻缘保驾护航的。高中毕业后的张世元，先是学修钟表，后来才到日出工作，两人工作都有了着落。这时，经过双方协商，正式定下了这门亲事。

● 是金子总会发光

2004年五月初一，宋文娟第二个孩子出生了，是个男孩。张家也好，宋家也罢，算是如愿以偿了。张世元常年出差在外，宋文娟一边看店，一边照看两个孩子，其辛苦不言而喻。裁缝店开了15年了，也像是她的孩子，舍不得丢掉。但甘蔗没有两头甜，宋文娟想着能够找一份作息时间有规律的工作做。此时，张世元已经离开日出，与人合伙创办了齐大公司。然而，合伙人协议明确规定，股东配偶不得进公司。张世元理解宋文娟不甘寂寞的心情，对她说："给你50万元，你自己开个服装厂。"宋文娟思来想去，有些信心不足，自己找了一家服装厂上班去了。

2005年，齐大开始投产，客观上也迫切需要人手。经与合伙人协商，他们终于同意宋文娟进厂工作。不过，张世元给宋文娟约法三章：第一，作为普通员工不得参与公司高层的事务；第二，不得在公司报销任何工作以外的账单；第三，不准东家长西家短地说三道四。宋文娟一一应允。

宋文娟被分配在财务科，一开始在财务科只是打打杂，开开票。开税票的要求其实很高，不能错一个字，错了字税票就要作废。为了提升新入职会计的业务水平，财政局组织新入职财务人员培训，宋文娟报名参加，培训不脱产，学习在晚上进行。晚上孩子没有人带，她只好带着孩子去上课。老师发现后也很感动："要是考试不过关，我也对不起你们。"学员学得认真，老师教得认真，宋文娟考试合格，学到了基本的账务知识。不久，财务核算由珠算转向电算，宋文娟又走在前面，公司的网银也由宋文娟操作。

除了账务外，宋文娟还负责工厂的安全和环保工作。她入职后不久，就遇到一项安全检查。怎么办？对于安全这方面的工作，宋文娟更是一窍不通。她马上想到，找日出的熟人求助。后来公司顺利通过了安全核查。

从齐大到润泰，从装卸工、包装工、财务、安全员、采购员到销售经理，宋文娟的岗位不停变化，但是有一个不变的，就是宋文娟只是工厂一名普通的员工、普通的主管。与其他员工不同的是，她承受的压力更大，承受的委屈更大。

润泰人都知道，被老板"凶"得最多的员工中就有宋文娟。

有一次会上，张世元大声喊道："宋文娟，你惹大祸了，站起来，站到前面来！"这是怎么回事？这要从她所负责的环保工作说起。

在姜堰开发区，与润泰毗邻的有多家化工企业。这些企业生产时散发出的气味常常受到附近居民的投诉，甚至企业之间也相互投诉。宋文娟得知，附近工厂经常投诉气味是润泰发出的。这一天，气味又浓了，但是润泰正在停产检修。为了抓住这个可以澄清事实真相的机会，宋文娟打电话给开发区领导，请他来公司实地查看。领导到了后看到润泰确实是停产了，但空气中仍然有气味。这位领导马上打电话把投诉人叫来现场，并狠狠地批评他没有事实乱投诉。宋文娟的气是出了，但是与邻居的怨结得更深了，随时可能惹来更大的麻烦。

张世元的当众批评使得宋文娟无地自容。要不是张世元的妻子，她可以选择当场评理，也可选择辞职离开。然而，她不能这么做，泪水只能往肚子里吞，除了忍，她别无选择。她为了公司的声誉澄清事实没有错，张世元考虑周边环境也没有错。

这之后，宋文娟三天没有上班，张世元也三天没有回家。第四天，张世元打电话给宋文娟："上班吧，公司不能没有你，我也不能没有你。"一场夫妻间的战争总算平息了。

让宋文娟难受的事，又何止这一件？

宋文娟想到了齐大质量赔偿事件的日日夜夜。那次质量事故发生后，张世元开车奔赴全国向客户道歉协商赔偿。宋文娟、崔茜等人在家听电话挨骂、受气向客户作解释。

"那几个月，简直不是人过的日子！"宋文娟眼里含着泪水说。

那时每天会接到无数个辱骂、指责、挖苦、催赔的电话。接电话的几个人，嗓子哑了，一天下来，脑袋里嗡嗡作响，什么都听不到。

就这样，她们扛住几百个客户的"围攻"，低三下四地耐心解释，终于得到大家的谅解，润泰的赔款计划得以实施，为润泰日后实现凤凰涅槃打下了基础。

作为张世元的妻子，她总是在公司最困难时候挺身而出。

有一次，银行贷款 500 万元到期要还，一天都不能拖。

宋文娟张罗着到处借钱救急，从张家借 100 万元，从李家借 80 万元，硬是 3 天内凑了 350 万元，还差 150 万元，宋文娟急得像热锅上的蚂蚁。这时恰好有一笔往来账，她找到银行的朋友，好说歹说留给她用一天，凑齐了这 500 万元还了贷。

2019 年年底，公司负责销售的一位高管强烈推荐宋文娟担任子公司总经理，他了解宋文娟，相信她能担此重任。

宋文娟并不情愿担任此职。经历了这么多的风风雨雨，宋文娟感到很累，又压重担，"难道真的命苦，天要灭我？"在家里，她向张世元诉说，不想再承受过大的压力了。张世元说："回家不谈工作，你的差事不归我管，哪个叫你做的，你去找哪个。"

没办法，宋文娟只能赶鸭子上架。其实多年来，公司的兴衰哪一天她不放在心上？作为张世元的妻子，做好自己是很不容易的，她不断地调整和修炼自己。

"你说鬼话，鬼就找上门来说话"。

"你看人不顺眼，是因为你自己不够大度，应当找自己的问题。"

"想改变他人，先得改变你自己，用自己的言行举止改变他人。"

宋文娟说，通过学习《易经》，她自己改变了很多，对自己的要求也提高了很多。

当上总经理后，宋文娟一是对自己准确定位，二是工作非常努力。

在营销中心的会议上，宋文娟说："公司董事会的决定我不能不执行，但我这个总经理只是你们的参谋，协助葛总（销售中心总经理）工作。至于目标任务、劳动纪律等我不管，你们自己管好自己。不过，我一定尽力为大家创造良好的工作环境，有什么困难尽管找我，我一定帮你们解决好。"

她的话激发了大家的活力，大家纷纷分析形势，提出了疫情下的营销策略。

2020 年疫情防控期间，国内各下游厂商都没有开工的形势下，销售部门加强培训，邀请公司高级顾问举行了"如何在逆境下实现增长"的讲座，并展开热烈的讨论，制定了一季度国内疫情国外补的策略。

开局之月，润泰"海陆空"全新作战阵型，定位市场着力突破，业务拓展迅速形成蔓延态势。新营销政策从细分市场入手，构建全新营销体系，投入资源建立"战略合作＋网络营销"共赢平台，为客户提供针对性服务，为其创造更大的发展空间。

同时为打好客户基础，营销中心以客户为导向，专注下沉市场，看准客户特性需求，准确导入技术服务，进一步将各区域客户进行分类，制定相应激励政策，并有针对性策划"技术上门"活动，进而获取有价值的营销线索。疫情防控期间的"云"服务，营销团队不动用"一兵一卒"迅速进行市场行情预判，了解客户动态，以"客户采购员"的角色开展服务，获得丰厚订单。

国际部采取快调查、快签约、快发货的措施。由于国内疫情影响，运输困难，合同签订后，宋文娟千方百计地为他们联系运力，决不因为运输难而拖销售的后腿。

"是的，金子放在哪里都会发光。"董事会高管们这样评价宋文娟。

附　录

润泰十年

从默默无闻到隐形冠军，一个小企业的成长轨迹

01　合作伙伴寄语（排名不分先后）

中国涂料工业协会　孙莲英

润泰十载　卓领未来

展望润泰　再创辉煌！

立邦中国　孙荣隆

首先，先祝润泰十周年生日快乐！作为立邦重要的供应链伙伴，在"诚信谋求共赢"的理念下，润泰持续提供创新和优质的产品，让立邦能研发出好的产品，赢得客户的认可。

未来，希望能和润泰紧密沟通、加强合作深度，共同创新，一起双赢。也希望润泰能早日实现"百、千、亿"目标，成为全球化工行业百年百强企业。

三棵树涂料股份有限公司　洪杰

十载征途，一路走来，润泰以美好的初心、优质的产品为行业发展和社会进步做出了积极贡献。

值此润泰成立十周年之际，三棵树祝润泰化学创新不止，再启征程，续创辉煌，携手为人们创造美好生活，润泽未来。

广东千色花化工有限公司　黄达昌

感恩润泰，润泽涂界。
展望润泰，再创辉煌！

展辰新材料集团股份有限公司　陈冰

过去十年，润泰在张世元董事长的带领下，高瞻远瞩，锐意创新，发展迅猛，堪称行业黑马，为中国涂料行业的发展做出了卓越贡献！

未来十年，润泰定将战无不胜，再铸辉煌，不仅成为中国行业典范，更将为中国争光，成为世界最优秀的涂料助剂供应商！

湘江集团　许愔

"矢志不移铸化工精品　十载匠心筑润泰辉煌"——恭贺润泰成立十周年

浙江丰虹新材料股份有限公司　王春伟

十年润泰，百年基业。

江苏久诺建材科技股份有限公司　王志鹏

乘风破浪，润泽涂业。

福建鑫展旺化工有限公司　谢永立

万丈高楼平地起，十年润泰百年基。
祝贺润泰走过辉煌的十年，迈向百年伟业，润泽未来。

润泰十年

从默默无闻到隐形冠军，一个小企业的成长轨迹

上海君子兰新材料股份有限公司　马慧峰

产业报国，大展宏图，恭贺润泰成立十周年！

浙江曼得丽涂料有限公司　沈国强

荣润十年，稳如泰山！

富思特新材料科技发展股份有限公司　郭祥恩

贺润泰公司十周年庆！苦心经营十周星，一举成名涂界惊。虎啸龙吟看润泰，盘马弯弓新征程！

东莞大宝化工制品有限公司　叶子琛

铸辉煌，祝贺润泰成立十周年；寄希望，再领行业攀登新高峰。

上海华谊精细化工有限公司　杨红妹

贺润泰十周年庆：发端三水大地，润泽四方宾客，弘扬孝道文化，未来顺遂安泰。

固克节能科技股份有限公司　李坤云

十年的耕作，十年的光阴，十年的发展迎来了此刻的荣华。
在这十周年诞辰之际，展望更辉煌的下一个十年！
祝贺润泰十年繁华，辉天映月绣锦凤城！

上海洁士美建材有限公司　赵孝文

十年乘风破浪，十年硕果飘香，润泰新材，润泽未来！

浙江传化涂料有限公司　沈巨军

值此贵司成立十周年之际，感谢润泰对传化漆发展提供助力，共同探索中国涂料水性化的至臻发展，祝前程似锦，永葆专业创新之劲，真正实现"润泰新材，润泽未来"。

杭州恩依吉科技有限公司　潘艳静

刚认识你时就觉得你很了不起，用你的大智慧乾坤大挪移，让齐大重生，然后润泰拔根而起。

后来，很荣幸成了润泰的合作商，得到了润泰的很多帮助。

后来，身边多了很多声音，有这样说的，有那样说的，我的认知有了摇摆。

再后来，我开始觉得这中间有欺骗，有利用，有……

再后来，有了猜疑，有了不信任……

直至今天，我忽然发现唯一能证明一切的是时间，是你们那一览众山小的大格局、你们的宏才伟略、你们那一直向前从不停歇的脚步、你们与对手"竞合"的大智慧。

这么多年，是我们不优秀，错怪了你们。

短短几年，曾经的并肩作战，只剩仰望。

唯有仰望。

润泰十年

从默默无闻到隐形冠军，一个小企业的成长轨迹

沈阳天利实业集团有限公司　姜红霞

润泰新材，润泽未来，从长江三角洲到美丽的阿联酋，一路走来，一路感动。我们选择了润泰就选择了未来。我们和润泰既是合作伙伴，也是战友兄弟，我们用心灵铸成铜墙铁壁，怀揣梦想，共同飞翔！让我们依托润泰这个平台，打造出更美丽的天空。

青岛埃迪特新材料科技有限公司　李成刚

润泰十年，披荆斩棘，合作五年，同舟共济。
在此祝福润泰：百尺竿头，更进一步！

北京兴美亚化工有限公司　俞建刚

恭贺润泰十周年庆典！

这十年来，润泰给我最深刻的印象就是担当两个字，润泰起步于对产品的担当，发展于对员工和合作伙伴的担当，更让人欣喜的是我们还看到了润泰对弘扬中华文化的担当。

坚信润泰在张世元总裁的领导下，一定会发展得越来越好！

上海澳润化工有限公司　彭洁

成膜助剂，是我们澳润在涂料行业（2001年）扬帆起航所经营的首支产品。自润泰创立初始，我们便与你一路同行，携手相伴。

作为润泰的老朋友，我们有幸见证了其十年来的风雨探索路。追科学之发展，携同行之征程，思客户之所想，达泰润之所宜，十年征程，澳润与你风雨共进。作为涂料行业的同僚，润泰更是我们学习的对象与目标。唯愿润泰创新不止、弦歌不辍，澳润将与你同舟共济，共创辉煌！

成都涂盟化工有限公司　罗文武

喜闻润泰公司成立十周年，特来贺信！曾经行业一树，现在全球首屈，离不开领头羊张董睿智，也离不开润泰全体员工的点点滴滴。

今天的成功不代表明天的辉煌，愿我们携手共进再创辉煌！

重庆恒业化工有限责任公司　杨晓梅

润泰通过短短几年的时间，飞速发展，从年产三万吨到十五万吨再到二十万吨，一路高歌，突飞猛进，让我们真正体会到："润泰这个民族品牌——产品批次指标稳定，气味低于其他品牌，含量高于同行。关键在货源紧缺、原料上涨的时候，价格还稳定。"这些都是因为润泰强大。

我们非常荣幸地成为润泰在重庆的合作伙伴。

祝润泰早日成为全球化工行业百年百强企业，让产品深入到全世界的人心里！

02　润泰十年大事记

1. 2010 年 5 月 18 日，江苏润泰化学有限公司注册成立。
2. 2011 年，江苏润泰化学有限公司正式投产。
3. 2012 年，"赔"出来的润泰——承担齐大质量赔偿款 3000 多万元。
4. 2013 年，"赔"出来的润泰——联保连带代偿 2000 多万元。
5. 2014 年，收购格兰特科技，成立润泰化学南通有限公司。
6. 2015 年，润泰化学股份有限公司在新三板挂牌上市。
7. 2016 年，婉拒世界 500 强化工企业收购兼并。
8. 2017 年，外贸业务发展到 93 个国家和地区。
9. 2018 年，润泰化学（泰兴）有限公司投产。
10. 2019 年，润泰化学工业有限公司（阿联酋）注册成立。
11. 2020 年，润泰成立十周年。

03　润泰主要荣誉

1	重合同守信用企业
2	计量合格确认证书
3	资信等级AAA
4	重合同守信用企业
5	AAAAA级劳动关系和谐企业
6	润泰—泰州市知名商标
7	2012年度纳税销售先进单位
8	十佳助剂民族品牌
9	江苏省民营科技企业
10	泰州名牌产品证书
11	2013年度泰州市安全文化建设示范企业
12	中国涂料工业协会团体会员
13	高新技术企业
14	中国涂料品牌榜2013中国涂料原辅料类名牌奖
15	中国涂料品牌榜2013中国涂料行业最具发展潜力企业奖

续表

序号	奖项
16	用于十二碳醇酯合成的催化剂及其制备方法发明专利证书
17	江苏省标准化良好行为企业（AAA级）
18	泰州市企业文化建设示范单位
19	2014年度浙江省优秀原材料供应商
20	上海涂料燃料行业协会会员单位
21	2014年度纳税销售先进单位
22	2014年度财政贡献先进单位
23	中国涂料工业百年百强企业
24	安全生产标准化二级企业（危化）
25	2015中国涂料产业峰会慧聪网第十一届中国涂料原料&设备十佳品牌评选十佳助剂溶剂品牌
26	中国涂料品牌榜2015中国涂料原辅料材料名牌奖
27	中国涂料品牌榜2015中国涂料行业发展潜力企业奖
28	2015中国涂料原辅材料名牌奖
29	"增塑剂、酯、环烷酸"泰州市知名商标
30	江苏省著名商标
31	江苏省民营企业文化建设示范单位
32	2015年度科协工作先进集体
33	"十二五"全国石油和化学工业环境保护先进单位
34	《中国涂料》优秀合作企业奖

续表

序号	奖项
35	中国涂料品牌榜2016中国涂料原辅料名牌奖
36	中国涂料品牌榜2016中国涂料行业最具发展潜力奖
37	泰州市信息化与工业化融合示范企业
38	第十二届华彩奖中国涂料原料影响力品牌、中国涂料助剂溶剂影响力品牌
39	2016年度泰州市和谐劳动关系企业
40	2016年度安全生产诚信企业（二级）
41	《绿色产品评价涂料》荣誉证书
42	江苏省涂料行业协会建筑涂料分会第一届理事会副会长单位
43	江苏省涂料行业协会第三届理事会常务理事单位
44	2017—2019年度省级国际知名品牌企业
45	2017中国涂料产业峰会慧聪网中国涂料助剂溶剂影响力品牌
46	江苏省厂务公开民主管理先进单位
47	泰州市模范职工之家
48	2018中阿涂料行业工业电商大会"一带一路"先锋企业奖
49	泰州市2017年度发明专利十强企业
50	泰州市2017年度人才强企先进单位
51	《绿色设计产品评价技术规范 水性建筑涂料》荣誉证书
52	2017年度"人才强企"先进单位
53	安徽省涂料行业协会副会长单位

续表

序号	奖项
54	热心单位
55	2018中国石油和化工民营企业百强
56	2018年度最具品牌影响力
57	改革开放四十年中国涂料行业成果展示企业
58	改革开放四十年中国涂料行业创新企业
59	2018年度外经贸先进企业
60	改革开放四十年中国涂料卓越贡献者
61	推动江苏涂料工业发展积极贡献奖
62	润泰牌助剂广东优秀涂料原材料品牌
63	润泰牌助剂广东涂料30年优秀原材料品牌
64	润泰—江苏省著名商标
65	江苏省重点培育和发展的国际知名品牌
66	家居装饰装修材料行业改革发展40年中国建筑涂料行业第五届华涂奖优质原材料供应商
67	中国家居产业绿色供应链联盟成员单位
68	《绿色设计产品评价技术规范 水性建筑涂料》标准参编单位
69	江苏省企业研究生工作站
70	广东省涂料行业协会工业涂料分会副理事长单位
71	红十字奉献奖荣誉证书
72	中国涂料工业协会战略合作单位

续表

序号	奖项
73	模范职工小家
74	2019年石油和化工"专精特新"中小企业
75	卓越民族企业
76	2019年度外经贸工作先进单位
77	2019年度中国建材与家居行业科学技术奖、技术创新类二等奖
78	泰州市示范智能车间
79	中国涂料行业抗击新冠疫情防控工作先进集体
80	两化融合管理体系证书
81	书香企业
82	润泰（泰兴）二级标准化验证
83	润泰（泰兴）市级企业研发机构(重点实验室、工程技术研究中心、院士工作站)的评定
84	"十三五"高质量发展企业
85	2020年度泰州市青年安全生产示范岗
86	广东省涂料协会副会长单位
87	模范职工之家
88	泰兴市数字化转型创新大赛示范项目三等奖
89	泰州市安全生产专题职代会案例三十佳
90	江苏省青年安全生产示范岗
91	省级技术中心

续表

序号	奖项
92	2020年度先进基层党组织
93	2021年度诚信标杆单位
94	泰兴开发区绩效管理考核先进单位
95	2021年度外经贸工作先进单位
96	先进基层党组织
97	疫情防控和经济社会发展"双胜利"先进集体
98	泰兴市五四红旗团支部
99	海关AEO高级认证企业
100	泰州市科技创新二等奖
101	祥泰工业企业
102	江苏省专精特新中小企业
103	泰州市科技瞪羚企业
104	泰州市知识产权密集型企业
105	泰兴市幸福企业建设示范单位
106	广东省涂料行业协会科学进步奖
107	泰兴市2022年度职业健康工作先进单位
108	《醇酯类成膜助剂绿色制备关键技术及产业化》项目科技进步二等奖
109	中国涂料工业协会第九届理事会副会长单位
110	江苏省厂务公开民主管理先进单位

续表

序号	奖项
111	泰兴工人先锋号
112	泰兴市"揭榜挂帅"优秀案例一等奖
113	2022年度泰兴市"诚信标杆单位"
114	2022年度泰兴市十佳专精特新企业
115	国家级专精特新"小巨人"企业
116	江苏省重点培育和发展的国际知名品牌（2023—2025）
117	江苏省工业互联网发展示范企业（标杆工厂类）
118	第十四届金漆奖杰出原材料供应商
119	2022年广东涂料标准参编优秀企业
120	广东省涂料行业绿色供应链品牌
121	泰州市五星级幸福民企
122	江苏精品（工业用十二碳醇酯）
123	中国涂料影响力品牌
124	泰州市专利标准融合创新示范企业
125	江苏省研究生工作站

04　发明专利

境内发明专利16件（润泰股份）

序号	发明专利名称	专利号
1	用于十二碳醇酯合成的催化剂及其制备方法	ZL201310076363.9
2	制备丁二酸二甲酯的方法	ZL201010172847.X
3	低红外发射率耐腐蚀涂料	ZL201210445508.3
4	无溶剂防静电抗菌环氧自流平地坪涂料的制备方法	ZL201210480015.3
5	一种苯乙烯的精制方法	ZL201310211902.5
6	一种防腐汽车涂料及其制备方法	ZL201410504560.0
7	一种高铝质耐火涂抹料	ZL201510356707.0
8	一种壬基酚的精制方法	ZL201310215325.7
9	用于合成十二碳醇酯的催化剂及其制备方法和应用	ZL201610646867.3
10	三氟化硼络合物的生产工艺	ZL201110154006.0
11	一种十二碳醇酯的连续生产系统	ZL202110736208.X
12	水性涂料成膜助剂、成膜助剂组合物以及水性涂料	ZL202110452236.9
13	尼龙酸二甲酯的生产工艺	ZL202110288363.X

续表

序号	发明专利名称	专利号
14	邻苯二甲酸二甲酯的生产工艺	ZL202110299963.6
15	异丁酸的生产工艺	ZL202110381325.9
16	用于高选择性制备异丁醛的Co@CuC/Al2O3催化剂的制备方法	ZL202110685070.5

境内发明专利38件（泰兴润泰）

序号	发明专利名称	专利号
1	一种2,2,4-三甲基戊二醇双酯的合成方法	ZL201711124963.2
2	一种反应型成膜助剂	ZL201711125600.0
3	一种合成2,2,4-三甲基戊二醇双异丁酸酯酯化的弱酸催化剂	ZL201810958139.5
4	一种循环搅拌式化工反应釜	ZL201611179460.0
5	硅氧烷和纳米二氧化硅双重改性的紫外光固化水性聚氨酯分散体的制备方法	ZL201010281002.4
6	一种高强度疏水性光固化水性聚氨酯纳米复合乳液的制备	ZL201310563687.5
7	一种双亲性丙烯酸酯共聚物表面接枝改性纳米二氧化硅的制备方法	ZL201310563689.4
8	一种基于聚氨酯稳定剂的双亲性纳米银的制备方法	ZL201410837676.6
9	一种双亲性聚合物/Ag纳米复合微球的制备方法	ZL201410836340.8
10	一种聚硅氧烷乳液改性水性聚氨酯乳液的制备方法	ZL201510962796.3
11	一种含有1-乙烯基咪唑的三元共聚物乳液及其制备方法	ZL201510540203.4
12	一种含有非离子乳化剂的三元共聚物乳液及其制备方法	ZL201510508805.1

续表

序号	发明专利名称	专利号
13	一种固体酸催化剂TiP/ATP及其制备方法和应用	ZL201510291016.7
14	一种2，2，4-三甲基-1，3-戊二醇双异丁酸酯酯化反应催化剂及制备方法和用途	ZL201710190274.5
15	十二碳醇酯生产工艺废水的处理方式	ZL201910712002.6
16	一种Ni2P/NC催化剂的制备方法、Ni2P/NC催化剂及其应用	ZL201911056803.8
17	2，2，4-三甲基-3羟基戊酸正丁酯的制备方法、乳胶漆及其制备方法	ZL201911056807.6
18	2，2，4-三甲基-3羟基戊酸甲酯的制备方法、钢结构用水性工业漆及其制备方法	ZL201911055829.0
19	2，2，4-三甲基-3羟基戊酸乙酯的制备方法、集装箱用水性漆及其制备方法	ZL201911055675.5
20	2，2，4-三甲基-3羟基戊酸甲氧基乙基酯的制备方法、水性木器漆及其制备方法	ZL201911056821.6
21	2，2，4-三甲基-3羟基戊酸异丁酯的制备方法、真石漆及其制备方法	ZL201911063590.1
22	2，2，4-三甲基-3-羟基戊酸的制备工艺	ZL201911055732.X
23	一种固体碱催化剂的制备方法、固体碱及其应用	ZL201911055710.3
24	一种用于异丁醛合成甲乙酮的催化剂的制备方法	ZL202011046762.7
25	用于连续催化合成异丁酸异丁酯的接枝型催化剂的制备方法	ZL202010840615.0
26	一种用于催化异丁醛制备甲基丙烯酸的催化剂的制备方法	ZL202010900309.1
27	一种用异丁醛一步法制异丁酸异丁酯的复合金属氧化物催化剂及其制备	ZL202011059503.8
28	一种用于合成异丁酸异丁酯的催化剂及其制备方法和应用	ZL202011069365.1

续表

序号	发明专利名称	专利号
29	一种十六碳双酯的生产工艺	ZL202110267745.4
30	一种助成膜剂的制备方法、助成膜剂、成膜组合物及成膜组合物的制备方法	ZL202010722245.0
31	用于丙烯氢甲酰化高选择性制备异丁醛的双功能催化剂的制备方法及其应用	ZL202010905691.5
32	一种用于异丁醛氨化合成异丁腈的催化剂及其制备方法和应用	ZL202010905709.1
33	一种成膜助剂的制备方法、成膜助剂及含有该成膜助剂的涂料	ZL202010722996.2
34	催化合成2,2,4三甲基1,3戊二醇异丁酸酯异辛酸酯的双碱位催化剂及制备方法	ZL202010840614.6
35	一种用于合成生物增塑剂的固体酸催化剂的制备方法	ZL202010638821.3
36	一种用于甲基丙烯醛选择性加氢生成异丁醛的催化剂及其制备方法	ZL202011059622.3
37	一种用于甲醇乙醇一步法合成异丁醛的包覆性纳米催化剂及制备方法	ZL202010602188.2
38	用于合成2,2,4-三甲基-1,3-戊二醇双异丁酸酯的催化剂制备方法及其应用	ZL202010602303.6

境内实用新型专利85件

序号	实用新型专利名称	专利号
1	半球状闭式玻璃钢真空雾化冷却塔	ZL201620392201.5
2	闭式玻璃钢真空雾化冷却塔	ZL201620392199.1
3	便捷拆卸式反应釜	ZL201620392405.9

355

续表

序号	实用新型专利名称	专利号
4	便捷拆卸式反应釜刮壁反应釜	ZL201620392410.X
5	低噪音闭式玻璃钢真空雾化冷却塔	ZL201620392198.7
6	多用反应釜	ZL201620511199.9
7	多用刮壁反应釜	ZL201620511221.X
8	刮壁反应釜	ZL201620392401.0
9	冷却塔	ZL201620392128.1
10	压滤机	ZL201620392125.8
11	一种管段式超声流量计	ZL201620493721.5
12	一种手持式超声流量计	ZL201620496745.6
13	一种新型立式储气罐	ZL201620392302.2
14	一种新型卧式储气罐	ZL201620392306.0
15	一种可数据传输的管段式超声流量计	ZL201620493719.8
16	一种板式蒸馏装置	ZL201820773008.5
17	一种十二碳醇酯加工用原料合成釜的加热阀门	ZL202120495420.7
18	一种十二碳醇酯的废水检测装置	ZL202120488669.5
19	一种十二碳醇酯生产用废水处理装置	ZL202120474493.8
20	一种十二碳醇酯加工用温控装置	ZL202120477491.4
21	一种十二碳醇酯加工用原料合成釜的搅拌装置	ZL202120493248.1
22	一种十二碳醇酯加工用原料配比装置	ZL202120495415.6

续表

序号	实用新型专利名称	专利号
23	一种十二碳醇酯加工用搅拌设备	ZL202120488532.X
24	一种十二碳醇酯加工用减压蒸馏设备	ZL202120488826.2
25	一种十二碳醇酯反应皿用加热装置	ZL202120488670.8
26	一种十二碳醇酯用反应皿	ZL202120485025.0
27	一种十二碳醇酯加工用反应设备自动投药装置	ZL202120488392.6
28	一种十二碳醇酯用运输桶	ZL202120477495.2
29	一种用于十二碳醇酯生产的精馏塔	ZL202120476164.7
30	一种十二碳醇酯加工用回流分水罐的过滤装置	ZL202120484260.6
31	一种十二碳醇酯加工用三口烧杯	ZL202120487279.6
32	一种十二碳醇酯加工用原料合成釜	ZL202120494503.4
33	一种十二碳醇酯加工用原料合成釜的回流阀门	ZL202120495645.2
34	一种十二碳醇酯的废水处理装置	ZL202120484322.3
35	一种十二碳醇酯加工用废水存放池	ZL202120487226.4
36	一种用于十二碳醇酯生产的水洗罐	ZL202120474495.7
37	一种物料循环贮罐	ZL202122544702.4
38	一种成膜助剂生产用输送机构	ZL201821478131.0
39	一种甲基丙烯酸甲酯回收罐	ZL201821480891.5
40	一种甲基丙烯酸甲酯生产用蒸馏塔	ZL201821480402.6
41	一种高沸点成膜助剂生产用蒸馏塔	ZL201821481402.8

续表

序号	实用新型专利名称	专利号
42	一种十二碳醇酯精馏塔冷却循环机构	ZL201821478064.2
43	一种十二碳醇酯生产用精馏塔冷凝器	ZL201821478085.4
44	一种高效等离子废气处理装置	ZL201821481364.6
45	一种高效废气处理用水洗罐	ZL201821481401.3
46	一种内墙涂料用成膜助剂缓加装置	ZL201821477910.9
47	一种十六碳醇酯生产用液体催化反应釜	ZL201821477952.2
48	一种甲基丙烯酸甲酯生产用酯化釜	ZL201821480389.4
49	一种化学碱性催化剂生产用水洗泵	ZL201821480401.1
50	一种酯化催化剂生产用搅拌装置	ZL201821477860.4
51	一种有机碱催化剂反应釜	ZL201821481380.5
52	一种苯二甲酸二乙酯产用废气喷淋塔	ZL201821478132.5
53	一种用于生产2，2，4-三甲基-1，3-戊二醇双异丁酸酯的固体酸催化剂的制备干燥装置	ZL201921319557.6
54	一种微生物催化生产正丁酸的装置	ZL201921300241.2
55	一种2，2，4-三甲基-1，3-戊二醇单异丁酸酯合成装置	ZL201921300639.6
56	一种成膜助剂生产用废气处理用水洗罐	ZL201921300248.4
57	一种十二碳醇酯生产用精馏塔冷凝器	ZL201921305517.6
58	一种用于十二碳醇酯精馏塔的闪蒸罐	ZL201921300272.8
59	一种生产功能性环保增塑剂用酯化精制釜	ZL201921300075.6
60	一种用于邻苯二甲酸二乙酯生产尾气处理装置	ZL201921300247.X

续表

序号	实用新型专利名称	专利号
61	一种十六碳醇酯生产用液体反应装置	ZL201921300654.0
62	一种反应型成膜助剂反应罐	ZL201921300641.3
63	一种异丁酸精制产线	ZL202021022830.1
64	一种十二碳醇酯工艺废水处理系统	ZL202021022838.8
65	一种稳定高效的丁酸产线	ZL202021022842.4
66	十二碳醇酯脱轻组分提纯三甲基戊二醇精制装置	ZL202021022851.3
67	一种十二碳醇酯生产线	ZL202021022837.3
68	一种十六碳双酯一次整体产线	ZL202021022843.9
69	一种邻苯二甲酸二甲酯制备装置	ZL202021022844.3
70	一种尼龙酸二异丁酯生产系统	ZL202021022846.2
71	一种尼龙酸二甲酯综合生产装置	ZL202021022847.7
72	一种含有塔顶气热能回收制冷系统的成膜助剂精馏塔	ZL202221485667.1
73	一种醇酯类成膜助剂节能型精馏塔	ZL202221482358.9
74	一种2,2,4-三甲基-1,3戊二醇双正丁酸酯原料下料设备	ZL202320040076.1
75	一种异丁酸生产用内置板式精馏塔冷凝器	ZL202223522630.4
76	一种异丁酸取样机构	ZL202223281446.5
77	一种新戊二醇生产用原料添加机构	ZL202223150492.1
78	一种十二碳醇酯用横向精馏塔冷凝器结构	ZL202320204508.8
79	一种化工装置用超声流量计测量辅助工装	ZL202320168992.3

续表

序号	实用新型专利名称	专利号
80	一种2,2,4-三甲基-1,3戊二醇双正丁酸酯的油水分离装置	ZL202320071762.5
81	一种正丁酸生产回收正丁醛用蒸馏塔	ZL202320298475.8
82	一种十六碳双酯装置用插入式超声流量计	ZL202320265681.9
83	一种1,2环己烷二甲酸二甲酯生产用催化剂过滤装置	ZL202320025704.9
84	一种水性涂料用成膜助剂生产废气净化的喷淋塔	ZL202320341605.1
85	一种十二碳醇酯装置用管段式超声流量计	ZL202320345077.7

境外专利

序号	专利名称	中文名称	专利号
1	PHOTOCATALYTIC CONCRETE MATERIAL SPRAYED WITH TITANIUM DIOXIDE/ACTIVATED ZEOLITE COMPOSITE MATERIAL AND PREPARATION METHOD THEREOF	一种二氧化钛/活化沸石复合材料固结喷涂材料及其制备方法	US 10207256 B2
2	COALESCING AGENT FOR AQUEOUS COATING, COALESCING AGENT COMPOSITION AND AQUEOUS COATING	水性涂料成膜助剂、成膜助剂组合物以及水性涂料	2031693

05　董事长语录

董事长语录

1．润泰：做味精类的生意。

2．与智者为伍，与善者同行。

3．"砸"出来的海尔、"狠"出来的格力、"赔"出来的润泰！

4．常存"勤劳"之心，常怀"尚德"之情，常赞"学习"之人！

5．管理者三要素：狼之道、狐之智、鹰之谋。

6．三分谋略，七分执行。执行力就是行动力，执行力就是战斗力，执行力就是竞争力。

7．管理中的阴阳之道：

一个感性的老板在煽动，一帮理性的经理们在执行。

一个合格的老板在激励，一帮优秀的经理们在操作。

一个董事长在思考，一帮经理们在实践。

8．汇报工作说结果，请示工作说方案，总结工作说流程，布置工作说标准，关心下级问过程，交接工作讲道德，回忆工作说感受。

9．低调做人，高调做事。

木秀于林，风必摧之。人外有人，天外有天，一个人若不能学会韬光养晦，实在难成大器。低调做人，高调做事，则可以赢得支持和声誉。

10．做足一百分是本分。

一百分不是完美的表现，只是本分工作而已。追求顾客满意，追求完美服务，是从业人员的工作标准。不要以为这是高要求，如果你能实现一百分，不过是刚刚完成了任务而已。

11．合格"润泰人"标准：

第一，抗压能力强且有耐性的人。

第二，对公司的前景始终看好的人。

第三，能始终跟着公司一起成长的人。

第四，不计较个人得失、顾全大局的人。

第五，为了公司新的目标不断学习的人。

第六，雄心博大、德才兼备、有奉献的人。

第七，在公司不断探索中能找到自己位置的人。

第八，与公司同心同德、同舟共济、同甘共苦的人。

12．"润泰事业共同体"三四五工程：

三正：正心、正念、正行。

四同：情同手足、同心协力、同道相益、风雨同舟。

五共：理念共识、价值共创、风险共担、收益共享、荣辱与共。

06　"诗"与润泰

写给我们的赞歌

作者：润泰员工读书社

一节：腾飞
甲：轻轻地我向你走来，
乙：走在你遍布汗水和足迹的路上，
丙：走在你充满生机和活力的路上；
丁：走在你不断进取和拼搏的路上；
合：走在你充满掌声、鲜花和歌声的路上！

甲：走在这花园般的厂区，
乙：每一朵绽放的鲜花，
丙：每一棵挺拔的树木，
丁：都在向我们讲述，讲述着你发展中的精彩故事。
合：我们的润泰啊，正朝着崭新的时代阔步向前！

甲：润泰股份，
乙：润泰泰兴，
丙：润泰南通，
丁：润泰阿联酋（英语），
合：一路播撒希望的种子，孕育着润泰腾飞的宏愿！

润泰十年
从默默无闻到隐形冠军，一个小企业的成长轨迹

二节：员工
甲：刚刚拂去夜色里满天的星辰，又迎来如火的朝阳，
乙：泰兴项目的破土动工，聚焦了多少关切和祝愿，
丙：焊接作业、起重吊装、高空架线……
丁：无数个日日夜夜的坚守，凝结成投产那一刻，
合：一个个蓝色的身影任劳任怨。

甲：奔腾的管道里，流淌着润泰人风雨同舟的情感，
乙：高耸的精馏塔，蒸腾着润泰人荣辱与共的诺言，
丙：大大小小的设备前，
丁：纵横有序的管线边，
合：润泰人如鲜花绽放般自豪的笑脸。

三节：文化
甲：用文化指引方向、凝聚力量，
乙：用亲情放飞理想、坚定信念，
丙：抱诚守壹、与时俯仰，是我们永恒的本色，
丁：温润而泽、泰而不骄，是我们不变的誓言，
合：润泰人居安思危、高歌猛进，让润泰家文化一脉相传！

甲：岁月流金，我们以"润泰化学，润泽未来"为使命迅速地发展，
乙：锐意进取，我们让"行业内领衔企业及卓越品牌"的愿景得以实现，
丙：群策群力，我们用"与客户同发展，和社会共进步"的经营宗旨，谱写了辉煌磅礴的诗篇，
丁：团结拼搏，我们共同践行宏伟的战略规划，奋进的五年、十年，
合：践行"勤劳、尚德、学习"的价值观，我们亲情凝聚，心连心、肩并肩！

四节：未来

甲："把小公司做成大公司，把大公司做成大家的公司！实现 IPO 成功上市"，承载着美好的夙愿，

乙："业绩实现三年翻一番，五年翻两番"，润泰人豪情满满，

丙："加快资本运作，并购或投资关联企业，建好泰兴、南通、阿联酋三大生产基地"的规划，化为炙热的斗志，

丁："稳中央，突两翼，同发展。"

合：完成"4-0-0"计划和崭新的"1135破十计划"，共同耕耘出润泰未来的绚烂。

甲："销售收入从10亿元到30亿元到50亿元"，是我们未来的十年，

乙："全员持股，拥有财富百万、千万、亿万"，是我们未来的十年，

丙："实现专业化、系列化发展"，是我们未来的十年，

丁：突破宏伟的战略规划，我们有实力迎接更大的挑战！

合：凝聚团队、倡导文化、打造品牌，全球化工行业百年百强企业，就是润泰美好的明天！

甲：当岁月的脚步跨过硕果累累的又一年，

乙：当丰收的喜悦绽放在每张幸福的笑脸上，

丙：当新年的焰火点缀出灿烂的星空，

丁：当满城芳华酝酿着新一年的蓬勃烂漫，

合：我们润泰人在这里，迎接崭新的起点！信心百倍、跃马扬鞭！

润泰颂歌

作者：崔茜

历史是一位豪迈的歌唱家，长歌苍茫、天地回声，

时间是一位优雅的琴师，玉指弹奏黑夜和黎明，

润泰十年

从默默无闻到隐形冠军，一个小企业的成长轨迹

岁月如歌，记录下润泰人勤劳的身影，
回忆如风，见证了润泰发展的辉煌历程。

此时此刻，面对走过的2019，我们挽起衣袖，背上行囊，赶赴下一个征程。
此情此景，聆听2020传来铿锵有力的钟声，我们挺直脊梁，目标远方，擂鼓出征。
我们，一群意气风发的润泰人，涌动的是青春热血，燃烧的是创业激情。
我们，一个互补增效的团队，不变的是一腔热情，追求的是精益求精。
你看，扬子江畔，一颗光芒四射的明珠正在迅速崛起。
你看，长江岸边，一个璀璨耀眼的名字"润泰化学"在悄然传颂。

他，勤劳尚德、热爱学习；
他，抱诚守壹、与时俯仰；
他，居安思危、品质诚信；
他，温润而泽、泰而不骄。

十年前的企业初建，我们从蹒跚学步到现在的步履坚定，
几多艰辛困苦，几回磨难曲折，几度柳暗花明；
十年后建设泰兴、南通、阿联酋，
扩建产能、新增项目、蹲好马步、坚定前行；

数载披荆斩棘，数载见贤思齐，数载管理改善。
斩关夺隘，渐入佳境，多少风花雪月，多少功成名就。
我们同心同德、同心协力、筚路蓝缕、风雨兼程。
我们穿越激流、高歌猛进、披荆斩棘、气势如虹。
我们迎难而上、志在高远、摸爬滚打、笃定前行。

看今朝，厂区内绿树成荫，新老装置像情侣紧紧相依；

望长空，生产线鳞次栉比，五座高塔像图腾巍然屹立；
一个焕发生机的团队，"润泰家人"用勤劳和智慧打造出银杏城的一道风景。
一个蓬勃向上的团队，润泰人朴实和勤俭刻画出扬子江畔的一幅蓝图。
一个积极进取的团队，润泰人用坚定和执着描绘出未来发展的恢宏长卷。

拳头产品十二碳醇酯，水性涂料中的"小味精"占领大市场，
一车间顺利运营，节能降耗成绩卓著，持续改善斗志昂扬，
三、四车间，顺利开车的汽笛就要拉响，最初的梦想延伸远方，
扩充筹建66666平方米，高举猎猎战旗，我们要做化工行业的百年百强！

有付出就会有回报，有风险就会有成功，
董事长智德立世，返本归元，延揽八方贤能，
管理团队尽心尽力，各显神通，有效协同，和谐润泰家风，
各路队伍精兵强将，人才济济，荟萃群英，企和万事兴。

商海搏击，谈笑中花开花落，
百炼成钢，领略生命的水与火，
管理弄潮，可曾见潮起潮落，
斗志焕发、劳模精神指引你我。

纵然征途上千难万险，依然是义无反顾地前进；
虽然也曾身心疲惫，却从没有打退堂鼓的松动；
逆水行舟歌不断，潮头击鼓斩浪行；
破茧成蝶阵痛后，振翅起舞向苍穹；

仰望纷飞的瑞雪，一首歌在心里流淌。
百条溪流归大海，百名家人心有依；

看未来信心满满，百万豪情同声唱。
润泰、润泰，我心中的颂歌！

"润泰化学，润泽未来"是我们的使命，
"勤劳、尚德、学习"是我们的座右铭，
"成为行业内领衔企业及卓越品牌"是我们的愿景，
"与客户同发展，和社会共进步，客户满意是我们的不懈追求"的经营宗旨让我们不忘初心、奋力前行！

带一份至死不渝的执着，为了润泰的昨天；
怀一腔披肝沥胆的豪情，为了润泰的明天；
回顾2019，我们砥砺奋战！
面对2020，我们憧憬满满！
站在新旧交替之际，面对未来已来时机，
让我们振臂高呼：润泰你是我心中的颂歌！
润泰你是我心中的颂歌！

润泰，咱们的精神家园

作者：吴向洋　徐露

甲：我／从老通扬河的／纤道上／赶来，带着冬至的坚韧不拔；
乙：我／从平民哲人王栋的／故居／赶来，带着秋分的不同凡响。
丙：我／从喜鹊湖的／十里波光中／赶来，带着盛夏的一片赤诚；
丁：我／从黄龙士的／精彩棋谱中／赶来，带着立春的荡气回肠。
合：我们记着／春夏秋冬／一年又一年的／脚印，
启程于／三水相激／的古罗塘，
这／是我们可爱的／相依相偎的／家乡！

甲：还记得新世纪的朝霞亮闪闪地撒向市井乡野，

乙：还记得新百年的钟声雷霆似的滚过江海河荡，
丙：还记得神舟五号飞船雄赳赳地驰骋广袤的太空，
丁：还记得"蛟龙"号深潜器悠悠然地触摸深邃的海洋，
合：还记得／2010年7月，润泰化学／隆重奠基／新办公大楼／新厂房。

甲：诞生：三水之畔，肩负使命；
乙：立足：毅然崛起，雄踞姜城；
丙：跨越：集团发展，逐梦起航；
丁：腾飞：上下同欲，铸就百年辉煌！
合：咱润泰，在／拓荒发展的征途上／与日月／争光。

甲：咱润泰人，像热爱母亲似的／热爱着欣欣向荣；
乙：咱润泰人，像爱护眼眸似的／爱护着蒸蒸日上。
丙：咱润泰人，像众星捧月似的／守护着润泰的未来；
丁：咱润泰人，像夸父逐日似的／敬畏万丈光芒。
合：这／就是咱润泰人，像拓荒牛似的／昂首翘尾，四蹄蓄势，气宇轩昂。

甲：咱润泰的／精英团队，有睿智决策的领导，探究国家政策，情系"一带一路"；
乙：咱润泰的／精英团队，有首屈一指的研发，仰首行业高端，埋头试管碰撞。
丙：咱润泰的／精英团队，有营销一线的精英，访问客户的时间多，陪伴家人的时间少；
丁：咱润泰的／精英团队，有生产一线的楷模，牢记安全要领，兢兢业业地放哨守岗。
合：这／就是咱润泰的／精英团队，凝心聚力，劲往一处使，心往一处想。

润泰十年

从默默无闻到隐形冠军，一个小企业的成长轨迹

甲：咱润泰的董事长，宵衣旰食，卧冰饮雪；一只脚／稳稳地立足／国内涂料榜，一只脚／踢开商机无限的／海外市场；

乙：咱润泰的董事长，脚踏大地，心在远方。一眼盯住／传统国学，一眼盯住／机遇与无限发展的／能量。

丙：咱润泰的董事长，以实践的姿态实践将帅之道；智德立世，返本归元，知／厚积薄发，促／活力四射；

丁：咱润泰的董事长，追逐利润和精神的双重能量。"尊德问学，修己安人"，汲／国学精髓，哺／员工素养。

合：这／就是咱润泰的／董事长，追求／经营业绩和品牌文化的／潮涌／潮涨。儒道释，信如神。"悟天地智慧，行人间正道。"具情怀，热情奔放。

甲：作为／润泰人／我们要记住，咱润泰的家风是：抱诚守壹、与时俯仰、居安思危、温润而泽、泰而不骄。

乙：作为／润泰人／我们要记住，咱润泰的企业使命是：润泰化学，润泽未来。

丙：作为／润泰人／我们要记住，咱润泰的企业愿景是：成为行业内领衔企业及卓越品牌。

丁：作为／润泰人／我们要记住，咱润泰的企业战略目标之一是：把小公司做成大公司，把大公司做成大家的公司。实现 IPO 成功上市！

甲：我们／用诚壹／助／温润而泽，

乙：我们／用精创／谱／泰而不骄，

丙：我们／用润泰人的／科学严谨／润泽世界，

丁：我们／用润泰人的／雷厉风行／润泽未来，

合：我们／用文化的力量／提炼、锻打，让／工匠精神／永放／光芒。

甲：润泰，咱们的精神家园，我们居安思危，精益求精；

乙：润泰，咱们的精神家园，我们抱诚守壹，与时俯仰。
丙：润泰，咱们的精神家园，我们充满朝气，蓄满锐气；
丁：润泰，咱们的精神家园，我们志向如铁，意志如钢。
合：润泰，咱们的精神家园，我们／诚信／谋求共赢，合作／缔造未来，
营造效率、和谐、文化的一流企业，
新征程，新跨越。
直挂云帆济沧海，再创润泰新辉煌！

润泰赋

作者：刘渝庆

桥谓润扬，雄跨大江扬子；
厂名润泰，奇崛三水苏中。
江苏润泰，高新技术，精细化工，
公司坐落姜堰西城，经济新区。
东路扬州，大道长风南至；
北路淮海，通衢紫气东来。
锃亮移门开时，四海贵客；
高大楼房立处，一方画天。
路迢迢，旗飘飘，
树郁郁，罐巍巍。
车间高敞，管道通连，
流水作业，自动生成。
储罐高矗，昭明清辉银白；
料筒层列，凝重深湛海蓝。
醇酯主唱，乳胶和亲。
与漆同偕，妙合而助成膜；

以家共友，亮泽而优内墙。
添料兮，增塑兮，
加固兮，溢美兮。
诗化生活，俏盈万室和美；
润泽未来，蝶恋四时春。
团结严谨，坚韧创新。
广交多展显赫，质量立厂；
境内海外享誉，诚信树人。
志高者意必远，器大者声必闳。
世纪有元，既润一城新泰；
愿景无限，更越万里长天。

相约润泰，把梦唱响

——献给润泰化学

作者：刘良鸣

润物无声。莺飞草长
泰州新诗在三月里起航。鲜亮的诗句
化作九万里长风。一路激荡
学习润泰，登化工之巅。名声远扬
泰州。姜堰。挟江襟淮，三水来汇
九州风云，壮志骄阳
新型环保涂料、增塑剂、医药中间体
诗意，在这里缓缓流淌
携三月的春风，我们把你敬仰
张世元，一把手掌舵
谱写世纪华彩篇章
同行领先，诚信为本

创新的大旗猎猎作响
我们行进在追梦的路上
润泽未来。是你不变的理想
化学之梦，泽熙四海
精湛工艺，催化未来
圆一个上市之梦，逐鹿国际市场
来吧
相约润泰，把梦唱响

元功巨勋，追梦天涯

——献给润泰董事长张世元

作者：刘良鸣

张长弓，骑奇马
一骑绝尘，独领化学涂料
世界的荣光
你一手润泽的春天
一元复始
鲜亮了岁月的过往
商海无涯，谁主沉浮
你用海一般的胸襟
壮怀了一个世纪的梦想
弄潮儿，畅游化学涂料的海洋
潮来潮往，扬帆远航
开拓世界市场
从一个叫三水交汇的地方亮剑
劈波斩浪，纵横疆场
润天，润地，润风，润雨

润泰十年

从默默无闻到隐形冠军，一个小企业的成长轨迹

润泽了整个春天
泰山之巅，你一览众山小
新世纪的梦，在你的王国里图腾
继往开来，一个华丽的转身
你俨然成为涂料界
元功巨勋，追梦在天涯

在润泰

作者：华子

在润泰。阳光把我从修辞中拉出来，
我试着想象这里，
白雾茫茫或桑海沧田的前世，被岁月
停泊在纸上的渡口，一摆浆，
现代生产和涛声一样壮阔。
在润泰。春风把我从格律中拉出来，
我试着揣摩这里，
用轰鸣的机器创造出春天的颜色，
镶进千家万户，烟火人间，
镶进我欲说还休的文字，供我的诗行拔节。
在润泰。蓝色工卡把我从暗喻中拉出来，
我试着感同身受，
在车间中劳作，在人群中营销，
红尘滚滚隐去一个个名字，夜色中
万千窗口折射出适合居家的温暖颜色，
是我的汗水和我奉献人间的真情。

新润泰之歌

作者：张海

管网似游龙，塔罐铿铿亮，
阳光下的润泰气宇轩昂。
心相贴，肝胆相照逐梦来，
情相融，家国情怀耀春光。
润泽光阴，涂抹精彩，
看我吞吐风云豪情万丈。
焕然见初心，前路不迷茫，
征途上的润泰步履铿锵。
点神采，科技天地任翱翔，
留传奇，民族工业做栋梁。
润泽未来，与时俯仰，
听我感动岁月凯歌高唱。
润泽世界，润泽未来，
水的真情，山的担当。
灿烂愿景迎风打开，
无边锦绣图，相伴日月长！

润泰新咏

作者：刘渝庆

从天目罗塘
到流风漾碧的
北沿江
四时花雨

润泰十年

从默默无闻到隐形冠军，一个小企业的成长轨迹

渑朝晖晨旭
润一片苏中
现代工业园区
浣一页页
流淌澎湃的江海诗韵
十年创业
世纪之元
抒写风生水起润泰篇
一方钻石宝坻
蚂蚁众志成城
书香引领现代心经
绿荫中矗立巍峨塔罐
湛蓝与银亮色架构
交错梦幻的金属进行曲
磅礴潮音泰州
自动流水生产线
检阅应用化学
繁衍立体绚丽的日子
移动叠加的瑰奇江苏
水性涂料成膜助剂
助长七彩生活
出镜千娇百媚中国
也刷新赤道线
和轻轻旋动的灵性星球

润泰十年

作者：丁正元

把影子留给过去
留在石家堡那条小河里
你走过曾经的泥淖
走在泰兴常家荡
走向浩渺的长江水
以现代化的姿态，走在
阳光与波光润泽安泰的地方
视野穿越历史
穿越长江、大海
胸怀和智慧也像海洋宽阔
新润泰，我为你点赞

那抹润泽未来的湛蓝

作者：倪道辉

2017年那个充满生机的早晨
润泰化学基建的打桩声
惊醒了常家荡芦苇丛中的小鸟
飞溅起扬子江又一波激越浪花
泥泞中打下根根钢筋铁骨
荒滩上铺满条条银色管网
一幅幅未来蓝图在心中描绘
一座座高高塔罐在蓝天耸立
四个月后，拔地而起的厂房

润泰十年
从默默无闻到隐形冠军，一个小企业的成长轨迹

如一枚枚硕大的惊叹号
2010 年，您掬一捧天的湛蓝
怀揣润泽未来的使命
融入"三水"风流
在生命的每一圈年轮上
心系天下，打造卓越品牌
弹奏出极致动听的
开拓创新的华美乐章
如今，您于十年进取中
又矢志立下"百千亿"的目标梦想
您吸引我带上一颗驿动的心
跨上飞扬壮志的良驹
与您唇齿相依，同甘共苦
一起去辉耀心头的无限光芒
热血，充盈了我的躯体
责任，化作我满身力量
我愿，尽我所能为您淋漓挥洒
用开拓者的信念碾碎平庸荒凉
用蚂蚁搬山的壮举扛起担当
让我的润泰一路劈波斩浪，扬帆远航

从三水到润泰

作者：李晋

三水汇成"泰"，水从未干涸
注定了世代享有水仙般的幸福
润泰，一个历史的标识
或是一段记忆的片段

当润泰的标签与光辉的工业文明合二为一
一个低调的企业已在崛起
他如一个灵巧的巨人
在文明的进程中悠然转身
他如一只雄健的苍鹰
环绕在民族化工旗帜周围
引吭长鸣
润泰新材，映射出三水的波光粼粼
前行，再前行
迎接着风雨潮头
在泰兴的版图上定格，散发光芒
未来的润泰
定还东风浩荡，勇闯天涯

初夏的润泰
枇杷黄的初夏，我们来到润泰
像一只只豆娘，在
刚出水的荷叶上小憩
没有风，风在心里
阳光浩瀚，照耀四通八达的大路
听到紫薇的呼吸
鸟影是我们放飞的风筝
收回来的时候
润泰有了诗歌
现实而浪漫的灵魂
合影溢满书香
一路上口琴吹奏着《心经》
我们也是自动装好储罐

润泰十年
从默默无闻到隐形冠军，一个小企业的成长轨迹

润泰在盛开

作者：朱莲

在水性涂料助剂的世界
你从天而降。你要盛开。你就是
一匹骏马，一朵兰花
或是浩荡的溱湖
甚至茫茫原野
忍着中国制造的阵痛
你要成长，你要发展
你要盛开
十年，一步一个脚印
深情的蓝，这天空的色彩
是你的符号，你的大志
阳光为你开路
星星为你护航
诗歌为你伴奏
现在的重量
明天的巨大构想
让你盛开得如此灿烂
掌门人是你的花心和灵魂
没有他，你不会如此生机盎然
全体员工是你的花瓣
是他们让你色彩烂漫
你是化工天地一朵最大最美的花呵
全自动的舞姿
你在盛开

润泰的蚂蚁书吧

作者：杨红珍

时光的纤夫拉着我
小时候秋天的一个午后
一袭黑衣的小生灵在奔波
两根肉丝还有几颗饭粒
交头接耳地愈传愈多
好像大力士抬着、拱着、推着
藏好那可是过冬的美食哟
初夏润泰化学的前厅
《心经》的长幅莘莘大端
书吧的馨香习习而来
仓廪殷实密密匝匝
那一层层一本本
分明是员工们蚂蚁搬家衔来的丰盛佳肴
辉映着佛陀智慧色空教义开示人生的思想阀门
小小的蚂蚁毫米之躯
巨大的能量冲天呼啸
从罗塘之堰到羌溪古城
三年的凤凰涅槃浴火重生
巍峨的塔架精密的管线
自动化控制是那三军之长
十年的积淀运筹帷幄掌控如神
斑斓的涂料装点着关山
调和的助剂翻腾着云海
业内翘楚鞭及全球

十年踪迹十年心

作者：秦宾

难以计数披星戴月的航程，
用热爱抵挡流年的波诡
筑梦路上，无畏的舰长带领水手孤独上路
十年，需要承受多少冷眼嘲讽、多少江湖夜雨
在黑夜里秉烛而行的人，终将看到第一缕曙光
"诚信"和"孝道"支撑起一个大写的"人"
"赔字诀"谁承想竟是献祭给未来的投名状
"润泰"的释义：雨以润之，天地交泰
为民族化学助剂工业崛起而生
绿皮火车冷硬的地面到七星帆船柔软的水床
哪一夜的风雨更入耳，哪一夜的梦更酣畅
姜堰、泰兴、南通、阿布扎比……
与行业大鳄过招
勇者无惧，长缨在手只待缚住苍龙
而今虎啸龙吟、挥斥方遒
有一股英雄气在高耸塔罐、盘错管廊间升华
成膜助剂"智"造专家，穿梭的是 AI 机器之魂
"水性化学"，泽润未来
带着一颗初心，一直风雨兼程在路上
序曲是筚路蓝缕，终章是星辰大海
常家荡外，大河大江
"浩浩荡荡，横无际涯"

润泰激起万丈情

作者：俞俊

这一片芳草青青的土地，
雨水多么柔润，花香多么清郁，
阳光下，树木多么安泰。一颗苍茫的心，
在这非凡的春色中融化。暖暖风中，
沉醉于满园灿烂的工业美学。这一群蓬勃向上的人们，
神色多么祥泰。他们的目光清澈，步履轻盈，
跨越九州。那微笑，宛如迎春花，让世界焕然一新，
让生命充实，让盛世繁华，
让岁月如诗，像一轮沉重而遥远的月亮，
我无力提携。夜色之中，思绪长烟一空，
我握笔的手重逾千斤。
拍遍栏杆，和吟风弄月不同，哪一组铿锵的词句，
可以摹写心中诗行。正襟危坐，
满腹诗情被斑驳的晚风滋润。无限春光，
缓缓而流，凝聚于一方水泽。心中涌起浪潮激荡千遍万遍，
岁月始末仰起吟哦的头来，
满天繁星在眺。